LES AMOUREUX

DE

SAINTE-PÉRINE

PARIS. — IMP. SIMON RAÇON ET COMP., RUE D'ERFURTH, 1.

LES AMOUREUX

DE

SAINTE-PÉRINE

SUIVIS DE

RICHARD LOYAUTÉ

PAR

CHAMPFLEURY

TROISIÈME ÉDITION

PARIS
CHARPENTIER ET Cie, LIBRAIRES-ÉDITEURS
28, QUAI DU LOUVRE, 28
1873

A MON AMI

LE DOCTEUR VEYNE

PRÉFACE

La première édition des *Amoureux de Sainte-Périne* parut précédée de l'Avertissement suivant :

« Toute la grâce que je te demande, lecteur, c'est qu'aprés t'avoir bien adverty qu'il n'y a rien que de fabuleux dans ce livre, tu n'ailles point rechercher vainement quelle est la personne dont tu croiras reconnoistre le portrait ou l'histoire, pour l'appliquer à monsieur un tel ou à mademoiselle une telle, sous prétexte que tu y trouveras un nom approchant ou quelque caractère semblable. Je sçais bien que le premier soin que tu auras, en lisant ce roman, ce sera d'en chercher la clef; mais elle ne te servira de rien, car la serrure est mêlée. Si tu crois voir le portrait de l'un, tu trouveras les adventures de l'autre : il n'y a point de peintre qui, en faisant un tableau avec le seul secours de son imagination, n'y fasse des visages qui auront de l'air de quelqu'un que nous connoissons, quoy qu'il n'ait eu dessein que de peindre des héros fabuleux. Ainsi, quand tu apperçevrois dans ces personnages dépeints quelques caractères de quelqu'un de ta connoissance, ne fay point un jugement temeraire pour dire que ce soit luy; prends plus tost garde que, comme il y a icy les portraits de plusieurs sortes de sots, tu n'y rencontres le tien ; car il n'y a presque personne qui ait le privilége d'en estre exempt, et qui n'y puisse remarquer quelque trait de son visage, moralement parlant.

« ANTOINE FURETIÈRE. »

En mettant *les Amoureux de Sainte-Périne* sous la protection de l'auteur du *Roman bourgeois*, c'était donner à entendre au public que la publication de ces études dans le journal *la Presse* n'avait pas passé sans orages : ils étaient noirs, en effet, menaçants et administratifs.

Un naïf employé supérieur de l'Assistance publique, prenant les romanciers pour des sténographes qui enregistrent les confidences du public, avait signalé l'auteur au ministre de l'intérieur, comme traduisant les petits scandales qui se produisent dans toute agglomération d'individus.

Traité en *reporter* plutôt qu'en conteur, l'auteur n'eut pas de peine à se justifier, et, grâce à la liberté qui régentait les feuilles publiques en 1858, le roman, publié aux trois quarts, dut être terminé en feuilleton le jour même.

Cette mesure contribua peut-être à enfoncer dans le mur le clou auquel il est si difficile d'accrocher les œuvres de quelque durée.

Les *Amoureux de Sainte-Périne* continuèrent plus tard à se prodiguer leurs tendresses, protégées par la couverture d'un volume, et l'auteur eut la bonne fortune d'échapper à la police correctionnelle, qui devait consacrer la réputation d'un romancier, son confrère, et de son ami, le poëte des *Fleurs du mal*.

Il resterait donc peu à dire sur le livre actuel, innocenté par l'opinion, si les années rapides et bizarres de l'Empire ne lui avaient imprimé, en moins de quinze ans, le cachet historique dont se plaignait le naïf employé de l'Assistance publique.

Sous la volonté d'un préfet protégé par le chef de l'État, Paris se transforma complétement en certains endroits. La ceinture de boulevards extérieurs devint boulevards intérieurs; les longues voies solitaires, où se rencontraient parfois des êtres qui demandaient l'heure au passant attardé et le remerciaient du renseignement avec un coup de bâton sur la tête, furent peuplées d'hôtels élégants élevés avec la rapidité d'un homme possesseur de la *lampe merveilleuse*.

Le roman des *Amoureux de Sainte-Périne* avait été publié ayant pour premiers plans les jardinets du quartier de Chaillot, les barrières désertes de ce coin particulier, les plâtreux horizons parisiens vus de hauteurs verdoyantes.

Le curieux qui prendrait le conteur pour guide courrait grand risque de ne pas retrouver son chemin, tracé dans le premier chapitre.

L'Institution de Sainte-Périne n'existe plus dans le Paris des Champs-Élysées. Rejeté avec raison à Auteuil, éloigné des agitations de la ville, l'établissement a trouvé de l'air, des verdures, un calme que ne lui offraient ni le voisinage du bal du Château des Fleurs, ni la poussière des attelages allant parader au bois de Boulogne.

Les conditions de la vie subirent également la transformation de l'Institution. Le modique revenu de 750 francs qu'on exigeait des pensionnaires avant cette époque devint à peine suffisant pour l'entrée aux Petits-Ménages, car un louis, sous l'Empire, représenta à peu près la pièce de cinq francs du gouvernement constitutionnel.

L'Institution de Sainte-Périne changea de résidence et non de passions. La réalité des peintures est restée la même, et l'auteur n'a eu rien à y modifier, trop heureux qu'un changement de décor le protége désormais contre des récriminations puériles et administratives.

CHAMPFLEURY.

Sèvres, novembre 1873.

LES AMOUREUX

DE

SAINTE-PÉRINE

CHAPITRE PREMIER

Je ne sais ce que d'autres auront retiré de l'immense accumulation de peintures, et de sculptures à l'exposition universelle de 1855; pour moi, je fus particulièrement étourdi, après une course haletante au milieu de toutes ces manifestations artistiques de l'Europe entière.

On assistait à une liquidation intellectuelle d'un demi-siècle, et je me sentis pris d'une certaine mélancolie en pensant que le rôle des maîtres, qui avaient passionné la foule pendant trente ans, était à peu près terminé. C'étaient leurs œuvres complètes que venaient d'exposer d'illustres peintres; à partir de ce moment, ils n'appartenaient plus aux époques militantes et nouvelles. L'heure du repos venait de sonner pour eux.

Ce qui me confirma dans cette idée fut que la jeunesse avait été étouffée au milieu d'un si grand concours : aucun artiste nouveau ne se révéla et ne pouvait se révéler. Avant tout, le public cherchait à se rendre compte de l'œuvre entière d'un maître pendant une trentaine d'années, et si la comparaison amena quelques discussions, il s'agissait plutôt d'oppositions artistiques entre les peuples étrangers dont les œuvres étaient peu connues jusqu'alors. Le tempérament anglais et le tempérament français, les tendances symboliques allemandes et la scrupuleuse imitation de la nature, telle qu'on la comprend aujourd'hui, voilà ce qui préoccupait les esprits. A cette heure, les fameuses querelles entre les romantiques et les classiques étaient déjà si lointaines que les plus fougueux jadis, ceux qui parlaient d'égorger Eugène Delacroix au nom de M. Ingres, en arrivaient à une quiétude d'esprit qui leur permettait d'admirer les qualités des deux chefs de l'école française. On ne discute pas impunément pendant trente ans.

Cet éclectisme, cette tranquillité, cette constatation d'œuvres consacrées désormais ne me suffisaient pas. Après une course d'ensemble qui m'avait permis de constater l'état de l'art en 1855, j'étais avide de découvrir des œuvres nouvelles, nécessairement étouffées sous les immenses collections qui couvraient peut-être deux lieues de murailles. Je visitai minutieusement les salles consacrées à chaque pays; sauf les envois de l'Angleterre, rien ne me parut mériter de nouvelles visites.

J'allais sortir de l'exposition, un peu mélancolique de n'avoir été remué par aucune œuvre nouvelle, lorsque je fus frappé à la vue d'un petit tableau, placé dans le coin d'une sorte d'antichambre où avaient été rejetées les toiles qui ne valaient pas la peine d'être exposées.

Une petite dame âgée était assise devant un piano de forme primitive ; ses doigts maigres plaquaient des accords sur une mélodie que faisait entendre un vieillard aux cheveux gris, jouant du violon.

Tel était extérieurement ce tableau qui me remplit d'une des plus touchantes émotions que j'aie éprouvées de ma vie. Tout en jouant du piano, la vieille dame détournait un peu la tête et envoyait au violoniste un sourire attendrissant que le peintre avait rendu avec délicatesse. La vie tout entière de ces deux aimables bourgeois se dévoilait dans un cadre modeste. Les boiseries grises du salon, dont la monotonie était rompue par un portrait au pastel accroché audessus du piano, la forme du piano lui-même, le costume des deux époux (ils étaient certainement mariés), le chat accroupi sur un tabouret, semblant se livrer à de profondes réflexions, la forme oblongue du cahier de musique, mais surtout le regard de la vieille dame, tout servait à lire leur histoire.

Si quelquefois je me suis repenti d'avoir perdu un temps précieux à étudier les arts au lieu de me plonger dans les sciences, à cette heure j'étais ravi de pouvoir lire sur cette toile comme dans un livre, certain que j'avais un *portrait* devant mes yeux et non un *tableau*. Ces deux musiciens étaient mariés et s'aimaient encore après quarante ans de mariage. S'aimer, je devrais dire s'adorer.

Matériellement, la peinture des portraits me parut de peu d'importance ; ce n'était pas un pinceau rompu aux grands secrets de l'art. Pourquoi le tableau était-il si vivant? Par quelle raison était-il accroché pour la vie dans mon cerveau, sinon par un *sentiment* profond de la part du peintre, sentiment explicable seulement par une longue liaison avec ses modèles. Oui, je ne pouvais en douter, le peintre était le contemporain et l'ami des deux musiciens. Un jeune homme n'eût pu rendre l'affection profonde des deux vieillards ; un maître habile eût sacrifié l'expression à de savantes combinaisons de palette.

Certaines maladresses donnaient à penser que le portrait n'avait pas été peint en présence des modèles. J'en conclus que le peintre fit une *surprise* à ses vieux amis pour le leur offrir en cadeau.

Un moment la pensée me vint que la vieille dame, d'accord avec le peintre, avait peut-être offert ce portrait à son mari le jour de sa fête ; mais elle n'eût pas combiné le portrait de la sorte. Elle eût voulu seulement l'image de celui qu'elle aimait ; elle ne se savait pas intéressante au piano ; elle n'eût pas compris le charme de ce portrait historié. C'était évidemment une personne douce et simple, partageant son temps entre l'affection pour son mari et les occupations domestiques. Pour musicienne, elle l'était, mais seulement une fois par semaine : un duo devait être un grand divertissement dans son existence tranquille. J'aurais pu jurer quelle sorte de musique charmait les époux : Haydn, ses contemporains et les petits compositeurs français, aujourd'hui ignorés, qui ont écrit nombre de *pièces* faciles pour le violon et le *forte-piano*. Les personnages de ce drame touchant ne connaissaient pas la musique hérissée de difficultés, trop souvent fiévreuse et maladive, que l'Allemagne nous a envoyée à la suite de Beethoven ; ils n'auraient pu la comprendre ; ils aimaient les mélodies simples et claires comme ces petits ruisseaux tranquilles au fond desquels s'aperçoivent des cailloux polis.

J'hésitai longtemps à placer le domicile des époux dans l'île Saint-Louis ou aux environs de la place Royale ; mais je me trompais dans l'un et l'autre cas, comme on le verra.

Pourquoi ce tableau se trouvait-il là? Comment l'honnête artiste avait-il exposé en 1855 un petit portrait, si dépaysé au milieu des immenses toiles envoyées par toute l'Europe? C'est ce qui me donna à travailler ; cependant j'en conclus que, placé dans l'appartement des époux, le portrait avait fait l'admiration de tous ceux qui le voyaient. Le peintre fut complimenté : chacun était frappé de la vive expression des musiciens ; pressé de toutes parts, le peintre envoya le portrait à cette exposition universelle dont l'annonce faisait grand bruit.

J'allai souvent revoir la modeste toile, certain d'être seul dans ce corridor mal éclairé qui semblait servir de débarras au trop-plein du musée. Personne que moi, je puis l'affirmer, ne remarqua le petit tableau ; dans mon égoïsme j'en étais presque heureux. Qui pouvait le comprendre? Sont-ce ceux qui dissertent de la ligne, de la couleur, de la composition, du clair-obscur, des empâtements et des frottis, toutes qualités matérielles absentes de *mon* tableau? Mais il avait en lui une force plus durable, réveillant des sensations intimes et délicates telles que j'en ai rarement rencontré.

Le regard qui s'échappait de la tête penchée de la vieille dame, pour être recueilli par le violoniste, montrait quelle affection profonde et non interrompue avait toujours existé entre les deux époux. Une merveille à Paris qu'un tel regard !

Jamais le moindre nuage n'était entré dans ce petit salon aux boiseries grises : la vie calme et tranquille avait coulé pour les deux époux, exempte des passions mondaines ; ils offraient la réalisation parfaite d'un heureux ménage. A cette exposition, où se voyaient représentés les fureurs de la passion et les crimes de l'amour, un petit tableau modeste que personne ne regardait, montrait où se trouve la vraie tranquillité, dans une longue affection consacrée par le mariage.

Un peu par curiosité, un peu pour avoir la preuve de mes inductions, je résolus d'aller voir le peintre. Il s'appelait Jacquem et demeurait rue du Chemin-de-Versailles, d'après l'indication du livret.

En ce moment, tout mon échafaudage fut renversé par le simple fait de la connaissance de la rue. Le peintre n'habitait pas Paris; ses modèles étaient de la province : ce *regard*, qui m'avait tant frappé en plein Paris, perdait une partie de sa signification dans une ville où la vie s'écoule paisiblement. Le portrait, qui m'avait inspiré de si douces sensations, menaçait de disparaître tout à coup de mon cerveau ; mon rêve était passé, mon illusion envolée, quand par un caprice semblable à celui qui pousse à revoir encore une fois la femme qu'on a beaucoup aimée, je retournai rendre visite à *mon* tableau. L'impression fut plus vive que je ne m'y attendais : je trouvai le sourire de la dame âgée encore plus séduisant que de coutume ; de son regard elle encourageait le violoniste à tenter un *trait* difficile. Sa bouche disait : « Comme tu joues bien, mon ami! »

Pour moi, je m'écriai devant le tableau : *Jacquem, Jacquem!* étonné de la construction du nom du peintre et de sa terminaison latine. Sans tomber dans le paradoxe, la forme d'un nom, sa sonorité, l'assemblage des syllabes forment une rhétorique particulière pleine de charmes.

— C'est bien là un nom de Versailles! m'écriai-je, dans ma disposition à doter la province de noms particuliers ; et machinalement j'ouvris le livret à la lettre J ; mais je fus frappé de la légèreté que j'avais apportée à ma première lecture. Le tableau était intitulé : *les Deux Musiciens*. Ce n'était donc pas un portrait, mais une simple fantaisie. Le peintre demeurait, il est vrai, rue du Chemin-de-Versailles, mais *à Paris.*

— Voilà bien du temps perdu en chimères, me dis-je en fermant le livret. Que cette leçon te soit profitable, pour t'empêcher à l'avenir de tomber dans des inductions téméraires !

Mes vieux époux, que j'aimais déjà comme si j'avais fait partie de leur intérieur, n'existaient que dans l'imagination du peintre ; ce *regard* si particulier qui n'appartenait pas au domaine de l'art, et qu'un sentiment profond, selon moi, avait seul pu rendre, ce regard si tendre et si amical était dû aux pinceaux d'un artiste médiocre. Jacquem habitait Paris ; ce n'était pas un de ces noms de province tels qu'en comportent les enseignes des petites villes.

« Suis-je assez battue? soupira tristement la Vanité, dans la petite chambre qu'elle occupe chez moi. Mais l'Orgueil : — Rassurez-vous, ma sœur, nous triompherons de cette abominable Raison. » On m'eût, en ce moment, annoncé un changement de gouvernement que je m'en serais peu soucié ; j'étais tout entier absorbé par les débats des singuliers disputeurs qui, par leurs raisonnements, me font souvent assister à des combats oratoires curieux, tels qu'on en entend rarement en Sorbonne.

L'Orgueil parla si bien qu'il arracha des sourires d'approbation à la Vanité blessée. Il dit pour sa défense que de prime-saut il avait vu des portraits dans ce tableau, et que, jusqu'à preuve du contraire, il soutenait que Jacquem n'avait pu faire des figures chimériques : il ajouta que d'abord il conclut à l'existence des deux musiciens dans Paris ; si, mis en défaut par une lecture trop rapide, il s'était laissé entraîner du côté de Versailles, il revenait à sa première opinion, acceptée proverbialement pour la meilleure. Ces épilogueurs employèrent des formules tellement sophistiquées que, pour les mettre d'accord et obtenir la paix, je résolus d'aller chez le peintre lui-même.

— Où est située la rue du Chemin-de-Versailles ? me demandai-je, car jamais je n'en avais entendu parler.

Comme je sortais de l'exposition, je m'adressai à un vieux cocher de fiacre, dont la mine pleine d'expérience me plut. — Connaissez-vous la barrière des Bassins, me dit-il ? — Non. — Vous allez prendre les Champs-Élysées, vous rencontrerez la rue de Chaillot, et dans les environs la rue du Chemin-de-Versailles. Vous en avez pour dix minutes.

Ceux qui aiment les sentiers désertés par la foule n'ont qu'à quitter les Champs-Élysées brusquement, un jour de grand soleil, à l'heure où les équipages, les cavaliers, les filles et les gens de Bourse remplissent la grande avenue de leur luxe ; un détour suffit pour les transporter dans des endroits tout à fait inconnus aux Parisiens.

La rue du Chemin-de-Versailles donne dans l'avenue et conduit à la barrière des Bassins par la rue Pauquet-de-Villejust. C'est un vif contraste avec les

Champs-Élysées ; la ville de province la plus morne ne saurait donner idée du silence d'un quartier désert, qui attend encore des constructions. A l'heure actuelle, ce quartier qui, par suite du projet de rejeter les barrières en dehors des fortifications, attend sa réunion avec Passy, reste sans habitants. Là sont situés les grands réservoirs de la pompe à feu, qui ont donné leur nom à la rue et à la barrière des Bassins, la plus pauvre, architecturalement parlant, des barrières de Paris. Dans l'hiver, le quartier est rempli d'une boue épaisse délayée par les bestiaux qui font leur entrée triomphale dans la ville, sans prévoir qu'ils sont réservés à la nourriture de l'ogre parisien, qui consomme en un jour ce qui suffirait à l'entretien d'une province en un mois.

Pour s'aventurer en pareil lieu, il faut un extrême désir d'échapper au monde des Champs-Élysées ; on n'y rencontre âme qui vive, sauf des troupeaux de bœufs et de moutons ; mais, à l'angle de la rue des Bassins, il est permis de pénétrer dans l'enclos où sont situés les fameux réservoirs, et par un jour de brouillard on se trouve tout à coup devant le panorama d'un Paris particulier.

Au loin s'étendent, sur des collines, dans une atmosphère bleuâtre, une prodigieuse quantité de petites maisons, au milieu desquelles se détachent la façade de l'École militaire et le dôme des Invalides. De tout le Paris monumental, telle est la seule vue. Un étranger amené là par hasard en conclurait que la France est une nation militaire pardessus tout. Ici l'école d'instruction avant les combats, là l'hôtel du repos après la guerre. Les observations ne dépendent que du milieu dans lequel on se place.

Jacquem demeurait au numéro 7 de la rue du Chemin-de-Versailles. Pour habiter un tel quartier, il faut une certaine philosophie. Je connaissais l'homme en entrant dans sa rue, et je tirai le pied de biche de la sonnette, comme si j'allais rendre visite à un vieil ami. La porte s'ouvrit. A la disposition du jardin, à de certaines particularités, se profilait une de ces maisons meublées, communes dans le quartier de Chaillot, où les vieillards se retirent pour y jouir de l'air vif particulier à ces hauteurs. La personne qui me reçut dès l'abord était une femme d'un extérieur peu sympathique, la maîtresse de la pension, à n'en pas douter. — M. Jacquem, s'il vous plaît? — Au troisième au-dessus de l'entre-sol, chambre numéro 17.

Pauvre Jacquem! me dis-je en montant un escalier aussi froid que la maîtresse de la maison. La propriétaire m'avait toisé d'un coup d'œil dans lequel je lus : « Qu'est-ce que cet étranger? que vient-il demander à Jacquem? »

Arrivé au haut de l'escalier, je me trouvai en face d'une porte jaune portant le numéro 17. Je frappai légèrement du doigt, et un petit vieillard sec et riant vint m'ouvrir en me faisant un de ces anciens saluts dont la mode est passée. Je me trouvai dans une mansarde allongée, à croisées à tabatière, qui perdait son caractère de mansarde par la quantité de peintures et de gravures accrochées au mur. C'était presque un atelier. Le peintre m'avança un fauteuil en velours d'Utrecht jaune, dont les bras offraient aux extrémités des animaux moitié sphinx, moitié chimères.

— Monsieur Jacquem, je sors du palais de l'exposition, où j'ai beaucoup remarqué votre tableau.

Il sauta de dessus de sa chaise, se leva : — Mon tableau! dit-il! ah! ah! ah! mon tableau! ah! ah! ah! Vous avez vu le tableau, ah! bah! vraiment?

Il courait dans l'atelier en riant d'une façon singulière, comme un homme incrédule et qui pourtant voudrait croire. Puis il revint vers moi, me regarda d'un œil interrogateur :

— Vous avez vu le tableau de Jacquem à la grande exposition?

Et il sauta comme s'il allait prendre sa volée par la fenêtre en tabatière, puis repartit en éclats de gaieté vraiment intempestifs. Moi-même je crus que j'allais l'imiter, tant j'étais surpris de la réception et de la singulière figure du peintre.

Il portait un long bonnet de coton et de larges lunettes d'acier derrière lesquelles éclatait un regard des plus vifs. Un grand nez recourbé semblait présenter des salutations au menton, sorte de personnage grave qui, tout en acceptant les politesses de son voisin conservait un certain décorum. L'esprit joyeux qui animait Jacquem avait infligé à sa bouche une forme humoristique qui retroussait les coins du côté des oreilles. Deux grandes rides moqueuses partaient l'une du coin de l'œil vers les tempes, l'autre formant une courbe accentuée sous la paupière inférieure et se perdant dans des joues jaunes, solides comme du vieux cuir.

Tel était au premier aspect Jacquem, qui m'apparut tout entier quand il me dit : — Couvrez-vous, monsieur, je vous prie. » L'ayant refusé, il enleva son bonnet de coton malgré mes supplications, et resta le crâne entièrement chauve, sauf deux petites pointes de cheveux goguenardes, qui apparaissaient par-dessus les oreilles.

Jacquem, habillé tout de noir, serré dans un habit étriqué fort râpé, les jambes perdues dans les sinuosités d'un pantalon de drap qui semblait en taffetas, Jacquem maintenant avait honte de son bonnet de coton, quoiqu'il le portât à la hussarde. J'avais devant moi un personnage d'une autre époque, sans doute un des nombreux élèves de David ; la couleur des esquisses, certaines compositions historiques accrochées au mur, la façon de grouper les personnages l'attestaient suffisamment.

— Vraiment, monsieur, vous me faites plaisir, dit le peintre quand les derniers tressaillements de sa joie furent un peu calmés. Tous les artistes ont un grain de vanité. Il y a si longtemps que je n'avais entendu de compliments, que je ne savais plus comment ils étaient faits. Pourtant, c'est une drôle d'idée qui vous amène pour me parler d'un pauvre petit portrait perdu au milieu de toutes les magnifiques peintures d'aujourd'hui. Je ne m'y reconnais plus, monsieur, devant tous ces jeunes gens qui chargent leurs palettes de couleurs à étonner Rubens... Qui est-ce qui aurait songé à cela il y a soixante ans? — Ah! m'écriai-je, c'est donc un portrait? — Me croyez-vous assez vaniteux, dit le peintre, pour oser envoyer à l'exposition un tableau? Je peux vous le dire, c'était un bon tour que je voulais jouer à mon vieil ami Ravier et à sa femme. — Ravier! répliquai-je, en analysant les syllabes de ce nom sans caractère précis. — Connaîtriez-vous mon ami Ravier? — Non, monsieur Jacquem. Pardonnez-moi mes questions. Où demeure M. Ravier? — A Sainte-Périne, j'allais vous le dire. — A Sainte-Périne! fis-je désappointé d'avoir longtemps hésité entre l'île Saint-Louis et les alentours de la place Royale.

Mon observation était prise en défaut et coupable de légèreté ; maintenant que je visitais le quartier de Chaillot, où se retirent de petits rentiers, d'autres endroits me revenaient à la mémoire, fréquentés par les gens âgés de modeste fortune : le versant de la Montagne-Sainte-Geneviève, qui conduit au Jardin-des-Plantes, les Batignolles.

— Je voulais faire une surprise à madame Ravier, reprit Jacquem.

A mon tour je me levai en me frottant les mains :
— Une surprise! m'écriai-je, je m'en doutais!

Jacquem me regarda avec le même étonnement que me causa en entrant son costume. Comme je paraissais attendre une explication :

— Mon ami Ravier et sa femme sortent rarement de Sainte-Périne; mais ils se faisaient une fête de voir cette grande exposition, annoncée par tous les journaux. Alors j'ai pensé à leur faire une malice; c'était de les mettre tout à coup en présence de leur portrait. Sans m'inquiéter si je serais reçu ou refusé, j'esquissai le tableau en me servant de deux petits portraits à la mine de plomb que vous pouvez voir accrochés au mur, en face de vous. Je n'avais pas besoin de faire poser mes amis, je les sais par cœur. Je connais Ravier depuis quarante ans, comme je connais ses airs de violon. Je me suis mis bravement à la besogne.

— Et vous avez fait là un excellent portrait, monsieur Jacquem, le meilleur de l'exposition.

— Parlons en conscience, monsieur, ne vous moquez pas de moi... Une méchante petite toile comparée à nos grands portraits du Salon! Ah! c'est de la raillerie, et Jacquem est un trop vieux renard pour vouloir manger de ces raisins-là. Je sais ce qu'il y a dans mon portrait : un bon vieux compagnon et une excellente femme, madame Ravier, qui, à soixante-sept ans, joue encore du piano comme dans sa jeunesse. Quant à Ravier, les jours où les rhumatismes ne gênent pas son bras droit, je vous assure qu'il met du nerf dans son coup d'archet. J'ai rendu tout bonnement ce que je leur voyais faire souvent; j'ai assis madame Ravier à son piano, entourant mes amis des objets qu'ils aiment, le portrait du père de M. Ravier, le vieux chat accroupi sur un tabouret en tapisserie brodé par madame Ravier, la boîte à violon sous le piano, les boiseries grises de leur chambre. Voilà-t-il pas un fameux portrait! Ces peintures-là, monsieur, font plaisir à trois personnes au plus : aux amis qui y sont représentés, et au peintre qui a passé quelques bonnes heures en jouissant par avance de sa malice. Mais je ne comptais guère sur mon admission, surtout quand j'allais flâner dans les Champs-Élysées, aux approches de l'exposition. C'étaient d'immenses caisses qui arrivaient chargées de peintures de l'Europe tout entière : du Danemark, de l'Angleterre, même du Pérou. Il faut que tu sois bien insensé, Jacquem, me disais-je, pour oser envoyer ta pauvre petite toile, qui n'aura pas plus d'importance pour ces messieurs du jury qu'une rognure d'ongle. Eh bien, ils refuseront ma peinture, et tout sera dit; la course n'est pas longue d'ici, j'irai chercher mon portrait, et, comme il n'est pas grand, je le mettrai sous ma houppelande sans que personne en sache rien. Jacquem n'a plus d'ambition, et il n'en mourra pas. Monsieur, ils l'ont accepté! s'écria le peintre en se levant et en courant par l'atelier.

Sans doute pour me donner une idée des émotions qui s'étaient emparées de lui lorsqu'il apprit cette nouvelle, Jacquem se mit à gambader en frappant des mains : « Jacquem est reçu, le vieux Jacquem et son petit tableau, s'écriait-il. Heureux Jacquem! Ces messieurs ne se doutent pas de la joie qu'ils donnent à un pauvre peintre. » Il revint à moi, se pencha vers mon oreille. — Monsieur, c'est le plus grand service qu'on pouvait me rendre... quoique ces messieurs du jury m'aient rendu ambitieux; oui, monsieur, à l'heure qu'il est, Jacquem est un ambitieux... Savez-vous ce qu'il demande? Il veut, lui aussi, entrer à Sainte-Périne, afin d'être près de ses vieux amis, pour manger avec eux, pour être soigné à son tour.

Je me rappelai alors la figure désagréable de la maîtresse de la pension.

— Monsieur, reprit Jacquem, je bavarde, et je ne vous ai pas dit comment se passa la visite de mes amis Ravier à l'exposition... Je fus d'abord deux jours sans pouvoir retrouver mon tableau : enfin, je le découvris et j'engageai Ravier et sa femme à faire un tour au Salon. Ils ne comprennent pas grand'chose à la grande peinture; et puis le bruit, la poussière, le cou tendu en l'air, notez qu'ils ne sont plus des jeunes gens, les fatiguaient. Ils voulaient s'en aller; je les reconduisis malicieusement par la salle un peu étroite où ces messieurs les jurés ont encore fait trop d'honneur à mon petit tableau. En arrivant devant le cadre, madame Ravier a poussé un cri : — Mon ami, on dirait que c'est toi! Et elle s'est jetée au cou de son mari; heureusement personne ne passait. Dans ce moment-là, il n'y avait pas un artiste plus heureux que moi. Jacquem avait du talent, du génie, mes bons amis le criaient tout haut; ils ne pouvaient plus se détacher de devant leur portrait. Ils étaient comme cloués à la cimaise, ils auraient voulu emporter le tableau pour le montrer à tous les pensionnaires de Sainte-Périne. En sortant, madame Ravier m'a serré la main, émue, sans pouvoir parler; je crois que tous les trois nous avions envie de pleurer. Ah ! l'amitié est une bonne chose !

Jacquem se tut, car il était attendri. Pour chasser son émotion, il essaya de gambader dans l'atelier en me tournant le dos; mais, à un geste, je m'aperçus qu'il s'essuyait les yeux.

Pour moi, je feignais de regarder les esquisses accrochées au mur. C'était de l'honnête peinture, consciencieuse et médiocre, sans le plus petit grain d'invention. On comprenait pourquoi Jacquem n'était pas arrivé à la réputation ; les esquisses sentaient les délassements d'un employé qui, levé à six heures du matin, fait de la peinture avant d'aller au ministère. En effet, le peintre, comprenant que le petit bout de sa bobèche intérieure ne s'allumerait jamais à la flamme de l'art, était entré dans les bureaux d'une compagnie d'assurances ; il en sortit poussé par l'âge, possesseur d'une petite rente qu'il s'était créée à force d'économies.

Ces détails, je ne les connus qu'un an après diverses visites faites à Jacquem, qui, enchanté de se trouver d'accord avec un admirateur de sa peinture, m'avait pris en réelle affection.

Grâce à lui, ma curiosité se tourna vers Sainte-Périne, son intérieur si curieux, ses mœurs si particulières au milieu du Paris mouvementé, et je n'eus de cesse que je ne fusse introduit par Jacquem chez ses amis Ravier.

CHAPITRE II

Paris est la ville de l'Europe qui s'inquiète le plus des souffrances cachées. Dans cet immense tourbillon d'affaires, de plaisirs, où sont roulés des hommes en apparence égoïstes, il est rare que la compassion pour le malheur n'ait pas gardé une petite place chez ceux qui semblent le moins portés à l'étude des classes pauvres. L'assistance publique joue un rôle immense et mystérieux qu'on ne peut connaître qu'en étudiant de près les rouages de l'administration du parvis Notre-Dame. Vieillards et enfants, femmes-mères, ceux privés de leurs bras et ceux privés de la raison, tous ont droit à l'assistance publique, une des plus belles réalisations des sociétés modernes, qui devrait avoir un palais pour bureau et au-dessus du fronton une symbolique figure de la Charité, taillée par le ciseau d'un grand statuaire. Si bien des réformes sont encore à désirer, si les environs de Paris attendent de vastes constructions destinées à hâter le retour à la santé des convalescents, il faut s'en prendre au temps dont les progrès s'agglomèrent lentement.

Entre toutes les créations de l'assistance publique, il faut citer comme une des plus utiles l'institution de Sainte-Périne, qui est à l'hôpital ce qu'un colonel est à un soldat. C'est un hôtel des invalides civils en miniature, et tous les efforts de l'administration doivent tendre à développer cette maison de retraite, appelée *Institution* pour ne pas froisser les vieillards sans fortune qui, sur le déclin des années, ont conservé de faibles revenus. L'institution de Sainte-Périne et les Petits-Ménages servent d'asiles à la vieillesse de Paris ; mais la situation topographique des deux établissements indique déjà les degrés qui les séparent. Sainte-Périne est située dans les Champs-Élysées, voisin des hôtels les plus aristocratiques de Paris ; les Petits-Ménages forment un des angles de la rue de Sèvres, c'est-à-dire du quartier le plus peuplé et le moins riche du faubourg Saint-Germain. Pour être reçu à Sainte-Périne, il faut avoir occupé une certaine position dans la société ; les Petits-Ménages sont composés de vieillards de la basse classe qui ont économisé quelques centaines de francs de rente, et qui longtemps ont ambitionné ce lieu de retraite. Il est exceptionnel de trouver dans la rue de Sèvres des vieillards d'une grande famille ; à l'Institution de la rue de Chaillot, on rencontre des gens titrés : d'anciens noms s'y éteignent lentement. La force des choses y a conduit des hommes et des femmes de condition élevée : là se retrouvent encore les habitudes de la haute société, et le salon de conversation, fréquenté par des personnes de soixante à quatre-vingt-dix ans, rappelle les soirées du monde.

Assise sur des bases solides par l'impératrice Joséphine, l'Institution Sainte-Périne a pris d'importants développements depuis le premier empire ; à l'heure actuelle, c'est une maison de retraite dont l'entrée est recherchée. Des solliciteurs nombreux sont inscrits sur des listes de surnumérariat, attendant que la mort souffle sur la petite flamme qui anime encore le corps de quelques vieillards. La première condition pour être admis à l'Institution est de justifier de soixante ans accomplis. La petite bourgeoisie y a droit d'entrée comme la noblesse ; d'anciens industriels, chefs de bureaux, militaires, négociants, rentiers, etc., jouissent du même privilége ; l'égalité n'existe que devant la rente à payer à l'administration des hôpitaux et le trousseau à fournir à l'Institution. Moyennant sept cents francs par an, le pensionnaire a droit au logement, à la nourriture, aux soins du médecin, et à divers avantages, tels qu'une bibliothèque, un salon de conversation ; l'habillement, l'entretien, le service particulier restent à la charge du pensionnaire, ce qui suppose une petite fortune de douze cents francs. Mais combien d'avantages pour ces maigres douze cents francs, qui, avec la plus stricte économie, ne pourraient fournir dans Paris le quart des jouissances de Sainte-Périne ! Un joli logement donnant d'un côté sur la vaste cour de l'Institution, de l'autre sur un grand jardin ; l'air des buttes de Chaillot, l'endroit le plus sain de Paris, une cuisine abondamment servie, la proximité des Champs-Élysées pour ceux qui aiment le mouvement de la foule, la promenade dans un beau jardin attenant aux bâtiments, et, par-dessus tout, l'avantage de la société, si chère aux vieillards.

Esprits détachés des passions humaines, qui ont vidé, à force d'y boire, la coupe des jouissances ou des infortunes, les uns s'entretiennent du néant des vanités humaines; d'autres qui ont conservé l'esprit et le cœur jeunes, se plaisent encore aux passions du monde. Dans cette réunion de caractères et de positions si variés, l'Institution offre le tableau consolant de gens ayant aimé la vie, l'aimant encore et ne se trouvant pas froissés par les dédains d'une jeunesse moqueuse, sans respect pour les manies de la vieillesse.

C'était après cet heureux séjour que soupirait Jacquem !

Fréquentant presque tous les jours les Ravier, il en revenait avec des provisions d'anecdotes dont une surtout me donna le plus vif désir de pénétrer dans l'établissement où s'agitaient encore tant de passions.

Un pensionnaire de l'Institution avait été surpris à une heure du matin, récitant des poésies sous les fenêtres d'une dame âgée de soixante-cinq ans. Rencontré par le directeur, le poëte fut reconduit dans sa chambre, un peu malgré lui, soutenant qu'il avait le droit de réciter des poésies à la lune, les pieds dans la neige; il remerciait l'administration de prendre soin de sa santé, mais il se sentait, disait-il, encore assez de chaleur intérieure pour ne pas craindre de refroidissements.

Par ce fait et d'autres nombreux qui vinrent se grouper autour de celui-là, l'*amour* étant une des passions qui survivent le plus chez l'homme, ma curiosité ne fit que redoubler.

J'allai souvent me promener dans le grand jardin dont les murs sont mitoyens du Château des Fleurs. Les soirs d'été, se groupait, après le dîner, la société de Sainte-Périne: de vieilles dames qui avaient conservé le goût de la toilette, des vieillards prenant soin de leur personne. Les conversations se tenaient d'abord en commun sur de grandes banquettes disposées en forme d'éventail. On prenait l'air en écoutant la musique du bal voisin; des groupes se formaient, disparaissaient dans les bosquets et montaient au belvédère. A deux pas de là, au Château des Fleurs, des filles vendaient leurs charmes peints au plus haut enchérisseur; à Sainte-Périne l'amour était revenu à la simplicité de l'âge d'or. C'étaient des soins, des égards, d'exquises délicatesses qui cherchaient à faire oublier la poussière de papillon envolée de la jeunesse.

Peu à peu, par mon assiduité et par l'habitude qu'on prit de ma personne, je fus introduit dans le ménage Ravier. Jacquem ne jurait plus que par moi;

la fréquente répétition de mon nom, les compliments à outrance dont il entourait mon caractère, firent que madame Ravier voulut bien m'inviter à lui rendre visite. C'était une petite dame pétulante, qui avait conservé toute la vivacité de la jeunesse : une aimable curiosité faisait le fond de son caractère ; elle ne procédait que par questions sur Paris qu'elle avait longtemps habité et dont elle semblait plus retirée qu'à cent lieues. Les soins qu'elle rendait à son mari, l'entretien de son ménage, certains accès de rhumatisme qui s'emparaient de l'épaule de M. Ravier la forçaient de ne jamais s'éloigner de l'Institution. Rarement on vit naturel plus heureux. Pour désennuyer son mari, qui alors était sous le coup de la maladie, elle appela ce qui lui restait de jeunesse. Cette petite dame aux membres fins et souples semblait un oiseau ; elle courait, sautait dans sa chambre, chantait, trouvait des mots gais pour égayer son mari : nulle part ailleurs je n'ai vu d'intérieur plus animé.

Deux fois la semaine madame Ravier recevait quelques pensionnaires: M. Perdrizet, un poëte âgé, amoureux de madame de la Gorgette ; M. Destailleur, l'homme le plus poli de France, celui que mademoiselle Arsène Chaumont appelait *Urbanité* ; l'abbé Falaise, l'aumônier de l'Institut ; M. de Capendias, qui représentait la noblesse ; madame de la Borderie, une femme de bien ; M. Lobligeois, célèbre par son avarice, et mademoiselle Miroy, une des victimes de l'établissement. Toutes personnes qui se quittaient rarement, partageant tous les jours une des quatorze tables de la salle à manger.

Ainsi qu'on le pense, ce petit cercle était fort jalousé par les pensionnaires de l'établissement, car on ne pouvait guère citer dans Sainte-Périne que trois sociétés tranchées : la chambre de madame Gibassier, où se tenaient les plus méchants propos de l'établissement. Là se réunissaient plus particulièrement des dames et le rival de M. Perdrizet, le poëte Courroux-Després, qui avait obtenu jadis des succès aux Jeux Floraux ; on citait encore les réunions de M. et de madame Désir, anciens petits marchands, remarquables par la présence de M. de Flamarens, dont la noblesse était mise en balance de celle de M. de Capendias et de madame de la Borderie.

Si on excepte les trois tables qui, à partir du dîner, réunissaient leurs habitués dans trois salons différents, la plupart des pensionnaires de Saint-Périne vivaient isolés, les uns maladifs, les autres misanthropes, certains passant leurs soirées à la bibliothèque de l'Institution, d'autres faisant leur partie au salon pour ne pas dépenser de chauffage et d'éclairage.

Jacquem m'initiait peu à peu à ces détails : le petit peintre était un fin observateur, sauf pour ce qui l'intéressait personnellement ; mais il ne se doutait pas avoir un ennemi dans la personne de l'avare M. Lobligeois, qui se vantait de coûter fort cher à l'administration de l'assistance publique.

Il existe deux modes de payement pour être admis à l'Institution Sainte-Périne : le premier consistant en une rente annuelle de 700 francs, le second en l'apport d'un capital qui varie suivant l'âge du pensionnaire.

Pour prendre un exemple de la différence du capital à payer, un pensionnaire âgé de soixante ans, en versant 6,348 francs lors de son entrée, pourrait vivre tranquille jusqu'à cent ans sans avoir rien à payer désormais, tandis qu'un homme âgé de quatre-vingt-seize ans ne payerait que la somme de 990 francs, les calculs de probabilité sur la vie ayant démontré que cet homme pouvait espérer tout au plus vivre deux ans.

M. Lobligeois, admis à Sainte-Périne à l'âge de quatre-vingt-un ans, s'était bien gardé de suivre le premier mode de payement, consistant en une rente annuelle de 700 francs ; il avait versé une somme de près de 5,000 francs, et s'était frotté les mains en se disant quelle merveilleuse affaire il faisait ce jour-là.

M. Lobligeois commençait par manquer au règlement principal de l'Institution, qui n'admet dans son sein que des rentiers à quinze cents francs au plus ; l'avare possédait cinq mille francs de rente. Il ne se disait pas qu'il empêchait un pauvre homme d'entrer à sa place ; ces sortes de raisons ne germaient pas dans son esprit. Sa prétention était d'arriver à un âge très-avancé, et de passer près de vingt-cinq ans dans l'Institution, bien nourri, en compagnie agréable, pour la somme de trois mille francs. Vingt-cinq ans pour trois mille francs !

Jamais homme ne fit de plus heureux calculs en se rendant compte que chaque année ne représentait guère plus de cent francs. Cent francs la nourriture et le logement! Boire, manger, se loger, se chauffer pour cent francs! Dans le pays le plus fortuné et le plus fertile, il était impossible d'arriver à ce merveilleux résultat. Aussi le réveil du vieillard lui semblait plus agréable qu'à l'âge heureux où l'enfant ouvre la paupière sans penser aux déceptions de la journée; il avait fait des décomptes de ce qu'il coûtait à l'administration et se réjouissait de passer une excellente journée pour la somme de cinq sous et demi.

La chambre dans laquelle M. Lobligeois couchait et qu'il occupait à peu près pour six liards, le déjeuner qui lui revenait à un sou, le dîner à deux sous, faisaient que son sommeil et sa digestion se passaient d'autant plus agréablement qu'il trompait l'administration par le surplus de rentes qu'il accumulait chez son notaire, avec l'unique passion d'accumuler.

M. Lobligeois n'avait que des parents éloignés et ne souffrait pas de son isolement; sa fortune lui servait de famille. A de certains jours, enfermé dans sa chambre, le verrou tiré, M. Lobligeois ouvrait un secrétaire et se donnait la jouissance de considérer et de manier un plein tiroir de pièces d'or : la poignée de main d'un ami dont il eût été séparé depuis longtemps ne lui eût pas causé un plus doux tressaillement que de plonger sa main dans le tiroir et d'embrasser du regard toutes les pièces reluisantes.

Mais l'avare n'avait pas d'amis. La passion de l'or

avait annihilé toutes les autres, et M. Lobligeois eût été parfaitement heureux sans le sinistre battement d'ailes de la chauve-souris qui plane au dessus de la tête de tous les humains. La chauve-souris de M. Lobligeois était une terreur extrême de la mort : il ne voulait pas en entendre parler ; ainsi que ces animaux qui, ne voyant pas le chasseur, s'imaginent n'en être pas vus, il espérait en oubliant la mort être oublié d'elle.

La mort, cependant, faisait d'assez fréquentes visites à Sainte-Périne ; elle venait tirer doucement par la manche de vieilles dames et de vieux messieurs qui ne consentaient pas à la suivre volontiers.

Le seul fait d'être admis à l'Institution devait indiquer aux entrants qu'il ne leur restait plus qu'un maigre tiers de vie à dépenser : il en était peu qui voulussent accepter cette idée. L'égoïsme absolu régnait dans cette société, où la disparition fortuite d'un convive et d'un compagnon aimable inspirait des regrets peu persistants. L'administration des hôpitaux elle-même se préoccupait peut-être plus d'un pensionnaire défunt que ses camarades de table. Il était à remarquer que, dans ce lieu où l'idée de la mort était inscrite sur bon nombre de physionomies, le mot fatal se prononçait rarement. M. Lobligeois était du nombre de ceux qui craignent autant la chose que le nom : c'est ce qui explique pourquoi il regarda Jacquem d'un mauvais œil.

Madame Ravier n'avait pas caché les prétentions de son ami et les efforts qu'il faisait pour entrer à l'Institution : ce surnumérariat frappa désagréablement l'avare. Un homme qui demandait à entrer ne pouvait être satisfait que par la sortie d'un pensionnaire ; comme l'idée de sortie entraînait forcément l'idée de mort, le petit peintre, quoique d'un aspect frétillant, représenta dès lors aux yeux de M. Lobligeois l'image de la mort.

Personne ne s'en douta, ni les époux Ravier, ni M. Perdrizet, ni madame de la Gorgette, ni M. Destailleur, ni mademoiselle Arsène Chaumont. La Mort personnifiée par ce petit homme sautillant, plein de verdeur, sympathique à tous les habitués du salon Ravier ! Jacquem habillé en squelette, un sourire sarcastique perpétuel dans une vieille mâchoire vide, Jacquem, le premier, se fût ému de la macabre symbolisation dont l'avait doté l'avare. Cependant il en était ainsi. A chaque visite du peintre, M. Lobligeois se disait : « Il cherche à remplacer quelqu'un. » Et ce *quelqu'un* inconnu, devant disparaître tout à coup pour faire place à Jacquem, choquait particulièrement l'avare, quoiqu'il crût que les autres et non pas lui devaient quitter la place.

Ces sortes de raisonnements ne sont pas rares : il existe plus d'un vieillard qui s'obstine à l'idée de vivre en société. Ils sentent la vanité de cette pensée ; ils s'en rendent compte, doutent, croient, doutent encore, reprennent confiance et arrivent à cette conclusion, de ne pas vouloir songer à la chose.

— Car, disait un jour M. Lobligeois poussé à

bout, parler toujours de la mort, c'est l'attirer dans la maison.

Aussi, pour ne plus avoir à souffrir de la présence de Jacquem, l'avare se fit recevoir chez madame Gibassier, dont on désignait les réunions sous le titre de Club des femmes malades.

Les habitués du salon de madame Ravier ne partagèrent pas les répulsions de M. Lobligeois pour Jacquem. La société y était plus jeune et plus intelligente que dans les autres réunions; l'amour et l'amitié y jouaient encore un assez grand rôle pour chasser les terreurs de la vieillesse.

Si Jacquem m'avait paru vert à l'âge de soixante-deux ans, l'amoureux Perdrizet étonnait ceux qui ne le connaissaient pas, d'avoir pu concourir aux avantages de l'Institution. L'ancien chef de bureau de la douane, par sa figure, sa démarche et l'ensemble de sa personne, semblait n'avoir que cinquante ans. L'œil vif et brillant, la bouche bien conservée, la taille droite, M. Perdrizet avait à peine perdu les avantages de la jeunesse. Vif, emporté, la parole pétulante, à sa personne il ne manquait que les cheveux. Sa réputation de *séducteur*, répandue dans Sainte-Périne, le faisait rechercher des dames de l'établissement, et même des voisines du dehors qui habitent les pensions bourgeoises de la rue de Chaillot; mais M. Perdrizet s'était consacré presque exclusivement au culte de madame de la Gorgette.

Qu'on s'imagine une grande et forte femme, portant sur sa physionomie l'enjouement et la bonté particuliers aux êtres chez lesquels le sang se joue librement. De grandes coques de cheveux gris argentés, qui n'avaient pas besoin de coiffure pour dissimuler les clair-semés que l'âge apporte trop souvent sur le sommet de la tête ; des chairs réjouissantes en abondance, une taille de la force de M. Perdrizet lui-même, mais en harmonie avec l'importance de la personne ; deux étages de menton avec un léger entre-sol, pour rester dans la vérité ; des mains potelées et petites, qui avaient dû être les plus belles mains de France vingt ans auparavant, et des yeux d'un bleu profond qu'on ne pouvait se lasser de regarder, tant la douceur en était particulière. Deux fossettes s'étaient emparées de la figure de madame de la Gorgette, et formaient au moindre mouvement de la physionomie des *signes* qu'une coquette eût payés bien cher. Ces fossettes semblaient vivantes, tant elles étaient mobiles ; la gaieté de la jeunesse s'y jouait encore et forçait ceux qui causaient avec madame de la Gorgette de l'entretenir de choses plaisantes ; la moindre intention comique la faisant sourire, alors se dessinaient ces fossettes qui n'avaient pas leurs pareilles. Si madame de la Gorgette eût vécu entourée de jeunes gens, nul doute qu'elle n'eût inspiré à l'un d'eux une vive passion, sans que son âge pût servir de barrière. Non pas que les sens eussent occupé une grande place dans sa vie ; mais elle semblait si heureuse de rendre heureux ceux qui l'entouraient qu'elle n'avait pas voulu chagriner l'inflammable M. Perdrizet.

En la voyant, on ne pouvait s'empêcher de songer à ces triomphantes créatures que le pinceau des maîtres flamands s'est plu à représenter fréquemment en qualité de *reines* dans leurs nombreuses repétitions de *Roi boit*. Madame de la Gorgette, aussi belle que la Médicis peinte par Rubens dans la série d'allégories du Louvre, n'en avait pas le côté dominateur. Sa poitrine imposante, qu'elle avait le droit de porter fièrement, se rattachait plutôt aux riches trésors de sang et de lait qui meublent les tableaux de Jordaens, élève du grand maître flamand, mais qui a plutôt peint de riches bourgeoises que des reines. La manière particulière dont madame de la Gorgette s'habillait, prouvait qu'elle n'avait pas besoin d'échafaudages pour soutenir cette riche poitrine, dont l'heureux privilége consistait en une précieuse solidité. Il était permis d'en juger par l'aspect resplendissant des chairs de la figure, sur laquelle le sang se jouait comme chez une jeune femme. Une grande bonté formait le fond du caractère de madame de la Gorgette, que M. Perdrizet seul avait le droit d'appeler Aurore.

En regard de madame Aurore de la Gorgette, peut-être est-il convenable de tenter d'esquisser le profil de mademoiselle Miroy, qui jouissait à tort dans l'Institution d'une réputation de coquetterie. Mademoiselle Miroy, jadis recherchée par M. Perdrizet, semblait un fuseau en présence de sa rivale. Sans être précisément maigre, sa personne s'allongeait et perdait toute valeur en comparaison des charmes de la belle Lilloise, car madame de la Gorgette était de Lille. La qualité de vieille fille avait donné à la personne de mademoiselle Miroy quelque chose d'incomplet et d'insatisfait, auquel le meilleur naturel ne saurait échapper. Si l'on pouvait se fier complétement aux statistiques, n'a-t-il pas été démontré par les tables de mortalité que les célibataires ne jouissent que d'une moyenne de vie inférieure d'un tiers à celle des gens mariés? La vie à deux, les inquiétudes partagées, la société perpétuelle, même dans ce qu'elle offre de tiraillements, sont des garanties d'existence ignorées par le célibataire, qui, dans son égoïsme, s'imagine échapper aux mille contrariétés engendrées par le mariage.

Mariée quarante ans plus tôt, mademoiselle Miroy n'eût pas offert ces couperoses dans le teint, signe d'un sang agité qu'il n'est pas donné au célibat de calmer. Douée de qualités excellentes, cette demoiselle, qui ne pouvait être qualifiée de *vieille* en comparaison des nonagénaires de l'établissement, avait désobéi aux lois de la nature; elle en fut punie par un certain aigrissement de caractère, démentant la devise de son cachet, sur lequel était gravée une harpe avec les mots : « *Toujours d'accord!* » La pauvre demoiselle Miroy souffrait d'autant plus qu'elle avait senti ses meilleures qualités se paralyser une à une pour faire place à des mélancolies, à des inquiétudes sourdes, à mille cas névralgiques sous lesquels disparaissait son égalité d'humeur. Peut-être la lecture d'ouvrages d'imagination l'avait-elle poussée dans cette voie, car c'était une femme à dévorer des bibliothèques de romans, qu'elle laissait tomber tristement les uns après les autres, se demandant où était cet idéal d'*homme* qu'elle n'avait jamais rencontré. Cependant, six mois après son entrée à Sainte-Périne, elle crut trouver dans le vif Perdrizet un profil affaibli des héros de ses lectures, et elle échafauda un de ces jolis romans de tête bien supérieurs aux chefs-d'œuvre consacrés.

A cette époque, l'ex-chef de la douane ne brûlait pas encore pour madame de la Gorgette; le cœur libre, l'estomac sain, l'esprit tourné à la gaieté, il était difficile de rencontrer un plus charmant type d'amant que M. Perdrizet, quoiqu'il portât des besicles d'or. Il est des hommes dont la physionomie est tellement pétillante que tout leur vient en aide, même les défauts : les besicles d'or prêtaient aux regards de M. Perdrizet des rayonnements particuliers. Son œil n'en paraissait que plus vif; même il était permis de croire qu'il portait des lunettes pour adoucir la flamme de ses prunelles. Mademoiselle Miroy lui dit un jour, en manière de compliment, qu'elle était étonnée que les verres de ses besicles ne fussent pas troués par la vivacité de ses yeux.

L'ancien chef de bureau avait subi, comme il arrive trop souvent aux employés, une perte irréparable, celle de ses cheveux; mais il portait audacieusement la tête nue et ne cherchait pas à dissimuler, par une perruque, les ravages du fauteuil de cuir, car il a été démontré que le fauteuil de cuir vert à clous de cuivre, qu'il soit protégé ou non par des ronds de caoutchouc, est une des principales causes de la calvitie. (Notaires, avoués, avocats, huissiers, chefs de bureau, employés, tous personnages qui se gaudissent trop longtemps dans des fauteuils de cuir vert à clous de cuivre, sont condamnés à la perte prématurée de leurs cheveux.) M. Perdrizet n'avait pas l'aspect humilié que donne à de certaines personnes la calvitie ; au contraire, il semblait chercher, par nombre de soins, à donner plus d'apparence brillante à son crâne nu, qui faisait autant de plaisir à voir que la batterie de cuisine d'une ménagère flamande ; et cette belle surface d'ivoire polie eût certainement inspiré à un peintre le désir d'y peindre une fine miniature.

L'oreille de M. Perdrizet, mise à jour par l'enlèvement des broussailles de la jeunesse, donnait l'idée d'un homme qui a perdu ses cheveux au service de la galanterie : curieusement et délicatement travaillée, quoique sa forme rappelât, par certains détails, l'oreille du faune antique, elle n'affectait pas la position verticale, qui est la plus commune : elle était provoquante par la manière narquoisement oblique dont la nature s'était plu à la jeter. Une telle oreille renfermait bien des séductions par sa pose originale et sa parfaite concordance avec l'ensemble de la physionomie du chef de bureau. Ce détail alluma la flamme la plus vive chez mademoiselle Miroy, qui, sans avoir de fortes connaissances physiognomoniques, était attirée vers M. Perdrizet.

Les trésors d'amour qu'elle sentait enfouis au dedans d'elle-même se réveillèrent tout à coup et produisirent dans l'Institution une révolution plus grande que si M. Lobligeois avait jeté ses louis par la fenêtre.

La couleur verte, celle de l'espérance et du printemps, devint l'emblème favori de la pauvre demoiselle, qui eut un renouveau sans avoir jamais entrevu le nouveau de la vie. Son cœur reverdit et la poussa vers la nature. Désormais, au lieu de s'enfermer chez elle pour lire les romans *noirs* qu'elle louait chez un petit libraire du faubourg du Roule, elle alla plus fréquemment dans le jardin, autant pour rafraîchir ses idées brûlantes que pour rencontrer l'être qui venait de l'initier à une nouvelle vie. Mademoiselle Miroy eut des bouffées de souvenirs d'enfance qui lui rendirent l'existence souriante; elle consulta le célèbre médecin Desclozeaux, attaché à l'Institution, pour obtenir de lui quelques secrets afin de chasser la couperose de ses joues.

Elle se rappela que les pensionnaires de couvent tressent de petits sachets de lavande parfumée, en entremêlant les brins de fleurs de faveur de soie; et elle passa une huitaine à confectionner quelques-uns de ces sachets, qu'elle offrit aux principaux habitants du salon de madame Ravier, afin d'avoir le droit d'en proposer un à M. Perdrizet.

— Rien n'était meilleur pour la conservation du linge, disait mademoiselle Miroy.

Son bonheur fut au comble quand le chef de bureau déclara, huit jours après, qu'une odeur exquise s'échappait de l'armoire où il rangeait ses chemises. Ce mot tourmenta l'imagination de la pauvre amoureuse et l'amena à plier les tiges de lavande en forme de cœur, que M. Perdrizet accepta sans remarquer la délicatesse du symbole.

Mademoiselle Miroy alla jusqu'à louer un petit jardin, dans l'Institution, à raison de vingt-cinq francs par an. L'administration s'est réservée, au bout du parc public, un certain espace allongé de terrain, divisé en petits jardinets séparés par des treillages : on a voulu, par cette mesure, que les pensionnaires aristocratiques pussent respirer le frais à leur fantaisie, isolés, s'ils le désiraient.

Mademoiselle Miroy rêvait un petit boudoir de verdure, un asile mystérieux où elle inviterait M. Perdrizet, quand tous deux se comprendraient. Quels rêves délicieux n'accumula-t-elle pas ! C'était de rester à côté l'un de l'autre les chaudes après-midi de l'été, abrités par un dôme de feuillages sous une tonnelle, occupés à de douces causeries, se taisant pour se regarder, écoutant le chant des oiseaux, loin de tout regard. Mademoiselle Miroy ferait de temps en temps la lecture ; elle choisirait les livres dont elle se rappelait certaines pages brûlantes.

Elle sentait en ce moment que son accent serait au diapason de ses tendresses ; M. Perdrizet l'écoutait, lui prenait les mains, tombait à ses genoux, lui jurait une flamme éternelle. Et au-dessus de leurs têtes, sur le fond de verdure, brillait la fameuse devise du cachet : *Toujours d'accord*. Beaux rêves ! Touchantes illusions !

Le réveil devait être amer. M. Perdrizet ne s'aperçut pas d'abord de ces manéges ; il eut la coupable indifférence de ne pas remarquer la robe blanche à rubans verts que mademoiselle Miroy introduisit à la chapelle, un dimanche de mai, et qui donna naissance à tant de propos dans l'Institution. Une robe blanche à mademoiselle Miroy ! Il y avait de quoi défrayer les conversations de l'hiver. La société Gibassier s'empara de cette robe printanière, et, par ses mauvais propos, en ternit la blancheur.

Cette société, dite des femmes malades, inspirait une certaine crainte dans Sainte-Périne par les méchancetés qui s'en échappaient. Les caractères chagrins, les malades de corps, les vieillards aigris s'y donnaient rendez-vous. On rencontrait des boiteuses, une sourde et une aveugle ; la plus influente de la réunion, madame Gibassier, ne sortait qu'avec des béquilles. Le club jalousait le salon des Ravier, où ces sortes de propos ne trouvaient aucun partisan. Vis-à-vis de madame Gibassier et de ses amis, les habitués de madame Ravier passaient pour de jeunes extravagants ; aussi la robe blanche à rubans verts de mademoiselle Miroy, âgée seulement de soixante et un ans, parut-elle une sorte de provocation jetée à l'Institution. La plupart des membres de la société Gibassier étaient octogénaires : qui oserait lutter avec mademoiselle Miroy ? qui pouvait s'habiller en blanc au printemps ? La première émotion passée, on cliercha à connaître quels motifs secrets avaient pu déterminer l'*ennemie* à arborer une couleur si printanière. Comme la pensée des pensionnaires de Sainte-Périne est sans cesse tournée vers l'amour, la société Gibassier fit une enquête qui démontra la passion naissante de mademoiselle Miroy. Des agents invisibles l'épiaient dans ses démarches, la suivaient au jardin, au salon commun, à la bibliothèque, à la salle à manger, au dedans et au dehors de l'établissement; ils remarquèrent que, contre son habitude, mademoiselle Miroy sortait les jours de soleil, de deux à quatre heures, pour se rendre aux Champs-Élysées, où, assise sur une des chaises qui bordent la grande avenue, elle examinait avec attention la toilette des jolies femmes qui vont parader en calèche au bois de Boulogne. Les yeux féminins deviennent des microscopes accusateurs quand ils s'attachent à un seul objet : les plus petites observations tombant sous leurs rayons se transforment en immenses découvertes. Mademoiselle Miroy et les mille détails de son amour naissant furent sujets à de plus patientes investigations que le fraisier dont Bernardin de Saint-Pierre a raconté les drames. Si, en rentrant à l'Institution, vers cinq heures, mademoiselle Miroy s'enfermait dans sa chambre pour reparaître au dîner avec une nouvelle coiffure, ne donnait-elle pas raison à madame Gibassier, qui l'accusait d'avoir *pincé*, l'après-midi, cette coiffure aux Champs-Élysées? Aussi fut-il démontré que l'ennemie allait se retremper dans le sein d'un monde corrompu, afin d'étudier les secrets des modes nouvelles.

La pauvre fille dinait tranquillement en compagnie de M. et madame Ravier, de M. Perdrizet, de madame de la Borderie, de M. de Capendias, de mademoiselle Chaumont et de M. Destailleur, sans se douter qu'en face d'elle, à la table numéro huit, celle occupée par la société Gibassier, dix personnes ne la quittaient pas de vue, non pas dix juges, mais dix accusateurs qui sans cesse ranimaient leurs observations par des coups de coude et de légers pressements de pied sous la table. Si l'amour laissait le champ libre à l'observation, mademoiselle Miroy eût remarqué combien était calme une table qui, d'ordinaire, était la plus bruyante de la salle à manger : rires aigres, paroles sarcastiques, voix vinaigrées se faisaient entendre généralement, parmi la coterie Gibassier, au milieu du bruit des couteaux et des fourchettes de tout le réfectoire.

Il ne fallut pas deux séances au redoutable tribunal pour découvrir le but des mélancoliques regards de mademoiselle Miroy : en face d'elle, le vivant M. Perdrizet mangeait de tous les plats avec un héroïque appétit, sans craindre de fatiguer son estomac.

Les manéges de la pauvre amoureuse durèrent assez de temps pour que l'économe de l'Institution remarquât avec surprise que la consommation avait été, pendant la quinzaine, moins forte d'un douzième. La table Gibassier, plongée dans les observations, en oubliait presque le boire et le manger. — « Nous aurons certainement une épidémie prochaine, dit le médecin de Sainte-Périne, à qui l'économe témoignait ses inquiétudes sur cette diminution de nourriture. » Car la majorité des vieillards ne vit que pour manger. Le médecin, en réfléchissant sur le fait qui lui était rapporté, ne pouvait supposer que, par un renversement singulier des lois naturelles, cette fois l'amour et la curiosité de constater ses phénomènes avaient été plus forts que l'estomac. Les médecins sont quelquefois victimes de faits semblables qui déroutent les observations scientifiques.

Mademoiselle Miroy aimait M. Perdrizet, et des témoins nombreux, assez alléchés par la malignité pour en oublier le boire et le manger, faisaient croire à une épidémie prochaine. Quelques jours après, le médecin en chef de Sainte-Périne envoyait à l'Académie de médecine une communication importante : il avait senti des courants invisibles et morbides qui présageaient le retour d'une épidémie ; le bruit s'en répandit dans Paris, les journaux l'enregistrèrent, la nouvelle courut la France. La France était victime des regards perçants de M. Perdrizet, de son crâne luisant et de ses besicles d'or. Voilà ce qui doit faire réfléchir les observateurs sur l'enchaînement des faits.

A mille prévenances, mélangés de soins délicats, M. Perdrizet fut averti des ravages que produisait sa personne. Chacun l'en plaisanta, et il se tint sur ses gardes, afin de ne pas se laisser lier par des chaînes aussi lourdes que celles portées par M. Destailleur, dont mademoiselle Chaumont avait fait son esclave. L'histoire ancienne cite des traits d'amour héroïque, qui se sont rarement renouvelés dans les temps modernes. M. Destailleur n'était pas capable d'héroïsme. Son extérieur tranquille, sa personnalité affadie fuyaient l'éclat ; mais il possédait des qualités plus monotones et plus durables. On ignorait à quelle époque il s'était attelé au char de mademoiselle Arsène Chaumont, tant il semblait naturel que ces deux personnes eussent toujours vécu ensemble dans les mêmes relations calmes et polies.

Les graveurs italiens se sont plu à représenter un jeune *Paolo*, aux genoux d'une tendre *Francesca*, tendant ses mains vers elle et la suppliant de lui accorder quelques chastes baisers. M. Destailleur rappelait l'aimable Paolo par son ingénuité, la candeur avec laquelle il s'approchait de mademoiselle Chaumont. Si mademoiselle Chaumont lui demandait le matin : Comment vous portez-vous? il ne manquait pas de répondre : — Avec plus de crainte que jamais de vous déplaire, » ou par une phrase d'un tissu analogue.

La politesse exquise, le respect dû à toute femme, étaient poussés si loin que M. Destailleur fut cité comme l'homme le plus parfait qui eût jamais habité l'Institution. Les mots galanterie, amour, passions, ne pouvaient s'appliquer à M. Destailleur, mais plutôt les titres de cavalier servant, de *patito*, qui se trouvent en quantité dans le dictionnaire de la bonne compagnie italienne, et que notre langue moins tendre ne saurait reproduire. Mademoiselle Chaumont l'avait appelé : *mon attentif*, un de ces mots que les femmes seules savent créer. Un jour, dans le salon de madame Ravier à l'heure où chacun prenait congé de la maîtresse de la maison, mademoiselle Chaumont engageait M. Destailleur à passer le premier ; l'attentif s'en défendait. Après divers refus, M. Destailleur s'exécuta en disant : — Que cela soit ainsi, mademoiselle, car si je ne savais pas vous obéir, je ne serais plus votre serviteur. » Rarement on verra deux êtres plus polis et plus délicats ; ils parlaient un langage particulier et semblaient avoir inventé une langue.

L'aimable Perdrizet n'aurait pu tenir à ces confidences éternelles, à ces promenades sentimentales, à ces conversations *opalisées* qui faisaient le fond de la vie de M. Destailleur et de mademoiselle Chaumont. Vif comme la poudre, léger comme un oiseau, preste et subtil, M. Perdrizet offrait une nature contraire. Il avait beaucoup aimé, ses lèvres rouges, largement dessinées, le prouvaient ; mais de l'amour il n'avait cherché que la jouissance gaie, le plaisir, les galanteries de table soufflées à l'oreille d'une voisine, les liaisons nouées et dénouées avec la même rapidité. Toutefois, M. Perdrizet possédait la plupart des facultés du soupirant ; il devenait sentimental au besoin, pourvu qu'il ne fût pas forcé d'employer cette note longtemps. Aussi, le cœur libre, ne repoussa-t-il pas d'abord les tendres avances de mademoiselle

Miroy. Sans songer au trouble qu'il allait jeter dans le cœur de la pauvre fille, il accepta des promenades dans le parc, se laissa conduire dans le petit jardin particulier, et, par là, donna corps à la trame malveillante qui s'ourdissait chez les Gibassier.

Ainsi qu'une plante étrangère, fanée sous un climat brumeux, dont les premiers rayons de soleil du printemps raniment les feuilles mélancoliques, mademoiselle Miroy sembla revivre d'une nouvelle vie ; elle rajeunit, ses yeux s'avivèrent; le sang circula plus librement dans ses veines, le mot *bonheur* fut écrit sur son front. Elle avait pris de la vivacité de M. Perdrizet, et il semblait qu'elle cherchât à se mettre à l'unisson de celui qu'elle aimait.

— Que vous êtes gaie, ma chère demoiselle, lui disait avec douceur madame de la Borderie, une des femmes les plus respectables de l'Institution.

Mademoiselle Miroy souriait, et en même temps rougissait de sourire. Ce bonheur, inscrit visiblement sur la physionomie de mademoiselle Miroy, rembrunissait toutefois les figures de la table d'en face. Le Club des femmes malades souffrait du bonheur de mademoiselle Miroy ; chaque jour qui s'écoulait accusait les rides de ces vieilles femmes : la bouche rentrait, le nez s'allongeait, les chairs s'affaissaient. La nature a voulu que l'homme ne s'aperçût pas de ses ruines personnelles ; madame Gibassier les observait chez ses amies, et ne pouvait s'empêcher d'en faire de tristes allusions. Cette société était à l'unisson de la discordance ; toujours des propos cruels, d'amères railleries, des contradictions de toute belle action.

Le Dante a oublié dans son *Enfer* de peindre un coin sombre où seraient condamnées à vivre ensemble les vieilles chagrines dont la vie s'est passée à interpréter en mal les actions des jeunes. Il n'existait dans le salon des Gibassier ni douceurs, ni consolations ; même les rapports entre les habitués étaient entachés de perfidies cruelles. La table autour de laquelle on se réunissait semblait un marbre de dissection où était étendu tour à tour chaque pensionnaire de l'établissement. Ceux qui ont vu des appareils orthopédiques peuvent se rendre compte des opérations qu'on faisait subir aux sujets, avec cette exception que tout être qui tombait entre les mains des opérateurs de la société Gibassier en sortait plus difforme qu'il n'y était entré.

C'est ainsi que le cœur de mademoiselle Miroy fut disséqué à diverses reprises dans cette société, et qu'on le tira à *hu* et à *dia* jusqu'à ce qu'il fût écartelé et mis en lambeaux. Pauvre fille aveuglée par l'amour, qui, à soixante ans, avait eu la force de se rajeunir et d'imprimer une nouvelle circulation à son sang ! Le mois de Mai lui apporta de vertes bouffées d'espérances : elle imagina de faire servir le salon de madame Ravier à un ancien jeu de province : *Je vous prends sans vert*, qui rappelle le printemps de la vie. Pendant trois mois, les hôtes de madame Ravier, tous les matins, se décorèrent au jardin d'une feuille verte attachée au corsage ou à la boutonnière ; ceux qui oubliaient cette mesure étaient condamnés à une légère amende dont l'accumulation devait servir à de fins goûters dans le jardin particulier de mademoiselle Miroy. Il fut facile de remarquer, à l'intérêt qu'on apportait à ce jeu, la quantité d'esprit vivace dont chacun était doué. M. et madame Ravier, M. Destailleur et mademoiselle Chaumont, M. Perdrizet et mademoiselle Miroy, ne manquèrent guère à la règle du jeu ; mais combien furent pris *sans vert*? Madame de la Borderie, M. de Capendias et M. Lobligeois, qui avaient renoncé au code de la galanterie. Pour mademoiselle Miroy, elle abusait de la verdure ; elle portait sans cesse à la main une petite branche, manquant à la règle du jeu qui veut que la feuille soit cachée, afin de ne pas attirer l'attention des autres joueurs.

Jacquem était inconsolable de ne pouvoir se mêler au vert, car il avait été décidé que seuls les pensionnaires de l'Institution en feraient partie. Jusque-là, Sainte-Périne lui était apparue sous le jour le plus gai. Nous en causions souvent ensemble ; l'entrée du paradis ne tente pas davantage une âme pieuse que cet asile où la vieillesse jouait encore un rôle.

Jacquem, doué d'un heureux naturel, laissait passer à côté de lui les drames de la vie sans en être attristé : il ne les voyait pas. La fréquentation exclusive des Ravier faisait qu'il ignorait les méchancetés de la coterie des Gibassier. Si je lui eusse fait part de mes observations et des récits que j'entendais par mes rapports avec différentes personnes de l'établissement, Jacquem effrayé aurait peut-être demandé que sa demande d'entrée fût annulée.

En toutes choses, il est important d'étudier l'envers et l'endroit, la lumière et l'ombre : l'ombre ne manquait pas dans ce tableau d'intérieur où les mécontents formaient la majorité. Le cabinet du directeur était sans cesse assiégé de plaignants des deux sexes qui déposaient des accusations contre l'économe et le cuisinier.

Sur cinquante plaintes, il y en avait quarante-huit dirigées contre la cuisine, et je pus examiner un énorme dossier contenant jour par jour le cahier culinaire des griefs de la société Gibassier, qui ne demandait pas moins que le renvoi du cuisinier. Sur ce Mémoire étaient inscrites les diverses qualités de viande, leur degré de cuisson, les sauces et leur nature, leur chaleur et leur tiédeur. Ce grand-livre de cuisine se divisait en potages, en viandes rôties, en ragoûts, en légumes, en poissons et en desserts, avec de larges colonnes d'observations où étaient détaillés les reproches des pensionnaires. Quand les détails manquaient, l'auteur du rapport se rattrapait sur les ensembles ; il critiquait l'abus des viandes rôties, se plaignait de la mesquinerie des desserts, réclamait plus de poisson et se montrait ennemi acharné des légumes.

Ce livre avait pour titre : *Observations de M. Gobin relatives à la nourriture des pensionnaires de Sainte-Périne.*

M. Gobin, un des plus singuliers pensionnaires de l'établissement, ainsi que la plupart des vieillards, se cramponnait en désespéré à la vie : dans cet espoir, il étudiait tous les livres qui traitent de la vieillesse, et se perdait dans des contradictions étranges. Il lui arrivait parfois de lire dans les journaux qu'une femme d'un grand âge venait de mourir après une vie très-calme. L'histoire du célèbre Cornaro, qui vécut jusqu'à l'âge de cént trente ans en ne mangeant que douze onces d'aliments solides et quatorze onces de vin par jour, le fit réfléchir ; mais quelque temps après, le *Moniteur* ayant rapporté la nouvelle d'un vieillard de cent dix ans qui avait mené joyeuse vie, M. Gobin ne sut à quoi s'en tenir réellement sur le régime à adopter.

Il était rare qu'on ne le rencontrât pas sur les quais, fouillant les boîtes des bouquinistes pour y acheter de vieux volumes d'anas qu'il rapportait triomphant, heureux quand il y trouvait des faits incroyables tels que l'homme mort à cent dix ans, et qui, une année auparavant, avait senti deux grosses dents lui repousser tout à coup ; ce vieillard, à en croire l'auteur, ne buvait que de l'eau de scorsonère. Là-dessus, M. Gobin buvait pendant trois mois de l'eau de scorsonère. Un jour, il lut qu'un laboureur avait vécu jusqu'à cent onze ans, ne s'étant nourri que de pain d'orge sans levain et n'ayant bu que du petit-lait et de l'eau ; dès lors, M. Gobin fit une pétition pour obtenir de l'administration du pain d'orge sans levain.

Je fus curieux de faire sa connaissance, et l'occasion s'en présenta facilement, car M. Gobin, par ses interminables histoires de Mathusalem, trouvait peu d'auditeurs complaisants dans l'Institution. Dès la première fois, M. Gobin m'avoua qu'il voulait arriver à l'âge de cent vingt ans, parce qu'il était certain qu'à cet âge les dents repoussaient ainsi que les cheveux, fait attesté et imprimé par le célèbre Chrétien Montre-linos, médecin de l'électeur de Brandebourg. M. Gobin était alors occupé de cette question importante, quoique fort délicate, de passer cent vingt ans, afin de vérifier les observations des médecins.

— Du reste, me disait-il, ces faits se sont présentés dans un âge beaucoup moins avancé. Mademoiselle Jeanne Thévenot, du village de Pennetier, près Trimolat, en Périgord, fut prise, à quatre-vingt-six ans, d'une fièvre qui fit tomber ses cheveux blancs; ils repoussèrent noirs, redevinrent blancs, tombèrent encore une fois et redevinrent noirs. Il est vrai que mademoiselle Thévenot ne sortait jamais de chez elle pendant le mois de mars, ajouta-t-il. Je n'ai connaissance de ce fait que depuis avant-hier; mais dès l'année prochaine, je me renfermerai pendant le mois de mars.

La bonne foi de M. Gobin, le sérieux qu'il apportait à raconter ces anecdotes m'illusionnaient parfois, et me faisaient oublier sa taille courbée et sa parole chevrotante. Je ne m'étonne plus que les médecins d'aliénés sentent quelquefois des chimères pénétrer dans leurs cerveaux. Depuis que j'étudiais les pensionnaires de Sainte-Périne, je me sentais vieillir à mon tour. Si, au premier abord, j'avais été surpris du singulier ton de cette société, maintenant je partageais presque les mêmes illusions, et je fus à peine étonné quand M. Gobin m'annonça que récemment, à Issoudun, une dame de quatre-vingt-quatorze ans s'était remariée en troisièmes noces avec un homme de cent cinq ans, et que de ce mariage étaient nés deux fils et une fille.

CHAPITRE III

Les pensionnaires de Sainte-Périne, à part leurs manies, semblaient des philosophes prenant en pitié les habitudes des grandes villes telles que Paris. Ils avaient réalisé le phalanstère de l'utopiste Fourier, et s'inquiétaient à peine de relations extérieures. Famille, femme, mari, enfants, tenaient une médiocre place dans le souvenir des vieillards, dont l'occupation consistait à veiller à leur entretien personnel. L'égoïsme, auquel tous les hommes sacrifient à des degrés différents, prenait un empire considérable à mesure que les pensionnaires de l'Institution avançaient en âge. Des maris étaient séparés de leurs femmes, des femmes de leurs maris, certains autres de leurs enfants ; rarement la conversation roulait sur ces êtres noyés dans les flots de la civilisation : la nourriture, la digestion, avaient une importance plus réelle que les liens de la famille. Il est vrai qu'on eût pu compter dans l'Institution quelques membres dont les familles s'étaient *débarrassées* en payant la somme demandée pour leur admission : sans doute, dans le principe, certaines natures délicates avaient souffert d'être éloignées tout à coup de la société ; mais les liaisons rapidement formées, le contentement qui se lisait sur la majorité des physionomies, la vie en commun, les petites passions mises en jeu, la malignité, la curiosité et la gourmandise faisaient oublier au nouvel entrant le rang qu'il avait tenu dans un monde plus brillant. Aussi, madame de la Borderie fut-elle remarquée par l'empreinte de tristesse qu'un séjour de deux ans dans l'établissement ne put effacer. Sur sa physionomie étaient inscrites tant de souffrances morales qu'elles inspirèrent à tous les pensionnaires une sorte de respect. Le sourire de cette femme distinguée faisait mal et portait à la tristesse, car on le sentait voulu : sous ses yeux n'en flottaient pas moins deux grandes paupières vides qui semblaient de grands sacs où s'étaient accumulées jadis bien des larmes.

Madame de la Borderie ne confia ses chagrins à personne ; chacun les devinait et plaignait la pauvre femme, dont le fils occupait une haute position dans les ambassades. A part cette profonde amertume, il était visible que cette femme respectable cherchait à se rallier à la société, non pour se mêler aux propos d'intérieur, mais pour en affaiblir au contraire la malignité.

En sa présence, la conversation prenait une direction plus élevée, dont l'influence se communiquait aux natures distinguées. Une immense bienveillance s'attachait à chacune de ses paroles et pénétrait tous les cœurs. Si madame de la Borderie eût fréquenté les réunions de madame Gibassier, Sainte-Périne fût devenu un paradis terrestre ; mais cette femme délicate, qui connaissait le monde, devina la contrainte qu'elle exerçait sur ces esprits malveillants. Quand elle paraissait, on se taisait ; les quelques soirées que passa madame de la Borderie dans cette société lui parurent glaciales comme la peau d'un serpent. Le venin du Club des femmes malades ne trouvant plus à s'infiltrer, alors la conversation s'arrêtait court. Ces femmes se sentaient en présence d'un esprit supérieur dont la bienveillance était la base ; leurs pensées ne pouvaient se communiquer. Rien que l'arrivée de madame de la Borderie rompait le fil empoisonné qui servait de conducteur à l'esprit de la coterie Gibassier.

Madame de la Borderie vivait retirée dans son appartement, dont elle ouvrait rarement la porte aux désœuvrés ; mais si une personne avait besoin de ses conseils, aussitôt elle se mettait à son service et ne craignait pas de voir troubler sa solitude : c'est ainsi que mademoiselle Miroy alla un matin frapper à la porte de madame de la Borderie, après en avoir obtenu l'autorisation la veille.

— Que se passe-t-il, ma chère demoiselle, lui dit affectueusement la veuve, surprise du trouble qu'elle remarquait.

— Ah ! madame, ne m'interrogez pas, je ne saurais

vous répondre; j'ai tellement honte de mes propres pensées que j'ose à peine les analyser. J'aime et je crains de n'être pas aimée; je suis aimée et je n'aime pas.

Madame de la Borderie devint soucieuse en entendant cette singulière confidence; elle s'attendait à partager d'autres chagrins que ceux causés par l'amour. Jusque-là, prenant en pitié ces passions d'un autre âge, elle avait évité de se mêler aux intrigues amoureuses, naissant et renaissant sans cesse dans l'établissement.

— Hélas! ma chère demoiselle, répondit-elle, vous vous êtes trompée en venant à moi pour me demander conseil sur cette question : si j'avais su que l'amour causât votre trouble, malgré tout mon désir de vous être utile, je vous eusse prévenue combien j'étais ignorante en pareil cas.

— Vous êtes trop bonne, madame, pour refuser de m'entendre... Oui, je suis folle d'aimer M. Perdrizet, sans cesse je me le répète; mais il n'a pas paru me repousser dans le principe! Alors je me suis laissée entraîner peu à peu; m'habituant à un bonheur chimérique, j'ai construit un nid où nos deux cœurs devaient reposer; j'en ai amassé un à un les brins d'herbe, la mousse, la plume; je me suis compromise pour celui que j'aimais.

— Je le sais, dit madame de la Borderie, et malheureusement peu de pensionnaires l'ignorent.

— M. Perdrizet ne devrait-il pas essayer d'arrêter les bruits fâcheux qui courent sur mon compte dans Sainte-Périne?

— Que vous a-t-il promis, ma chère demoiselle?

— Rien, hélas! c'est un inconstant.

— Pauvre femme! s'écria madame de la Borderie. Ne connaissiez-vous pas la réputation de M. Perdrizet?

— Au contraire, je savais combien il était volage. Peut-être sa réputation m'a-t-elle attirée! Je me disais qu'il avait été mal aimé jusqu'alors, incompris, qu'on l'avait fatigué; je me sentais assez de tendresse pour attacher l'inconstant et le fixer près de moi. Rien n'a pu faire naître la constance de M. Perdrizet : il n'est pas coupable, il n'a pas fait de serments; mais je ne peux m'empêcher de l'appeler ingrat... Si vous saviez, madame, l'affreux remède qu'il m'a proposé! J'en frémis encore... Vous savez que ma fenêtre donne sur un petit pavillon dont il occupe le second étage; c'est là que j'ai reçu le trait mortel qui fera le désespoir de ma vie. Accusez-moi, madame, je n'essayerai pas de me défendre; je mets ma faute sur le compte de la fatalité. Un matin, je tirai un coin de mon rideau pour regarder si l'humidité de la nuit ne m'empêcherait pas de descendre au parc; j'aperçus à sa fenêtre M. Perdrizet qui interrogeait le ciel d'un regard mélancolique tel, que je crus à une sorte d'inquiétude ou de regret de sa part. Peut-être, pensais-je, la vie de célibataire lui pèse-t-elle! On dit qu'à un certain moment de leur existence, les séducteurs sentent s'agrandir au dedans d'eux un vide au fond duquel rampent les ennuis. M. Perdrizet, repentant, m'inspira de l'intérêt. Je me dis que je comblerais ce vide accablant, que je remplirais sa vie, que j'essayerais de chasser l'ennui de son intérieur; ainsi l'a fait pour son mari madame Ravier, dont vous connaissez les prévenances et les affections conjugales. J'ouvris ma fenêtre. M. Perdrizet m'adressa un si vif sourire que je l'ai conservé là, dit mademoiselle Miroy en mettant la main sur son cœur.

En ce moment, sa figure refléta un éclair de joie qui fut terni presque aussitôt par un brouillard de tristesse.

— Oui, continua-t-elle, ce sourire seul pourrait adoucir mes chagrins en ce moment s'il avait continué à luire; il s'éteint de jour en jour, et demain peut-être, il ne laissera plus qu'une trace noire et désolée.

— M. Perdrizet s'est-il expliqué franchement? demanda madame de la Borderie.

— Non, madame, et je préférerais un arrêt brutal à cette légèreté polie dont il ne se sépare jamais, mais qui est le signal trop certain d'un amour éteint. Je ne puis maintenant, de cette fatale fenêtre qui a causé tout mon malheur, le regarder sans angoisses!

— Je ne comprends pas bien, mademoiselle...

— Voilà ce qui arrive, madame. Au premier étage du pavillon, juste au-dessous de M. Perdrizet, demeure madame Désir, dont le mari s'est imaginé que je lui faisais des avances; me voyant chaque matin à ma fenêtre, il en a conclu qu'il avait affaire à une coquette et m'a répondu par des regards dont je n'ai pu méconnaître la flamme. J'aime M. Perdrizet et il ne m'aime pas. M. Désir m'aime et je ne l'aime pas. Jugez, madame, dans quelle triste situation je suis plongée. Toute la journée, je suis attachée aux traces de M. Perdrizet : M. Désir me suit de loin. Quand je marche, il marche; quand je m'arrête, il s'arrête. M. Désir n'ose venir à moi, et j'en remercie le ciel. Que lui dirais-je? Que je ne l'aime pas, que j'en adore un autre. Faire le malheur d'un galant homme, troubler un ménage uni, voilà ce à quoi je n'ose m'arrêter. Et cependant, madame, l'amour rend cruelle! Pour se guérir soi-même, on ne craint pas de faire subir mille tortures aux autres. J'ai voulu réveiller l'amour de M. Perdrizet; j'ai répondu publiquement aux œillades de M. Désir, afin que M. Perdrizet s'en aperçût ou tout au moins qu'on s'en aperçût pour lui et que le bruit en vînt à ses oreilles. L'ingrat n'a pas paru en souffrir; il conserve son insouciance; il est toujours gai, toujours empressé près des femmes; il semble ne pas se douter du fer rougi à blanc qui me brûle le cœur, et n'en fait pas plus mauvais accueil à M. Désir. M. Perdrizet n'est pas jaloux; il ne m'aime pas, il ne m'a jamais aimée. Que faire, madame? donnez-moi un conseil, je vous en supplie.

Madame de la Borderie levait les bras, inquiète et irrésolue.

— Si vous vouliez parler à M. Perdrizet, continua mademoiselle Miroy, savoir ce qu'il pense, quelles sont ses intentions pour l'avenir. Ah! s'il se mariait, j'en mourrais.

— M. Perdrizet ne me paraît pas songer au mariage, dit la veuve.

— En êtes-vous certaine, madame?

— Tel que je le connais, dit madame de la Borderie, avec son caractère insouciant, sa nature indépendante, M. Perdrizet restera vieux garçon. Il n'est pas fait pour les joies du ménage, il ne les comprendrait pas.

— Tant mieux! s'écria mademoiselle Miroy, qui, ne pouvant épouser M. Perdrizet, rayonnait à l'idée qu'il n'épouserait pas d'autre femme.

— Quant à l'interroger sur ses intentions, cela est impossible, ma chère demoiselle; je peux recevoir les confidences de votre amitié pour lui, mais je ne voudrais pas servir d'auxiliaire dans une liaison que la morale n'admet pas.

— Que je suis malheureuse! s'écria mademoiselle Miroy fondant en larmes. Abandonnée par le monde, repoussée par celui que j'aime, en butte aux mauvais propos de madame Gibassier, sans parents, sans amis, je ne comptais que sur une personne; vous me repoussez, et je reste seule avec mon chagrin!

— Ma chère demoiselle, ne vous laissez pas aller ainsi à la douleur.

— Ne suis-je pas la plus infortunée des femmes?

— Jetez les yeux autour de vous, reprit madame de la Borderie, et vous verrez des souffrances bien autrement amères.

Ces mots avaient été dits d'un tel ton que mademoiselle Miroy en fut frappée et regarda la veuve. Les pleurs appellent les pleurs; la confidence de peines cachées réveille des peines endormies : les femmes se laissent entraîner entre elles à des torrents de larmes.

Pendant le récit de la pauvre abandonnée, les paupières de madame de la Borderie avaient changé de forme et de couleur, gonflées par des agitations intérieures. Un cercle d'un rouge éteint, des veines bleuâtres nombreuses comme des brindilles d'arbres, s'étaient dessinés autour des yeux et tranchaient vivement sur le fond de pâleur générale de la physionomie. Madame de la Borderie avait pris les mains de l'amoureuse; ce simple contact révélait de profondes émotions. Mademoiselle Miroy fut frappée de l'alternance de chaleur et de froideur qui passa dans ces mains pour être remplacées par une moiteur fiévreuse et par une sueur glacée dont la variation subite annonçait un état maladif.

— Vous vous sentez mal, madame?

Madame de la Borderie fit un geste qui signifiait : « Laissez-moi. » Elle essaya de parler. Les sons de son gosier semblaient étouffés sous des sanglots qui ne pouvaient sortir. Cependant les yeux de la veuve étaient secs, comme le lit d'une rivière desséchée. Mademoiselle Miroy, que ses pleurs avaient soulagée, comprit combien madame de la Borderie devait souffrir de ne pouvoir répandre de larmes. La veuve, pour cacher sa douloureuse émotion, mit la main devant ses yeux; étendue dans son fauteuil, au lieu de la position droite qu'elle affectait habituellement, il était facile de voir qu'elle se livrait tout entière à son émotion, sans espoir de pouvoir la combattre.

Mademoiselle Miroy, n'osant troubler le silence de la veuve, inquiète de la douleur qu'elle avait réveillée, promenait ses regards autour de l'appartement et cherchait, sans y parvenir, à se rendre compte de cette souffrance subite.

Rien dans ce modeste appartement n'indiquait une personne se laissant aller à des idées d'abattement. Le mobilier et la décoration étaient d'une propreté exquise : des boiseries grises relevées par des socles noirs formaient le fond de la décoration. Le meuble en acajou était d'une stricte propreté. Pas de tableaux aux murs, rien sur la cheminée qui témoignât le moindre goût pour les babioles de la mode ; aucun portrait, sinon, accroché à droite de la pendule, un cadre recouvert d'un crêpe, sous lequel un œil exercé pouvait deviner un profil masculin.

Dans cet appartement, où rien n'attirait le regard, mademoiselle Miroy fut frappée par ce portrait voilé qui évoquait un souvenir triste. Elle eut à peine le temps de se dire qu'à ce cadre étaient accrochés les chagrins de madame de la Borderie, lorsque celle-ci sortit de son état d'abattement et suivit du regard les yeux de mademoiselle Miroy.

— Oui, dit-elle, vous m'avez comprise !

Comme pour décharger son cœur trop plein, elle souleva le crêpe qui recouvrait une figure de jeune homme pleine de distinction, dont le nez, purement dessiné, la barbe blonde et les lèvres fines, semblaient appartenir à une race à la fois française et anglaise. Cette physionomie, d'une froideur diplomatique, poussait difficilement à la sympathie : dans chaque trait étaient inscrites les conventions du monde, l'exquise politesse, la distinction calculée et longtemps apprise ; mais le peintre n'avait pu faire passer aucun des rayonnements du cœur sur cette figure glaciale.

— L'avez-vous perdu? s'écria mademoiselle Miroy, qui crut d'abord que ce profil avait dû être peint pendant la jeunesse de M. de la Borderie.

— Oui, il y a longtemps.

Là-dessus le silence régna dans l'appartement, mademoiselle Miroy craignant d'être indiscrète par ses questions et de ranimer la douleur de la veuve.

— Je ne veux plus le voir, dit madame de la Borderie en tirant le crêpe sur le portrait.

Et elle ajouta en se parlant à elle-même :

— Puisqu'il ne veut plus me voir...

Mademoiselle Miroy, indécise, se leva comme pour respecter les souvenirs de la veuve.

— Restez, ma chère demoiselle. Vous avez rouvert ma blessure sans le savoir, dit-elle en lui prenant la main; je ne vous en veux pas. Qui sait si la Providence ne vous a pas appelée près de moi pour me soulager en vous faisant part de mes chagrins. Hélas! vous avez à en porter de lourds; mais que les miens sont cruels!

A son tour, mademoiselle Miroy fut frappée par l'accent, les gestes et la physionomie de la veuve. Un secret rongeait madame de la Borderie, et la minait peu à peu.

— Vous parlez d'affection trompée, ma chère demoiselle, vous semblez en souffrir. Hélas! si le récit de mes chagrins pouvait adoucir les vôtres, je n'hésiterais pas à vous confier ce qui fait le désespoir de ma vie.

— Vous pouvez parler, madame, je suis dans une disposition à vous comprendre.

— Ce portrait que vous voyez couvert d'un crêpe, dit madame de la Borderie, est celui de mon fils vivant...

— Loin de vous?

— Il reste près d'ici, dans les Champs-Élysées; j'en suis plus séparée que s'il avait traversé la mer. Il vit, et il est moins vivant pour moi que s'il était mort... Ah! s'il avait pu mourir jeune, à l'âge où les instincts ne se sont pas développés dans leur froide cruauté, je l'aimerais encore, je le regretterais, m'imaginant que là-haut il s'intéresse à moi, qu'il m'attend; mais il est trop vrai qu'à dix pas d'ici, il habite un hôtel considérable, sans s'inquiéter jamais de sa mère.

— Pauvre femme! s'écria à son tour mademoiselle Miroy.

— Quelquefois je me demande s'il est bien mon fils, s'il est sorti de mon sein, continua la veuve. Ne suis-je pas la seule infortunée qui appelle en vain son fils? Y a-t-il d'autres fils ingrats sur la terre? S'il était uni à une femme qui n'ait pas voulu de moi dans son intérieur, je me serais résignée. C'est le sort des mères de se sentir sevrées tout à coup des tendresses filiales; mais il ne s'est pas marié, il vit seul dans son égoïsme sans comprendre quel coup il porte à mes sentiments maternels. J'ai été abandonnée par mon fils!

En même temps, madame de la Borderie embrassa d'un immense regard le cadre dont le crêpe annonçait qu'elle n'avait plus d'enfant. Ainsi entretenait-elle sa douleur par un emblème funèbre qui, placé en face de son lit, ne pouvait échapper ni à son dernier regard du soir ni à son premier regard du matin.

Mademoiselle Miroy connut alors les illusions passagères qui se faisaient encore jour en elle, malgré une triste réalité. Tous les matins, la veuve s'attendait à voir entrer chez elle son fils; tous les soirs, elle priait la Providence de fondre la glace qui l'avait séparée à jamais de celui qu'elle ne pouvait s'empêcher d'aimer; renvoyée pour ainsi dire de son hôtel, madame de la Borderie ne voulait plus reparaître en présence de l'enfant dénaturé en qui tout bon sentiment semblait éteint.

Par instants elle n'accusait plus son fils, mais l'ambition dont il était atteint. Elle cherchait des motifs pour justifier l'ingrat; elle s'efforçait d'évoquer en elle les secrets motifs qui font agir un ambitieux, pour se rendre compte de l'absence du sentiment filial; mais si elle parvenait momentanément à absoudre son fils, les cordes maternelles, éteintes un instant, vibraient plus douloureusement que jamais quand elles se réveillaient.

— Que faut-il faire pour lui plaire? s'écriait madame de la Borderie, qui, ayant fait le sacrifice de sa fortune à son fils, n'avait plus à lui offrir que son amour maternel.

Dans ce but, cette femme courageuse s'était enfermée pendant des années pour étudier l'histoire du passé : ce qu'elle dévora de livres fut immense, car elle eut le pressentiment que, pour deviner l'avenir des peuples, il faut avoir sondé profondément leur passé. Elle entrevoyait pour son fils une haute position dans la diplomatie, et elle songeait à devenir son Égérie, un conseil ignoré que personne ne pût deviner, un agent mystérieux, tendre et dévoué.

L'illustre veuve du célèbre la Borderie, qui laissa son souvenir attaché à une ambassade importante, passa les nuits et les jours à étudier les secrets motifs qui agitent les peuples et les nations. On la vit reparaître momentanément chez de grands personnages liés jadis avec son mari; tous furent étonnés des pensées profondes que cette femme avait puisées dans l'étude.

— Depuis quelque temps, dit-elle à mademoiselle Miroy, je songeais à revoir mon fils. Mon amour-propre ne souffrait plus de la froideur à laquelle je m'attendais; je voulais l'étonner, lui montrer la route à suivre, lui tracer un plan de conduite pour l'avenir, lorsque je le rencontrai chez un ancien ministre de Louis XVIII. Il parut étonné de me voir, et me salua en m'appelant *madame*. Ce mot *madame* me fit froid, je crus que j'allais tomber. C'est ce soir-là que j'ai enveloppé d'un crêpe le portrait. Mon fils est mort!

CHAPITRE IV

Les sectateurs de l'ordre et de la régularité jetteront peut-être quelques pierres dans mon jardin à l'occasion de ces pages, dont la liaison ne paraît pas à la première lecture. J'obéis aux lois mystérieuses de l'enchaînement des faits sans chercher si mes drames répondent à la poétique habituelle des romans. Je ne me suis jamais prosterné aux pieds de *l'intérêt*, une fausse idole à laquelle il est temps d'échapper. Que des esprits vulgaires cherchent dans des combinaisons surprenantes le moyen de réveiller la curiosité de leurs lecteurs, je l'admets ; il faut appeler à son aide des moyens inférieurs quand l'étude des caractères manque. Je n'ai pas prétendu donner un roman complet, supporté par une charpente régulière ; mon seul but a été de peindre un intérieur peu connu, des portraits singuliers, des mœurs qui n'avaient point encore été décrites, et je n'ai pas voulu sacrifier à la facile méthode des romanciers dits *habiles*, qui ne manquent pas de faire danser tous leurs personnages à la ronde pour les marier à un moment, et les faire mourir au dénoûment. Le panorama de la vie ne se déroule pas de la sorte, et j'estime qu'il est curieux, au moins une fois, d'essayer de le suivre le plus près possible, sauf à jouir du résultat ou à en être victime.

M. Lobligeois fit tout à coup oublier mademoiselle Miroy par une modification inattendue dans sa toilette. D'habitude il portait au cou une cravate blanche, c'est-à-dire une sorte de mauvaise ficelle jaunâtre par endroits, ne jurant pas considérablement avec un menton hérissé de poils bleuâtres que son propriétaire ne coupait pas plus d'une fois par semaine. Un mauvais chapeau crasseux, dont le soleil avait décomposé la couleur sur le fond, une longue redingote noire blanchie aux coudes, jointe à un pantalon de la même famille, formaient le costume habituel de l'avare. Ses mains noueuses et pointues semblaient avoir peu de rencontres avec le savon ; la chevelure avait la même horreur du peigne.

Dans Paris, M. Lobligeois pouvait passer pour un philosophe, un savant, ou un maniaque. L'idée fixe qui le possédait le rapprochait des chercheurs de systèmes, des collectionneurs et des demi-fous qui rôdent aux alentours des bibliothèques, des cours publics, des musées et des ventes de tableaux.

Si la robe printanière de mademoiselle Miroy excita

une vive curiosité dans Sainte-Périne, la redingote neuve et la cravate réellement blanche de M. Lobligeois surprirent davantage encore. Il est de ces gens chez lesquels la crasse des habits s'harmonise avec la physionomie : déplaisants à regarder, ils obéissent à la loi mystérieuse qui les a classés dans les êtres malpropres, de même qu'il y a des animaux infects. Avec ses habits graisseux, M. Lobligeois obéissait à sa nature ; il ne choquait pas, il était ainsi. La redingote neuve, la cravate blanche bien pliée jurèrent d'autant plus qu'un être foncièrement déplaisant l'est toujours par quelque côté : le pantalon, que M. Lobligeois n'avait pas renouvelé, n'en semblait que plus minable ; le fond du chapeau paraissait plus jaune qu'avant l'essai d'embellissement de l'avare, dont les souliers appartenaient à la classe de ceux que le peuple de Paris appelle des *philosophes*.

Le soir, chez madame Désir, chez madame Gibassier et chez madame Ravier, un seul avis se fit jour à propos du cas particulier de M. Lobligeois.

— *Il aime !*

Cette singulière société rapportait tout à l'amour, comme ce juge italien qui, au début d'une affaire criminelle, cherchait d'abord où était la *femme*. Un jour, on vint l'avertir qu'un couvreur était tombé d'un toit. — Et la femme? dit-il. Les agents répondirent qu'il n'était pas question de femme : en accomplissant son état, l'ouvrier avait glissé du haut du toit. Après enquête, le juge trouva que le couvreur cherchait à s'introduire dans la mansarde d'une jeune fille qui lui envoyait des baisers, et que, près d'arriver au but, le pied lui avait manqué.

A Sainte-Périne, la plupart des pensionnaires pensaient comme le juge ; aussi M. Lobligeois fut-il bien et dûment convaincu d'aimer. Toutefois l'opinion publique, qui avait raison quant au fond, s'égara dans les détails ; ce ne fut que plus tard qu'on connut les drames qui s'étaient emparés de l'avare ; mais le conteur n'est pas tenu à une logique précise.

L'Institution de Sainte-Périne est pourvue d'une concierge. Cette femme, qui habite un petit pavillon, donnant d'un côté sur la cour de l'établissement, de l'autre sur la rue de Chaillot, avait pour fille une charmante enfant dont la vivacité, les gais propos, les cheveux blonds cendrés et les yeux bleus firent longtemps la joie de la maison. De huit à quatorze ans, la petite Rose remplit l'Institution de sa gaieté et de sa jeunesse, qui formaient le plus singulier contraste avec toutes les vieillesses des promeneurs du jardin.

De même qu'on rencontre au fond d'ateliers de chiffonniers du faubourg Saint-Marceau des enfants rieuses aux fraîches couleurs, de même Rose, par ses courses et ses jeux dans le jardin, surprenait les visiteurs qui ne voyaient autour d'elle que vieillards malingres, ridés, se traînant avec peine. Une grappe de raisin, détachée du cep, ne ferait pas plus singulière figure à côté de vieilles grappes conservées dans un grenier.

Rose se faisait pardonner ses ébats par sa gentillesse et son heureux naturel : elle égayait rien que par sa vue les vieillards de l'établissement, qui se trouvaient reportés, en la voyant, à l'âge éloigné où ils couraient après des papillons, où ils faisaient de gros paquets de fleurs, vivant de la vie inconsciente sans que le cortége des chagrins, des maladies, de la soif de l'argent, eût développé sa longue et sinistre queue.

Rose avait les cheveux les plus beaux du monde ; on eût dit des flocons de neige accumulés : le vent se jouait en toute liberté dans ces boucles cendrées et en dérangeait les anneaux comme un amant passionné. Cette admirable chevelure causa la perte de la jeune fille. A deux pas de l'arc de Triomphe de l'Étoile est situé le bal Dourlans, aussi célèbre dans le monde hors barrière que l'est le jardin Mabile pour les filles en vue. A l'âge de seize ans, Rose, qui sentait en elle des tentations d'indépendance, alla danser au bal. Il ne manqua pas de danseurs qui lui firent compliments sur sa chevelure ; entre autres un comédien de la banlieue s'y prit si habilement que la jeune fille se laissa entraîner par ce tentateur à l'œil noir, dont les moyens de séduction consistaient en billets du théâtre de Courbevoie. Rose avait été élevée par ses parents dans la religion du mélodrame. Le véritable Conservatoire n'est pas rue Bergère : il existe à Paris dans toutes les loges de portiers, dont l'ambition consiste à applaudir leurs *demoiselles* sur les planches. Si la concierge de

Sainte-Périne avait pu garder rancune à Rose de sa fuite, cette rancune serait tombée devant le choix du célèbre Lafourcade, qui faisait les délices des militaires de Courbevoie.

Le titre de premier rôle que portait Lafourcade, en gros caractères sur les affiches, fit passer par-dessus l'enlèvement de Rose, d'autant mieux que la jeune fille se sentit prise d'une double passion, celle du comédien et celle de la comédie. Rose, qui, à l'heure qu'il est, fait les beaux jours d'un petit théâtre, commença son apprentissage dramatique sous la protection de Lafourcade, et fut initiée dès l'abord aux mystères des coulisses.

Deux mois après sa fuite, quand elle rentra à Sainte-Périne, ce n'était plus une enfant, mais une jeune fille fatiguée par les misères de la vie, les privations de toute espèce et les travaux dramatiques, plus pénibles que le public ne se l'imagine. En deux mois, Rose avait dû exercer sa mémoire nuit et jour, afin de se faire un répertoire pour le moment où elle débuterait. Le directeur de la troupe ambulante de Courbevoie ne brillait pas par une caisse bien fournie : la proportion des recettes était de une sur cinq ; les appointements des acteurs s'en ressentaient, ainsi que la richesse de leurs costumes de ville et de théâtre. Ils étaient tenus, contrairement aux engagements dramatiques, à se fournir eux-mêmes des vêtements nécessaires à la représentation : aussi le répertoire d'habits coûta-t-il à Rose encore plus de peine à fabriquer que le répertoire à apprendre par cœur. Qu'importe, elle était *artiste :* c'est un titre avec lequel les directeurs font jouer des cabotins mourant de faim.

La concierge de Sainte-Périne présenta l'*artiste* aux pensionnaires de l'établissement. Rosette (c'était son nom de théâtre) fut complimentée ; les plus galants promirent de s'intéresser à ses débuts, pour lesquels elle venait placer des billets dans l'établissement. Rosette débutait à Passy dans les premiers jours de septembre ; elle jouait *en second* dans un vaudeville de M. Scribe, et elle comptait sur les applaudissements de ces messieurs, qui pourraient revenir de Passy par l'omnibus de dix heures. Quelques-uns alléguèrent leurs maladies, leur habitude de se coucher de bonne heure, entre autres M. Lobligeois qui ne se souciait nullement de souscrire à un billet de premières loges du prix de trente sous.

L'avare, malgré les grâces de Rose, trouva moyen de refuser la souscription ; mais il arriva que M. de Capendias, le jour de la représentation, fut empêché par un accès de goutte qui lui rendait impossible le service de ses jambes, et il offrit son billet à M. Lobligeois. L'avare calcula que, la pièce finissant à neuf heures et demie, il lui serait loisible de revenir de Passy à pied, et il accepta par pure curiosité.

Cette représentation sembla donnée exclusivement pour les pensionnaires de Sainte-Périne, car la population de Passy s'intéressait médiocrement aux débuts de Rosette, et ne témoignait pas le même enthousiasme pour le beau Lafourcade que les militaires de Courbevoie. Les premières loges étaient occupées par divers groupes d'habitués des réunions de madame Ravier, de madame Désir et du Club des femmes malades : ces dernières représentaient plus spécialement la critique.

Jamais je ne vis une si complète collection de vieillards, tous en habits de fête, se passant de riches tabatières de mode ancienne. La curiosité était à son comble : on eût dit des enfants assistant pour la première fois au spectacle et s'intéressant rien qu'à voir le rideau avec ses grands plis et ses torsades d'or. Peut-être une secrète pensée courait-elle en même temps dans l'assemblée : « C'est le dernier spectacle que nous voyons. » Il ne manqua même pas à la solennité de ces types de femmes singulières qu'on remarque aux premières représentations. Dans une petite avant-scène, au-dessus de la rampe, s'étalait une ancienne danseuse de l'Opéra, mademoiselle Bourdette, qui finissait tranquillement ses jours à Sainte-Périne, après avoir renoncé à la folle vie de théâtre. Au déclin de ses jours, elle s'était prise de passion pour le jardinage, ainsi que beaucoup de vieillards, qui cherchent à oublier les faussetés de la civilisation en se retrempant au sein de la nature ; mais l'annonce du spectacle avait rappelé à mademoiselle Bourdette ses anciennes pompes, et elle portait une robe de couleur éclatante, garnie de lophophores resplendissants. A côté d'elle était M. Cèdre, un des plus modestes pensionnaires de l'établissement, qui travaillait depuis dix ans à un grand ouvrage intitulé : la *Flore de Sainte-Périne*, où étaient décrits les mousses, lichens et autres petites herbes logées entre les pavés.

Une autre personne occupait les regards de la foule : mademoiselle Clarita, femme-poëte, qui rédigeait un journal de tailleurs et protégeait Lafourcade. C'était une forte femme, avec un gros front, des cheveux coupés à l'enfant, une physionomie masculine, et le bruit se répandit dans la salle qu'elle portait des bretelles, pour se rapprocher autant que possible de l'homme. Avant la comédie, Lafourcade, pour la récompenser de sa protection, eut la galanterie de chanter la fameuse romance :

« Mon égoïsme à moi, c'est toi »,

qui avait fait la fortune littéraire de mademoiselle Clarita, et les spectateurs n'eurent pas assez d'enthousiasme pour cette romance, rehaussée par une tendre mélodie.

M. Destailleur accompagnait nécessairement mademoiselle Chaumont et la comblait de prévenances. Seul, au milieu de l'orchestre, M. Lobligeois sentait son isolement, ce qui ne lui était jamais arrivé. Pour lui, les politesses, les compliments faisaient défaut : on ne lui empruntait pas de lorgnette ; il ne pouvait rendre ces petits services qui font le charme de la société, et, pour la première fois, il s'aperçut que chacun avait des habits de fête. Les dames portaient de vieilles dentelles, qui n'étaient pas sorties des tiroirs depuis bien des années ; les messieurs, des cravates brodées : quelques-uns avaient arboré le jabot de l'ancien temps, sur lequel ils laissaient tomber avec préméditation quelques grains de tabac pour jouer de la main sur les broderies avec la coquetterie qui agite un éventail dans les doigts ambrés d'une senora.

Madame de la Gorgette illuminait le théâtre par sa beauté triomphante ; ce fut à cette soirée que M. Perdrizet compara sa poitrine à une corbeille. Pour lui, il sautillait de loge en loge et semblait un pinson à lunettes d'or. De l'orchestre, on devinait son caquetage spirituel aux aimables sourires féminins qui l'assaillaient. Le lustre semblait envoyer tout exprès ses rayonnements lumineux sur le crâne luisant du chef de bureau, et mademoiselle Miroy, au fond de sa loge, soupirait de la trop coquette galanterie de son adoré.

Madame de la Borderie, tout entière à ses chagrins, avait souscrit pour deux billets en priant Rosette de la dispenser de venir ; mais madame Ravier était accompagnée de Jacquem, qui soupirait toujours après son admission à Sainte-Périne. Dans le couloir étroit qui contient quelques places pour les musiciens, on remarquait M. Ravier, qui avait voulu rehausser la solennité de la représentation en prêtant le concours de son talent aux deux ménétriers de Passy qui accompagnent habituellement le vaudeville.

La pièce commença, et, dès la seconde scène, Rosette parut habillée en étudiant allemand. A la vue de cette séduisante petite personne, le corps serré dans une redingote à brandebourgs, un pantalon gris collant, des bottes à la Souvaroff, une mignonne casquette de velours jetée coquettement sur le coin de l'oreille, un murmure d'enthousiasme éclata par toute la salle.

— Qu'elle est jolie! et bien habillée! et bien coiffée! disait-on.

— *Tcharmante! tcharmante!* s'écriait M. de Flamarens assez haut pour qu'on l'entendît de la scène.

Rosette fut troublée de cet accueil : son *rouge* la brûlait; ses habits d'homme la gênaient. Les planches ne pouvaient plus la porter; elle respirait à peine, et il lui resta juste assez de force pour s'appuyer contre un arbre et s'incliner devant le public enthousiaste qui tourbillonnait devant ses yeux.

Toutefois les applaudissements la firent revenir à elle, surtout les encouragements de M. de Flamarens qui, de sa voie aiguë : *Tcharmante! tcharmante!* aurait donné du cœur à de plus timides qu'elle.

De toutes ces bruyantes approbations, une seule déplut particulièrement à M. Lobligeois, celle de M. de Flamarens. L'avare se sentait pour ainsi dire passé dans le corps de la débutante, et il distinguait par-dessus tout ce mot *tcharmante*, qui prenait une singulière expression d'être prononcé par une voix vibrante, rendue encore plus significative par l'absence d'une dent de la mâchoire supérieure : cette dent tombée était le seul défaut de M. de Flamarens, jadis un des courtisans les plus élégants de la cour de Louis XVIII, et qui avait conservé, de son ancienne situation à la cour, un caractère de distinction devant lequel chacun s'inclinait encore à Sainte-Périne. M . de Flamarens se tenai droit malgré sa haute taille; il eût résolu le problème du parfait vieillard, si une demi-obésité n'eût contrarié la verdeur de sa vieillesse.

Toujours vêtu d'un habit bleu à boutons d'or, d'un gilet irréprochablement blanc, ganté avec soin, M. de Flamarens semblait le dernier flacon de ce parfum de bonne compagnie que notre époque a laissé évaporer. Sa bouche était sans cesse souriante, son œil bleu caressait les femmes. Peut-être des joues un peu luisantes attestaient trop de soins et de précautions hygiéniques. Madame Gibassier prétendait que M. de Flamarens conservait la fraîcheur de son teint en s'appliquant la nuit sur la figure des rouelles de veau : une calomnie. Les dépenses que faisait l'ancien courtisan, chez un parfumeur du faubourg Saint-Honoré, suffisaient à entretenir le visage dans un état verni un peu bizarre.

M. Lobligeois, jaloux de M. de Flamarens, ne se l'avouait pas encore; cependant, après s'être retourné vers le galant interrupteur, qui, des fauteuils de la galerie, se penchait vers Rosette en frappant légèrement l'une contre l'autre ses mains gantées, M. Lobligeois rentra les siennes dans ses poches. L'artistique nœud de la cravate de l'ancien courtisan rappela à l'avare qu'il portait au moins depuis un mois une sorte de ficelle au cou, et les boutons ciselés de l'habit de M. de Flamarens, sur lesquels se jouait la lumière du gaz, lui firent penser qu'il manquait deux boutonnières à sa redingote jaune. Combien M. Lobligeois eût voulu crier bravo, faire sonner ses mains comme un tambour et manifester un violent enthousiasme pour être remarqué de Rosette, car elle devait avoir recueilli comme des diamants les encouragements de M. de Flamarens ; mais l'avare n'osait donner cours à son admiration. Ignorant des formules d'approbation employées par les spectateurs du grand monde, il eût rougi d'applaudir, et ne pouvoir rendre son désir le rendait malheureux.

Le hasard fit que Rosette jeta un regard dans l'orchestre et qu'elle rencontra les yeux de M. Lobligeois. L'avare ressentit un tressaillement tel qu'il n'avait jamais éprouvé pareille sensation : la décharge d'une machine électrique, le frissonnement qui parcourt la moelle épinière à de certains passages d'une symphonie pathétique, les palpitations communiquées à toutes les fibres par le bruissement de l'or, le rappel à la vie par l'éther ne produisent pas de secousses plus douces que celle causée à l'avare par un simple regard de Rosette. M. Lobligeois en fut enivré ! Il y a dans le manége des yeux d'une actrice un sentiment qui caresse d'autant plus l'amour-propre, qu'elle regarde un homme quand tant d'yeux avides autour d'elle implorent cette faveur. En un instant, l'amour de l'or fut remplacé par l'amour de la femme. M. Lobligeois sentit poindre en lui un sentiment nouveau si vivant et si doux qu'il n'essaya pas de le combattre : une petite flamme s'allumait qui menaçait peut-être plus tard de l'embraser tout entier. L'avare ne comprit pas le danger ; au contraire, il cessa de respirer dans la crainte d'éteindre cette flamme légère qui le remplissait de chaleurs inconnues. La femme lui fut révélée ; il méprisa l'argent.

De nouveaux horizons s'ouvrirent dans le lointain, avec des couleurs de lever de soleil. La vie s'élargissait pour M. Lobligeois. Il se dit que jusque-là il n'avait pas vécu ; il eut pitié de son existence mesquine, du rôle égoïste qu'il avait joué jusqu'alors ; ses vêtements, le peu de soin de sa personne lui firent honte.

Rosette continuait son rôle ; M. Lobligeois ne s'intéressait en rien à la pièce. Il ne voyait qu'une femme devant lui, la physionomie souriante, le timbre frais et jeune, des formes fines et enfantines qui le plongeaient dans le ravissement. Quand Rosette chanta son premier couplet, M. Lobligeois pensa aux rossignols, quoique de sa vie il ne se fût inquiété du chant des oiseaux. La nature reprenait tout à coup ses droits qu'elle n'abandonne jamais.

Il est peu d'hommes, à n'importe quelle classe ils appartiennent, qui puissent se vanter, à leur heure dernière, de n'avoir pas payé leur tribut à l'amour. A son tour, M. Lobligeois, qui avait entendu, sans y prendre garde, tant d'histoires de galanteries, était entraîné par l'amour dans des prairies embaumées.

Le vaudeville terminé, M. de Flamarens cria le premier : Rosette ! Rosette ! et M. Lobligeois, perdant toute timidité, se laissa aller à rappeler l'actrice avec toute la salle. Sa voix avait pris de telles inflexions qu'il en fut surpris lui-même : il criait Rosette et il craignait de crier amour ! Il lui semblait que chacun devait deviner ses sentiments à la façon dont il rappelait la débutante.

Rosette reparut, s'inclina devant les spectateurs avec un sourire plein d'une charmante émotion ; mais un bouquet, parti des premières loges, fit tressaillir douloureusement l'avare, qui crut que ces fleurs avaient été lancées par M. de Flamarens. Aussi attendit-il avec émotion que le gros de la foule fût passé pour essayer de revoir Rosette. Son intention était de la retrouver à la sortie du spectacle, de lui offrir de la ramener chez sa mère à Sainte-Périne.

En sortant de l'orchestre, M. Lobligeois aperçut un noir enfoncement dans le corridor qui conduit aux coulisses. Quel sacrifice n'eût-il pas fait alors pour complimenter Rosette et la voir de près dans son coquet habit d'étudiant allemand ! L'intérieur du théâtre, avec son mirage auquel peu d'hommes échappent, se présenta à l'avare tel que se le peint un jeune élève de rhétorique. Rosette n'était plus une femme à ses yeux, mais une actrice dont les regards animent le cœur d'une chaude flamme. Ce sont de telles pensées qui conduisent à Bicêtre une douzaine de fous amoureux des reines. A cette heure, M. Lobligeois était réellement atteint de folie, oubliant sa passion de l'or, pour se retremper dans une autre passion non moins fiévreuse.

Il attendit ainsi une heure, à la porte du théâtre, la sortie de Rosette, et jamais le temps ne lui parut plus long. Il eût souffert davantage s'il n'avait pas eu la certitude du départ du galant M. de Flamarens ;

mais les pensionnaires de Sainte-Périne, de peur de manquer le dernier départ de l'omnibus de Passy, avaient quitté précipitamment le théâtre. M. Lobligeois ne se préoccupait plus maintenant que de l'explication à donner de son attente dans la rue; quel motif alléguer pour se présenter en face de Rosette? L'émotion ne gagnerait-elle pas l'avare? Trouverait-il l'occasion de toucher un mot de ses secrets sentiments?

Un moment suffit pour assoupir les craintes de M. Lobligeois et faire naître en lui de nouvelles amertumes. A un certain timbre de voix rieuse, l'avare comprit que Rosette sortait du théâtre; quelqu'un lui donnait le bras, et un accent méridional prononcé ne permettait pas de douter que le comédien Lafourcade reconduisait la jolie débutante, qu'il osait tutoyer.

Vers minuit, le quai qui conduit de Passy à Chaillot est désert; les lumières de Paris brillent au loin, la Seine coule lentement. De gros bateaux de charbon sont amarrés, noirs et privés de mouvement. M. Lobligeois revint seul, le long du quai, plongé dans une sombre mélancolie, jetant un regard inquiet sur les ponts déserts, du haut desquels il pensait à se jeter. Le tutoiement de Lafourcade l'avait glacé; le doux feu follet qui avait sautillé en lui pendant le spectacle était remplacé par un mauvais tison éteint de décembre. L'avare eut le sentiment de sa vieillesse, plus triste et plus désolée que le quai à cette heure. Que n'eût-il pas sacrifié en ce moment pour retourner trente ans en arrière, à l'âge où l'homme peut encore changer ses habitudes, vaincre ses passions, se plier aux exigences de la vie? Que faisais-je à trente-huit ans? se demanda M. Lobligeois? Une symbolique et froide figure de l'argent, qu'il avait adoré sous toutes ses formes, se présenta à l'avare. L'épargne, l'économie, l'avarice s'étaient emparées tour à tour du jeune homme, de l'homme, du vieillard, et avaient enterré toutes les fantaisies qui flottaient alors autour de lui. La solitude vint à la suite de la soif de l'or, car la société des hommes amène toujours quelque dépense.

Pour accumuler avec plus de sûreté, M. Lobligeois avait fui toute relation, toute relation de famille. Il s'était réfugié aux environs de la barrière d'Enfer, dans une maison de laitier, afin d'échapper à certains neveux et cousins dont quelques-uns étaient dans la gêne. L'avarice amena la solitude, la solitude une sorte de déguenillement. Vivant uniquement pour lui, logé dans un faubourg, au fond d'une cour pleine de fumier et d'animaux, M. Lobligeois n'avait pas de toilette à faire: il contracta ainsi des habitudes de vivre misérables, dont il fut forcé de se défaire à son entrée à Sainte-Périne. Il en eût sans doute été repoussé lors de l'enquête qui fut faite sur sa demande d'admission, si un pair de France, son compatriote, n'avait poussé chaudement l'affaire; mais avant de recevoir l'avare, le directeur lui fit comprendre qu'à défaut de luxe, une mise convenable était exigée par les règlements, et M. Lobligeois, tout en soupirant, alla se fournir chez un fripier de vêtements dont la couleur seule indiquait le caractère du nouveau pensionnaire.

Ce fût après cette représentation, en revenant seul par les quais, que M. Lobligeois rougit de son costume. Rosette, dans son habit de velours de théâtre, était si charmante qu'il semblait impossible de se présenter à côté d'elle en mauvais équipage. L'avare devina alors le rehaussement que donne la toilette et l'apparence de jeunesse, puisée dans des soins particuliers du corps.

Par la coupe de ses habits, leur couleur et divers ingrédients hygiéniques, M. de Flamarens pouvait se donner seulement cinquante ans. M. Lobligeois se promit d'étudier le gentilhomme et d'essayer de surprendre quelques-uns de ses secrets ; mais ces réflexions ne vinrent qu'une à une, lentement, jour par jour, à force de creusements d'imagination. Sans doute, dès le lendemain, M. Lobligeois remplaça son paletot jaune par un habit ; mais l'habit ne fit ressortir que plus vivement les taches du pantalon, l'éraillement des genoux, les reprises grossières du bas des jambes. L'avare, tout en se combattant, décida de l'acquisition d'un pantalon dans un magasin de confection ; les souliers énormes de porteur d'eau jurèrent plus avec le pantalon neuf que le vieux pantalon avec l'habit neuf. Quand les pieds furent chaussés convenablement, la tête ne voulut plus être abritée sous un feutre râpé, graisseux, portant sur le fond la livrée du soleil. M. Lobligeois acheta un chapeau neuf, au grand étonnement des pensionnaires.

A la suite de chaque acquisition nouvelle, il alla chez la concierge, sous le prétexte de la consulter. Il espérait rencontrer Rosette chez sa mère ou apprendre de ses nouvelles. Heureuse et fière de son enfant comme toutes les mères d'actrices, la concierge ne manquait pas de donner un bulletin détaillé des succès de sa fille à qui, disait-elle, on offrait le plus brillant engagement à *Montpernasse*. Elle n'eût pas prononcé avec plus d'ostentation le mot de Comédie-Française. Grâce à son oreille complaisante, M. Lobligeois profita des conseils de la concierge, qui le persuada de ne pas s'en tenir à une simple réforme dans les vêtements extérieurs, mais encore de se fournir de linge, de mouchoirs, de cravates et de faux cols chez une marchande à bon compte du faubourg du Temple. En moins de huit jours, M. Lobligeois, devenu savant en amour, chargea la concierge de s'occuper de ces acquisitions, pensant toutefois, non sans raison, qu'elle prélèverait quelque commission sur ses achats.

La mère de Rose ne prit guère plus d'un tiers en sus du prix du linge, et elle fut d'autant plus émerveillée des prodigalités de l'avare, que rien jusqu'alors n'avait pu les faire soupçonner. Moyennant une légère rétribution, elle se chargea de marquer les chemises et les mouchoirs, ce qui donna à M. Lobligeois l'occasion de fréquenter assidûment la loge ; mais il fut récompensé de ses folles dépenses par la rencontre de Rosette, qui, un matin de printemps, apparut avec le plus frais chapeau de paille qui se pût voir. La vie d'actrice lui avait communiqué une élégance qui acheva de tourner la tête de l'avare. À l'aspect de Rosette, il fut pris d'un frémissement particulier qui lui coupa les jambes et la voix. Il ne pouvait parler et il fut forcé de s'asseoir. La concierge avait un tel enthousiasme pour sa fille, qu'elle ne prit pas garde à l'émotion de M. Lobligeois.

— Comme tu es belle ! disait-elle à Rose ; et elle forçait le vieux pensionnaire à se répandre en admirations semblables.

— C'est M. Lobligeois, reprit la concierge, ne le reconnais-tu pas ?

En même temps elle servait, sans s'en douter, les désirs du vieillard amoureux, car elle répétait à sa fille l'admiration que M. Lobligeois avait pour son talent, le plaisir qu'il éprouva à la représentation de Passy et son intention d'aller la voir jouer de nouveau. Rosette sourit et dit qu'elle n'oublierait jamais les marques d'encouragement que lui avaient données les pensionnaires de Sainte-Périne.

— Si monsieur tient à me voir dans un rôle nouveau, la semaine prochaine nous donnons, à Courbevoie, la première représentation d'un drame dans lequel j'ai un rôle ravissant, le meilleur de la pièce : un petit paysan italien qui tient presque constamment la scène... C'est moi qui découvre le criminel... Le rôle est difficile à apprendre ; mais j'aurai bien du succès, ma bonne mère !

— Il y a donc des brigands ? demanda la concierge.

— Sans doute, puisque je fais découvrir leur caverne.

Rosette ayant ajouté que le drame était traversé par un tyran farouche, une princesse persécutée, une horde de malfaiteurs, sa mère en conclut que le théâtre de Courbevoie serait trop petit pour contenir les amateurs de drame ; et M. Lobligeois promit d'assister à la représentation, afin de rendre compte du résultat à la concierge, qui ne pouvait s'absenter de sa loge.

CHAPITRE V

On s'imagine combien la représentation donnée à Passy par Rosette enfanta de propos dans la société Gibassier. Il en est ainsi dans tous les petits centres, où les mêmes individus sont forcément mis en jeu. A l'exception d'un certain nombre d'hommes et de femmes qui, ayant occupé jadis une grande position, allaient parfois le soir dans le monde et se tenaient dans une aristocratique réserve vis-à-vis de la classe moyenne de Sainte-Périne, les pensionnaires vivaient entre eux, et leurs observations ne pouvaient guère les porter qu'à la malignité.

Madame Gibassier, dont la tendance d'esprit hargneuse trouvait sa satisfaction dans un petit cercle, avait longtemps cherché avant de réunir des auxiliaires dans son appartement. Tout d'abord, elle eut mille soins pour un ancien officier supérieur d'artillerie, que la guerre avait réduit à une complète surdité. Le lieutenant-colonel Roustamy servit d'enseign au salon de madame Gibassier : il commandait le respect par son nom ; ce fut une conquête précieuse.

Un ancien consul paralytique, qu'on amenait chaque soir dans un fauteuil à roulettes, trouva dans cette société dénigrante une sorte de compensation à ses maux. N'espérant plus guérir, après avoir essayé de tous les remèdes et couru toutes les eaux d'Europe, l'ex-consul n'était pas médiocrement satisfait d'entendre médire de tous les gens vivants qui conservaient l'usage de leurs membres. Les plus violentes calomnies ne l'effrayaient pas, et le lieutenant-colonel, grâce à sa surdité, pouvait les prendre pour des affabilités.

L'Institution contenait une cinquantaine de vieilles filles entre lesquelles madame Gibassier fit un triage. Certaine de s'entendre avec celles dont le célibat avait aigri le caractère, la veuve, sans se connaître en observations physionomiques, fit des avances aux nez les plus pointus et aux lèvres les plus minces. Et son choix donna raison à la science de Lavater.

Si on joint à ce personnel une vieille marquise condamnée, par une affection nerveuse, à un branlement perpétuel de la tête, une aveugle chagrine et une dame qui laissait échapper de temps en temps une sorte d'aboiement, on aura une idée du club des femmes malades, présidé par madame Gibassier, dont le fauteuil, plus élevé que celui de ses visiteuses, était situé entre la chaise longue de l'ancien consul paralytique et la bergère du lieutenant-colonel sourd.

Saint Sébastien n'a jamais été plus criblé de flèches par les peintres que la personne mise sur le tapis, lors de ces fameuses soirées qui se tenaient seulement deux fois par semaine, car madame Gibassier avait compris que le dénigrement trop souvent répété amène une monotonie fatigante; les autres jours, aidée par deux vieilles filles qui lui servaient de fidèles lieutenants, elle taillait de la besogne pour les jours de réception.

Justement, le lendemain de la représentation de Rosette fut un des lundis de madame Gibassier.

— Quel dommage, mon cher monsieur, dit-elle au consul, que vous n'ayez pu assister hier au théâtre de Passy ! Nous en avons vu de belles !

— Madame Gibassier, que vous seriez aimable de me donner quelques nouvelles.

— Je ne sais vraiment par où commencer, tant il s'est passé de choses...:

Tout le club donna alors son avis : l'une proposait de mettre en avant M. de Flamarens, l'autre citait mademoiselle Bourdette ; celle-ci s'emparait de mademoiselle Chaumont, celle-là de mademoiselle Miroy, car il est bon de constater que les vieilles filles s'occupaient encore plus des vieilles filles que des veuves. Les lois mystérieuses des corporations qui font qu'un cocher, causant à la station avec un autre cocher désœuvré, ne parle que de courses et de voyageurs, de même que les comédiens ne s'occupent que de leurs camarades, et que les couvreurs admirent la couverture d'un toit, expliquent cet acharnement des vieilles filles à se dénigrer entre elles? Si le lieutenant-colonel n'eût été sourd, il eût frémi du caquetage de toutes ces femmes s'entre-déchirant; rien ne pouvait plus froisser son tympan, pas même les aboiements de la vieille dame qu'on avait placée à ses côtés, afin que le cercle en fût débarrassé.

— Mesdames! mesdames! s'écria madame Gibassier en réclamant le silence, si vous parlez toutes ensemble, vous risquez de ne pas vous faire comprendre. Il me semble, d'ailleurs, que vous vous exercez sur trop de personnes à la fois... Il est bon de ne pas éparpiller son esprit sous peine de le perdre... Je vous demande la permission de m'occuper un moment de la singulière robe que portait insolemment mademoiselle Bourdette à cette représentation. A-t-on vu pareille audace de s'habiller avec une étoffe de théâtre? Une garniture de lophophores resplendissants à l'âge de cette ancienne danseuse! Vraiment, il n'y a dans l'Institution que M. Cèdre pour se montrer en compagnie d'une telle mascarade!

— Est-ce que M. Cèdre serait épris de mademoiselle Bourdette? demanda l'ex-consul.

— Le pauvre homme n'y pense guère; il a été entraîné de force par la danseuse pour lui servir de cavalier; aucune de ces dames, vous le pensez, n'eût consenti à accompagner mademoiselle Bourdette vêtue comme une reine de théâtre.

— Certainement, dirent en chœur les vieilles filles.

Un aboiement de la dame nerveuse sembla résumer le débat.

Là-dessus on discuta sur la question de l'admission des femmes de théâtre à Sainte-Périne. L'administration de l'assistance publique recueillit un blâme général dans cette circonstance. Les dames de cette coterie se disaient confites en dévotion, pour aller le dimanche aux offices de la chapelle de l'établissement; et il fut décidé que plusieurs d'entre elles tâteraient l'aumônier, l'abbé Falaise, afin de faire réprimander vertement mademoiselle Bourdette de la robe qu'elle avait tirée de son coffre, robe certainement profanée jadis sur les planches de l'Opéra.

Puis vint le tour de mademoiselle Miroy d'être exposée au pilori. Son crime consistait en une inattention marquée de la comédie et une attention profonde pour chacun des mouvements de M. Perdrizet.

— En omnibus, dit madame Gibassier, je lui ai demandé de m'éclairer sur un passage du drame, que je feignais n'avoir pas compris ; mademoiselle Miroy est restée béat sans pouvoir me répondre. Certainement elle n'a pas entendu un mot de la pièce, cette folle qui s'imagine que M. Perdrizet passe son temps à soupirer pour elle.

— On dit, reprit amèrement une vieille fille, qu'elle pense à se marier avec lui.

— Si cela était, dit madame Gibassier, nous y mettrions bon ordre. Je ne comprends même pas que nous laissions de telles intrigues se nouer autour de nous.

— Madame Gibassier a raison.

— N'ai-je pas vu dans le principe M. Perdrizet s'exposer à de graves accidents en passant des nuits sous les fenêtres de sa belle?

— Mais aussi le directeur s'est interposé.

— Qui l'a prévenu, s'écria madame Gibassier, sinon moi, par un petit mot adroit dont il ne pouvait soupçonner l'origine? Ne pourrait-on employer le même moyen avec plus de précautions encore pour avertir mademoiselle Miroy du danger qui la menace?

En ce moment, les vieilles filles, défendant la corporation, semblaient prendre parti pour mademoiselle Miroy contre M. Perdrizet, qu'on avait remarqué tournant autour de madame de la Gorgette. Le petit chef de bureau fut déclaré un effronté *coureur*, par la raison qu'il n'avait jamais adressé le moindre hommage à aucun des membres du club féminin.

Ces propos étaient coupés de temps en temps par l'étrange aboiement de madame de Lacourtie, que cette infirmité fit placer à Sainte-Périne. La pauvre femme souffrait de cette maladie, qu'elle ne pouvait vaincre et qui l'isola forcément de la société. Madame Gibassier s'en était emparée dès son arrivée ; le fond de sa politique consistait à s'abriter sous l'influence des noms et des titres nobiliaires. Craignant d'être repoussée des pensionnaires par son infirmité, madame de Lacourtie se laissa entraîner dans le club, et elle ne s'aperçut que plus tard de la terrible organisation dans laquelle elle était entrée ; d'un caractère faible, connaissant les méchancetés dont madame Gibassier et ses amis abusaient, elle n'osa se séparer du club des femmes malades, et si elle ne prêtait pas son concours aux mauvais propos, aux lettres anonymes, elle semblait les approuver par sa présence.

Madame Gibassier n'en demandait pas plus ; son seul but était d'être protégée par de nombreux complices, courageux ou timides ; mais il était nécessaire d'en imposer aux pensionnaires de l'Institution par un certain groupe, et la méchante femme y avait réussi. Le nom de madame Gibassier n'était prononcé dans Sainte-Périne qu'avec terreur. Combien de pensionnaires détournaient la tête quand elle attachait sur eux son regard observateur, qui jaillissait comme une flèche d'une prunelle d'un vert clair, presque toujours cachée derrière des paupières clignotantes et ridées ! Cet œil faisait penser à un tigre nonchalamment étendu sur le sable, d'une parfaite tranquillité en apparence, que le moindre bruit réveille aussitôt.

Madame Gibassier, toujours aux aguets, avait une physionomie de la famille de celle des gens de police, dont le regard va de droite à gauche et s'arrête rarement à l'horizon. On eût dit que madame Gibassier voyait par le dos, à de brusques réponses qu'elle faisait tout à coup à des personnes qui s'étonnaient d'avoir été observées sans s'en douter. Les traits secs et tranchants de madame Gibassier ne prêtaient pas en faveur de la couleur de ses observations ; on sentait que les meilleures actions racontées devant elle devaient se dissoudre comme des perles dans du vinaigre. Parlant peu, mais nettement, madame Gibassier s'était emparée facilement d'une sorte d'autorité sous laquelle les habitués de son salon pliaient sans mot dire. D'un geste, d'un regard, elle arrêtait les conversations les plus animées, et les béquilles doubles, qui se dressaient à chacun des côtés de son fauteuil, prenaient la forme d'instruments de supplice. Quand la discussion était lancée trop vivement pour que les adversaires pussent se soustraire aux gestes et aux regards de la présidente du club, un coup sec, produit par le choc des deux béquilles l'une contre l'autre, était plus impérieux que toutes les sonnettes des assemblées délibérantes.

M. Gobin lui-même cessait ses doléances sur la cuisine et craignait autant ces avertissements que si la mort fût venue, de son doigt sec, frapper deux coups à sa porte le matin. Quoique les femmes soient peut-être moins sujettes que les hommes aux terreurs que cause la mort aux vieillards, les statistiques rassurantes sur la durée de la vie, les faits nombreux dont M. Gobin avait toujours une forte provision étaient écoutés avec une certaine attention par l'assemblée.

On se moquait parfois de M. Gobin après son départ, mais on le supportait, et il était un des rares habitués du salon qui eût le droit de tenir quelque temps le dé de la conversation. Il était d'ailleurs protégé par l'ex-consul paralytique, qui se cramponnait à la vie avec rage. Depuis que M. Gobin eut raconté le cas singulier d'un homme qui, après s'être brisé les jambes en tombant d'un sixième étage, avait vécu soixante-quatre ans dans un lit sans pouvoir faire usage de ses membres, il eût un ami dévoué dans la personne du consul. La maladie chronique est une sorte de prison à perpétuité qui laisse encore de l'espoir au malade ainsi qu'au prisonnier : des rêves de santé travaillent les uns comme l'espoir de la liberté s'empare des autres.

Grâce à son répertoire d'anecdotes, M. Gobin était supporté dans le salon Gibassier, et il assistait aux conférences, sans prendre garde aux complots qui s'y tramaient ; l'esprit de M. Gobin était ailleurs, dans une sorte d'Élysée fantastique où des vieillards d'un âge incalculable se promenaient dans des bosquets embaumés, et renaissaient tous les matins à une nouvelle vie.

Chez madame Ravier, M. Perdrizet s'était moqué de M. Gobin, avait persiflé ses croyances, et depuis on ne l'avait pas revu. M. Gobin ne pouvait supporter la contradiction et ne la pardonnait pas. Aussi gardait-il rancune à ceux qui osaient plaisanter sur des faits aussi importants que ceux de la prolongation de l'existence.

Quand madame Gibassier entama le chapitre relatif à M. Lobligeois, M. Gobin était perdu dans les combinaisons culinaires d'une soupe réconfortante qui ne devait pas contenir moins de quatorze espèces de légumes : suivant lui, les sucs nourriciers de produits si variés produiraient des effets salutaires à la santé ; mais il semblait difficile d'amener l'économe de Sainte-Périne à ordonner la confection d'un tel potage.

Si les quatorze légumes bouillonnaient dans le cerveau du maniaque, les nouvelles habitudes de M. Lobligeois prêtaient encore à une plus grande variété de commentaires. Il avait été déclaré amoureux, tout le prouvait; mais quelle était la personne assez pourvue de charmes pour changer ainsi complétement un homme jusqu'alors dévoré par la passion de l'or? Chacune des dames disait son mot sans découvrir l'objet de la flamme de l'avare. Cette curiosité mal satisfaite, cette inquiétude d'errer à travers une forêt de commentaires, donnaient aux habitués du club l'aspect de poëtes qui, ayant perdu tout à coup la mémoire, chercheraient des rimes. Les bouches se tiraient, les tempes se creusaient; mille rides nouvelles s'ajoutaient aux anciennes, les bouches rentraient, les mentons s'allongeaient; toutes ces vieilles langues portaient le nom de Lobligeois avec l'intention d'y accoler un nom féminin pour en obtenir une mixture fertile en scandale.

En ce moment, M. Lobligeois lui-même entra; non plus le Lobligeois des anciens jours, l'avare aux ongles en deuil, l'homme à la redingote safran, au chapeau crasseux, celui qui portait une mauvaise ficelle de coton enroulée autour du col de chemise qui semblait une corne de roman pliée par le doigt graisseux d'une cuisinière, mais un Lobligeois nouveau qui donnait raison aux théories de rajeunissement de M. Gobin, un Lobligeois en paletot neuf, en linge blanc. Un léger murmure se fit entendre dans le salon à l'aspect de cet être surnaturel.

— Nous parlions de vous, monsieur Lobligeois, se hâta de dire madame Gibassier. Ces dames se plaignaient de ne plus vous voir.

L'avare s'inclina, sans se douter des regards qui entraient dans ses habits comme des vrilles. A cette heure, M. Lobligeois était dans la position d'une victime entourée d'assassins qui n'osent porter les premiers coups. Madame Gibassier lui offrit une chaise et la plaça de telle sorte que le malheureux pouvait être étudié sous toutes les faces, sans qu'aucune de ses impressions fût perdue. En femme habile, madame Gibassier dressa spontanément son plan d'attaque : il fallait qu'avant la fin de la séance M. Lobligeois livrât son secret. Son or, qu'il aimait plus que la vie, s'était échappé en partie dans ces recherches de toilette; pourquoi ne serait-il pas plus facile d'arracher son secret au prévenu?

Assis sur la sellette, M. Lobligeois était d'autant moins sur ses gardes, qu'il ne soupçonna pas le complot. Un rayonnement intérieur s'était emparé du vieillard et faisait luire un soleil éclatant au centre duquel apparaissait l'image de Rosette. Si la passion de l'or mal éteinte cherchait à reprendre ses droits, les rayons lumineux qui encadraient le profil de l'actrice n'associaient-ils pas cet amour naissant à la puissance de la fortune? L'avarice souriait encore à l'avare, la première passion faisait bon accueil à la nouvelle. Grâce à ce que M. Lobligeois appelait son *économie*, il lui était permis de répondre aux moindres désirs de Rosette, si elle acceptait les hommages de l'amoureux. Aussi M. Lobligeois ne pouvait-il prendre garde aux interrogatoires du terrible tribunal inquisiteur devant lequel il se trouvait.

Madame Gibassier amena naturellement la conversation sur le compte du personnel féminin de Sainte-Périne; ce fut un massacre, une boucherie tels, que l'esprit de M. Lobligeois en fut révolté. Les flèches de l'amour laissent dans les plaies une sorte de baume qui adoucit les natures les plus mauvaises. L'humanité apparaît sous un jour meilleur, un caractère satirique devient bienveillant, les actions des hommes se colorent de teintes moins égoïstes, les sentiments paraissent plus sincères, les paroles plus amicales; le *bien*, le *beau*, le *vrai*, cette trilogie fantastique cherchée par les philosophes, semble exister quelque part. Mensonges, perfidies, trahisons, scandales, inimitiés sont bannis de la terre. L'esprit adopte les utopies généreuses rêvées par les amis de l'humanité. Et tout ce changement est produit par des yeux de femme, par une bouche souriante, par la fraîcheur de la jeunesse! Amour, amour, tu perdis M. Lobligeois!

En entendant les âcres satires, les paroles aigres, les traîtres inductions dirigées contre les dames de l'établissement, M. Lobligeois fut froissé; il n'était plus au diapason du club, avec lequel à cette heure il ne sympathisait pas davantage qu'un parchemin avec des charbons ardents. Cependant madame Gibassier continuait sa tuerie, sans paraître remarquer l'indifférence de l'avare : elle évoquait tous les noms des dames de l'Institution et accolait à chacun d'eux une petite biographie empoisonnée, courte comme une vipère. Quelquefois un mot lui suffisait pour accabler celle qu'elle mettait en jeu, et les vieilles filles applaudissaient à ce massacre. Le but de madame Gibassier était de personnifier si cruellement chaque dame de Sainte-Périne, que M. Lobligeois témoignât de vives marques de répulsion quand comparaîtrait la personne qui lui était sympathique. Quoique habile, madame Gibassier fut trompée dans ses calculs : l'état d'esprit dans lequel se trouvait l'avare fit qu'il entendit chaque nouvelle accusation sans manifester de symptômes particuliers.

— Ce n'est pas dans la maison que M. Lobligeois est amoureux, pensa madame Gibassier. Car elle avait fait passer sous les fourches de sa langue empoisonnée toutes les pensionnaires de Sainte-Périne, sans omettre même les plus âgées.

Madame Gibassier voyait son invité mal à l'aise; elle sentait qu'il brûlait de s'échapper, qu'il ne reviendrait plus désormais : une antipathie prononcée semblait avoir remplacé non pas la sympathie, mais l'habitude prise depuis un an par M. Lobligeois de fréquenter son cercle.

Les caractères visibles d'une rupture se remarquaient sur la physionomie de M. Lobligeois. A sa mine embarrassée, au maintien de sa personne, à la façon dont il était assis sur l'extrême bord de la chaise, il était facile de pressentir combien il désirait, sans l'oser, prendre congé de la société. Madame Gibassier se complut à faire souffrir l'avare en l'accablant de compliments exagérés dont il n'avait que faire, compliments qui roulaient sur sa bonne mine, sur la recherche de ses habits, et autres propos caustiques dans la confection desquels excellent les femmes.

A différentes reprises, lardé de mille traits auxquels il ne pouvait répondre, M. Lobligeois essaya de se lever : un mot plus piquant le forçait à se rasseoir. Il comprenait maintenant qu'il était deviné, et il maudissait ses vêtements de le trahir ; il craignait plus que le conseil des Dix ce terrible club de femmes dont il avait été à même d'apprécier la redoutable curiosité. L'avare se souvenait des exécutions auxquelles il avait assisté; ce n'étaient plus des oreilles, des yeux, des ongles qu'il redoutait, mais des scalpels qui s'ouvriraient aussitôt son départ pour l'écorcher. Aussi M. Lobligeois essaya-t-il de prendre un air souriant; il essaya même de se mettre à l'unisson du club en lançant un trait contre mademoiselle Miroy. Peine perdue. Un mouton qui tombe dans un groupe de loups ne réussit pas à sauver sa vie en demandant à se faire loup.

Par moment, M. Lobligeois se sentait pris de l'envie de crier : Pitié! Un mot inconnu dans le dictionnaire de madame Gibassier. Et les alternatives de crainte et de terreur par lesquelles passait l'avare donnaient à l'assemblée un spectacle qui prouvait sa puissance. Ce ne fut qu'après un suprême effort que M. Lobligeois put se lever et quitter un salon qui lui semblait un abattoir.

Ainsi que l'avare l'avait pensé, la discussion roula exclusivement sur ses faits et gestes, et madame Gibassier n'eut pas besoin de recommander aux vieilles filles qui l'entouraient de surveiller désormais, par tous les moyens possibles, la conduite de celui qu'elle qualifiait de renégat.

CHAPITRE VI

Le rhumatisme ayant abandonné le bras de M. Ravier, sa femme en profita pour donner une petite soirée musicale à laquelle, grâce à mon ami Jacquem, je fus invité; je pus ainsi étudier sur le vif ce monde singulier dont j'entendais souvent raconter par le peintre les non moins singulières aventures. Le cercle fut un peu élargi pour cette solennité, à laquelle je m'intéressai d'autant plus vivement, que, pour la première fois, j'allais jouir de ce tableau vivant découvert à l'Exposition universelle, qui fut pour moi une initiation à des mœurs particulières.

Sauf les personnages de la haute aristocratie, qui ne recevaient et n'acceptaient aucune invitation, de précieux échantillons de la vieillesse étaient étalés à mes yeux. Qu'on se figure les transports d'un botaniste qui découvre tout à coup un petit coin isolé où poussent des plantes non encore décrites! L'institution de Sainte-Périne était pour moi une découverte de la nature de la goutte d'eau, quand un savant s'avisa de l'étudier pour la première fois au microscope. Rien que l'invitation à cette soirée m'empêcha de dormir pendant deux nuits, et il arriva que la réalité ne fut pas au-dessous de mes espérances.

Pendant que M. et madame Ravier jouaient un duo de Fiorillo, je n'avais pas assez de mes yeux pour regarder ces tranquilles auditeurs, devenus acteurs, sans s'en douter. Combien de romans cachés sous es crânes, et quels romans supérieurs à ceux que décrivent les observateurs les plus exacts !

S'il eût été possible, je me sentais de force à vivre plusieurs années au milieu de ces vieillards, à les écouter et à me contenter de la modeste position de scribe. Maintes fois, il m'arriva de me sentir âgé tout à coup ; les efforts que je faisais pour m'introduire dans la peau de mes personnages contribuaient à ce phénomène, sans que mon cœur en fût atteint.

Le cœur ! voilà ce qui survivait chez tous ces vieillards. Le temps avait mis les têtes en branle, ébréché les dents, ridé les joues, éteint les yeux, enlevé les cheveux : le cœur avait échappé à ses atteintes. Le cœur ne serait-il pas cette âme immatérielle qui échappe à l'autopsie des chirurgiens, et ses derniers battements ne valent-ils pas ce vol à tire-d'aile de l'âme qu'on dit nous quitter après la mort ?

La petite et douce musique de Fiorillo favorisait

mes réflexions, et je risquais de m'y oublier, lorsque je fus rappelé à la réalité par le cœur de madame de la Gorgette, qui était comme enfoui dans une montagne rose, dont le doux soubresaut marquait encore de la vitalité.

Qu'on s'imagine une Sévigné un peu forte, avec d'épais cheveux argentés, on aura un portrait exact de la rivale de mademoiselle Miroy. Madame de la Gorgette avait la coquetterie de la chevelure; pour mieux en faire ressortir la splendide blancheur, un nœud de velours noir était posé du côté de la tempe gauche. On rencontre parfois des femmes de trente ans, dont la chevelure a grisonné tout à coup et répand un charme tout particulier sur la physionomie. Madame de la Gorgette avait ce charme; d'un regard elle attirait les plus timides, et je ne saurais dire quelle impression j'emportai d'une légère conversation avec elle : le timbre de sa voix mettait à l'aise aussitôt et donnait envie de conter à cette belle personne quelque mot plaisant, rien que pour admirer des chairs tressautantes qui entraient immédiatement en allégresse.

Au milieu des dames de la soirée, madame de la Gorgette paraissait une reine, et je ne fus pas étonné, quelques jours après, d'entendre parler du galant cadeau que lui avait fait M. Perdrizet.

Où M. Perdrizet avait-il découvert la feuille légère semblable à un billet de banque, qui portait pour titre : *Nouveau papier-monnaie de Cythère?* Au centre on lisait : *Assignat de cinquante baisers payables au porteur ;* sous ce titre était gravé délicatement un autel de l'amour portant un cœur enflammé. Les encadrements du billet portaient mille propos délicats, tels que : *Loi de la Nature. — Série des cœurs. — L'an du bonheur* (avec la date en blanc). — *Domaine de l'amitié.* Sur le côté droit était imprimé : *L'amour récompense la fidélité,* et, en regard : *L'amour punit l'indifférence.* Enfin, au bas de l'assignat : *Fidélité : sa garantie est dans nos serments.*

Cette galante image fit le désespoir de tous les amoureux de Sainte-Périne. Les messieurs étaient jaloux de la découverte de M. Perdrizet ; les dames reprochaient à leurs soupirants de ne pas avoir donné cours depuis longtemps à de tels assignats, dont la dépréciation ne pouvait jamais arriver. Les fameuses cartes du *Tendre* étaient dépassées par le papier-monnaie de Cythère, et je ne m'étonnai plus qu'avec de tels moyens M. Perdrizet triomphât des cœurs les plus rebelles.

Combien sont précieux les premiers cadeaux de l'amour ! Une épingle donnée à propos vaut mieux que tous les bijoux. L'assignat de cinquante baisers, quoiqu'il parût à madame de la Gorgette empreint d'une certaine audace, ne lui déplut pas et la fit sourire.

Par les galanteries habituelles de M. Perdrizet, le cadeau pouvait être accepté sans entraîner quelque idée défavorable. L'opinion publique peignait le chef de bureau comme un homme dont la vie et les pensées étaient sans cesse tournées vers le beau sexe ; ses attentions ne tiraient pas à conséquence. Mademoiselle Miroy ne pensa pas de la sorte, quand elle apprit l'existence de ce délicat billet à ordre. Cinquante baisers, réclamés avec une telle prodigalité, sont donnés comme ils sont reçus, innocemment et par complaisance ; mais ne pouvait-il pas arriver que, sur les cinquante, M. Perdrizet n'en prît quelques-uns empreints d'une certaine scélératesse ! A ce jeu dangereux madame de la Gorgette serait peut-être tentée, et la pauvre demoiselle Miroy payerait les violons.

Cette soirée porta un coup à mademoiselle Miroy, qui entraînait M. Perdrizet dans les sentiers de la mélancolie, sans se douter combien cette tendance était antipathique au chef de bureau.

Déjà depuis quelque temps, elle pressentait que M. Perdrizet était fatigué de son amour ; il n'écoutait plus avec l'attention des premiers jours les tendres paroles que l'amoureuse murmurait en se promenant avec lui autour du pavillon des bosquets ; le traître avait même souri en exécutant la prière de mademoiselle Miroy, qui lui donna une feuille de rosier en la priant d'appliquer ses lèvres sur la nervure de la feuille, ce que fit M. Perdrizet sans se rendre compte du désir de celle qui l'adorait. A l'endroit où le chef de bureau avait posé ses lèvres, mademoiselle Miroy y appuya les siennes et renferma la feuille de rosier dans un petit portefeuille. Toujours son amour la reportait vers la nature ; aussi trouvait-elle grossier cet assignat de cinquante baisers, incapables de concorder avec de purs sentiments et qu'elle disait rappeler les mauvais temps de la Révolution.

— Vous vous tourmentez à tort, ma chère demoiselle, lui dit madame de la Borderie, et vous fatiguerez M. Perdrizet. Prenez-le tel qu'il est; il n'est pas en votre pouvoir de changer son caractère.

A cela, mademoiselle Miroy répondait par l'exemple de M. Destailleur et de mademoiselle Chaumont. M. Destailleur ne connaissait qu'une femme au monde; ne vivant que pour elle, sans cesse il rêvait à quelque objet qui pût lui plaire. On citait son dernier mot comme une preuve du tact et de la délicatesse qu'il savait apporter dans les phrases les plus banales de la conversation. Tous les matins, quand il répondait au : *Comment vous portez-vous?* de mademoiselle Chaumont, c'était avec une variante pleine de charmes. Peut-être passait-il une partie de ses nuits à la travailler. Mais cette réponse paraissait si naturelle, si vivement tournée, et il la disait avec une telle physionomie, qu'on ne pouvait guère supposer qu'elle ne coulât pas de source.

Celle qui faisait actuellement le désespoir de mademoiselle Miroy était ainsi conçue : mademoiselle Chaumont ayant demandé à M. Destailleur comment il se portait, il répondit : « Comme ne voulant vivre que pour vous aimer. »

Douce et cruelle phrase qui s'était enfoncée dans le cerveau de la pauvre demoiselle Miroy, car elle lui montrait en même temps la tendresse d'un amour persévérant et le ridicule d'une passion qu'elle portait à elle seule. Plus M. Destailleur était fidèle, plus il faisait apparaître la légèreté de l'aimable Perdrizet.

Le chagrin pousse à la solitude, la solitude amène de certaines pratiques qui touchent à la manie. Mademoiselle Miroy se jeta dans les *réussites* de cartes à jouer. Les femmes inoccupées font des réussites, afin de passer le temps ; d'autres pensent à quelqu'un, en appliquant l'image de ce quelqu'un à de certaines cartes. M. Perdrizet était toujours au fond du paquet. En battant le jeu, mademoiselle Miroy se disait : Réussirai-je? car elle espérait que cette réussite annonçait une consolidation de l'affection de M. Perdrizet. Bien souvent les cartes avaient menti ; mademoiselle Miroy n'en continuait pas moins à battre, à assembler méthodiquement les figures, espérant qu'elles lui donneraient une fois raison.

Tant que M. Perdrizet se montra purement volage, mademoiselle Miroy se nourrit d'espoir : le petit chef de bureau étant ainsi, qui pouvait se vanter de fixer le séduisant papillon? Mais quand il s'attela publiquement au char de la belle madame de la Gorgette, mademoiselle Miroy en ressentit un déchirement intérieur. Elle frissonna comme un poitrinaire qui connaît sa maladie et constate les premiers symptômes irrécusables dont il ne peut retarder le triste dénoûment. Sous le coup de cette passion dévorante, mademoiselle Miroy commit la faute à laquelle bien peu de femmes échappent, de la détailler à l'infidèle, sous forme de lettres fiévreuses. Ce fut une série de billets quotidiens, pressants, amoureux, désespérés : la pauvre femme laissait courir sa plume sans s'inquiéter si la raison entrait dans ces phrases longues et lâches, d'une *anglaise* maigre et hâtive, dont les caractères n'étaient guère plus dessinés que la pensée. Du milieu de ce fatras se détachaient parfois quelques cris de souffrances réelles, quelques apostrophes éloquentes, mais noyées dans des pages nombreuses dont M. Perdrizet n'avait que faire.

Au début, M. Perdrizet répondit à mademoiselle Miroy, qui le suppliait de venir lui rendre visite, car elle ne sortait plus, craignant de montrer sur sa physionomie l'incendie intérieur qui la dévorait. Le chef de bureau tenta de parler raison à la pauvre éplorée : il posa l'*amitié* comme principe de sa conduite, en développa les beaux côtés et traça un sombre tableau des *fureurs de l'amour*. Selon M. Perdrizet, mademoiselle Miroy s'était méprise sur la nature de l'attachement de celui qui n'avait agi que comme ami vis-à-vis d'elle. Le chef de bureau rappelait la malheureuse femme dans les voies de la raison ; il espérait la voir plus calme au milieu des pensionnaires qui l'aimaient, et il se justifiait de n'être pas venu au rendez-vous de mademoiselle Miroy, en ajoutant combien une telle entrevue pouvait être douloureuse pour tous deux.

A ces froides raisons, la délaissée répondit par une lettre de treize pages, dont M. Perdrizet parcourut vaguement le commencement et la fin. Et il y répondit d'autant plus laconiquement qu'il prévoyait la longueur des lettres suivantes. C'est ce qui arriva.

La femme de ménage n'était occupée qu'à se rendre du bâtiment Joséphine au pavillon où demeurait M. Perdrizet. Tous les matins elle avait ordre, si mademoiselle Miroy reposait, de prendre sur la table un gros paquet cacheté à l'adresse du chef de bureau : c'était la besogne de la nuit, après laquelle la malheureuse femme essayait de s'assoupir ; mais, la plupart du temps, la femme de ménage la retrouvait l'œil sec et désolé, attendant avec anxiété son retour pour connaître la réponse de M. Perdrizet. Peines perdues! Espoir éteint! Illusions sans cesse renaissantes et toujours déçues! M. Perdrizet ne répondait plus.

Bientôt il en arriva à refuser les paquets apportés par la femme de ménage. Sa passion avait fait des progrès pour madame de la Gorgette, qui, par sa nature calme et sans artifice, piquait au jeu le séducteur. Heureux jusque-là, il ne comprenait pas qu'on pût lui résister, et il semblait, en matière de galanterie, un enfant gâté que la moindre contradiction irrite.

Madame de la Gorgette ne soupçonnait pas les tourmentes de l'amour ; elle ne connaissait que la tendresse sans tempêtes. Son idéal était un bonheur tranquille, représenté par un des plus beaux mots de la langue française : la *félicité*. Tout homme qui lui eût fait entrevoir quelques chagrins, quelques tyrannies, des inquiétudes, elle ne l'eût pas compris, elle l'eût éloigné ; aussi n'avait-elle jamais été malheureuse.

Seules, les femmes aux membres minces, de moyenne taille, à la physionomie pâle et bistrée, sont dominées par des inquiétudes nerveuses qui les font tressaillir ainsi que les petits chevaux arabes. Madame de la Gorgette appartenait à la race des femmes du Nord, solide d'allure, d'un caractère doux et tranquille, d'une carnation puissante : aimables et aimantes personnes dont la poitrine ne comporte pas d'orages et rafraîchit la tête de l'heureux être qui a le droit de s'y reposer.

Combien de fois le sensuel Perdrizet rêva un sort si agréable en jetant un coup d'œil furtif sur ces montagnes satinées que madame de la Gorgette portait avec orgueil. Il en badina avec elle et le lui fit entendre sur un ton enjoué; à quoi elle répondit plaisamment que peut-être ces montagnes n'avaient que l'apparence, et qu'il était à présumer que, vues de près, il serait plus juste de les comparer à des vagues flottantes. M. Perdrizet accepta gaiement ces vagues; mais il eut un mot cruel pour mademoiselle Miroy, qu'il compara à un pays plat, sarcasme qui heureusement ne devait pas être relevé, car la pauvre abandonnée eût conçu pour son ancien chevalier un mépris égal à la profondeur de son amour.

Il est vrai que mademoiselle Miroy n'avait jamais offert l'aspect florissant de madame de la Gorgette; l'ingratitude de M. Perdrizet ne fut pas de nature à enrichir sa carnation et à envelopper ses membres fins d'une chair joyeuse. Plus elle allait, plus elle dépérissait; madame de la Borderie, qui la voyait tous les jours, s'apercevait du mal secret qui la minait; et la mère infortunée, dont tous les chagrins étaient consignés dans de vides paupières, cherchait des paroles de consolation pour la malheureuse qui se mourait d'amour. Mais ses soins charitables furent détruits tout à coup par un événement imprévu.

Un matin, après le déjeuner, madame de la Borderie était allée rendre visite à mademoiselle Miroy, qu'elle avait trouvée plus calme que la veille; espérant sa guérison à l'aide du temps, la veuve se promettait de ne plus laisser mademoiselle Miroy à ses tristes réflexions. Toutes deux s'entretenaient de leurs douleurs; celle de la veuve était si profonde que, pendant son récit, mademoiselle Miroy oubliait momentanément l'ingrate conduite du chef de bureau. Les deux femmes s'étaient comprises; les consolations qu'elles ne pouvaient pas trouver en elles-mêmes, elles tentaient de les faire naître par des confidences réciproques.

Mademoiselle Miroy rêvait de ramener le fils à sa mère; la veuve épiait le moment favorable de faire entendre la vérité à M. Perdrizet, et à une certaine heure de le rendre plus compatissant pour celle qui souffrait. Ce commerce de confidences, ces moyens de guérison qu'elles cherchaient l'une pour l'autre leur faisait oublier momentanément leurs propres souffrances. Aussi retiraient-elles de ces longs entretiens des illusions qui leur permettaient quelquefois de s'endormir, une ombre de sourire sur les lèvres. Mais cet état d'assoupissement produit par de longues conversations cessait tout à coup quand les dames se quittaient : madame de la Borderie, qui s'en était aperçue, se demanda si son amie ne subissait pas les mêmes symptômes cruels aussitôt son départ. Ce fut dans ce but qu'elle fréquenta plus assidûment mademoiselle Miroy, sachant combien l'isolement est complice en de telles afflictions.

Une après-midi, ayant frappé à la porte de mademoiselle Miroy, elle fut reçue par la femme de ménage effarée :

— Ah ! madame, s'écria-t-elle, j'allais vous chercher... Mademoiselle ne revient plus à elle.

Madame de la Borderie trouva mademoiselle Miroy étendue sur son lit, les cheveux en désordre, la robe délacée, la figure d'une extrême pâleur et les paupières fermées.

— Que s'est-il passé?... Depuis quand cette pauvre demoiselle est-elle dans cet état?

— Depuis une heure, madame, après avoir reçu une lettre... Mademoiselle l'a lue, a poussé un cri ; une attaque de nerfs l'a prise; et depuis une demi-heure elle est dans cet état.

— Vous auriez dû aller chercher l'interne.

— Madame, je n'ai pu m'éloigner. Si vous saviez combien j'ai eu de mal à retenir mademoiselle pendant ses attaques; j'ai essayé d'ouvrir la fenêtre, d'appeler au secours, mais je n'osais la quitter d'une minute... Elle avait une force de lion; heureusement, à la fin, elle s'est assoupie tout à coup.

— Descendez vite appeler l'interne de service.

Madame de la Borderie avait ramassé une lettre tombée sur le tapis de pied.

— Attendez, dit-elle à la femme de ménage, elle semble revenir à elle, peut-être ne sera-ce rien. Mettez toujours un peu d'ordre dans la chambre.

Pendant que la femme de service rangeait dans l'appartement, madame de la Borderie lut la lettre suivante, dont elle chercha la signature dès les premières lignes ; mais la lettre n'était pas signée.

« Ma chère demoiselle, un de vos amis, qui s'intéresse à votre sort, tient à vous signaler l'affreuse conduite d'un homme indigne de vos bontés : après avoir essayé d'appeler sur sa personne l'attention de quelques femmes distinguées de Sainte-Périne, M. Perdrizet s'est affolé de madame de la Gorgette, qu'il compromet par ses assiduités, et qu'il rendra malheureuse comme tant d'autres. Sous le prétexte d'une pure amitié, M. Perdrizet s'est introduit chez cette dame ; il l'entoure de soins et d'égards, et va la prendre souvent plusieurs fois par jour : le matin pour déjeuner ; après le déjeuner, il la conduit à la promenade, la ramène chez elle, va la reprendre pour dîner, lui laisse à peine un moment de liberté entre ses repas, retourne encore vers les huit heures du soir, et la reconduit à la suite de la soirée. Ces manéges, vous les connaissez trop, ma chère demoiselle : le vil séducteur les a employés vis-à-vis de vous jadis, et vous a lâchement abandonnée. N'y a-t-il pas une vengeance à tirer de cet homme sans cœur qui se joue ainsi des femmes?

« Je sais combien vous souffrez en secret, quoi que vous fassiez pour ne pas donner votre chagrin en spectacle. Enfermée nuit et jour, vous appelez l'ingrat d'une voix pleine de sanglots; je devine vos yeux rougis, la fatigue de votre corps, l'anéantissement de toutes vos facultés, l'absence de sommeil, les nuits sans fin, la couche brûlante où vos membres s'affaissent sans pouvoir trouver le repos. Comme vous l'avez aimé, l'indigne! Je me rappelle votre figure souriante, vos fraîches toilettes, le rajeunissement inscrit sur toute votre physionomie. Ces dames se demandaient quel était l'admirable secret qui vous avait rendu momentanément la jeunesse : elles vous jalousaient; elles vous plaignent aujourd'hui. Que les femmes sont à plaindre! Elles ne peuvent qu'attendre, soupirer en secret, pleurer dans le silence. L'ingrat Perdrizet ne se doute même pas de votre martyre : il répète aux pieds d'une autre ces paroles brûlantes qu'il vous a dites autrefois; il jure de n'aimer qu'elle, comme il jurait de n'aimer que vous. Il ose s'écrier qu'il n'a jamais connu l'amour avant de rencontrer madame de la Gorgette. On l'a surpris, un soir dans le pavillon des Bosquets, où cet homme cruel se croyait seul en présence de sa nouvelle passion. Indigné, un des pensionnaires de l'établissement s'est avancé pour lui dire qu'il mentait; le couple s'était enfui tout à coup. Une autre fois, on a épié les nouveaux amants. La coquette madame de la Gorgette s'inquiétait de la bague que portait M. Perdrizet, cette même bague que vous avez portée longtemps vous-même et dont vous lui avez fait cadeau. Hélas! ma chère demoiselle, ce sont des faits trop positifs. Une autre porte votre bague maintenant : cela a été remarqué à table, où madame de la Gorgette semble affecter de la mettre en évidence, afin sans doute que personne n'ignore la liaison qui l'unit au séducteur. Vous avez la main fine et élégante, ma chère demoiselle; madame de la Gorgette a une main grasse et potelée. Si quelqu'un ose dire que votre main est maigre, celle de votre rivale est lourde et grasse. Aussi a-t-elle été obligée de passer au petit doigt de la main gauche, un anneau qui s'enfonce dans les chairs et produit des boursouflures sans grâce. Pourtant M. Perdrizet chante à tout venant les charmes de cette main qu'il ne se lasse pas de caresser, ayant obtenu la permission de déposer un baiser dans chaque fossette! Cet homme à passions aime les femmes puissantes : il ne pouvait vous comprendre, ma chère demoiselle, vous dont l'âme inquiète tend à chasser tout ce qu'il y a de matériel dans le corps. Consolez-vous, ma chère demoiselle, ou plutôt cherchez une consolation dans la vengeance, car tout serait inutile pour ramener le traître : il est au pouvoir d'une sirène adroite qui semble connaître le secret d'attirer à elle les hommes les plus trompeurs. A première vue, elle offre des séductions corporelles que malheureusement les femmes délicates telles que vous ne peuvent faire naître; mais que trouver au fond de cette matérialité? Si vous vouliez, ma chère demoiselle, vous entendre avec moi, me confier vos chagrins, rassembler quelques lettres de M. Perdrizet et me les prêter, nous arriverions à une vengeance que vous devez souhaiter. Toutes ces dames applaudiraient. Ne craignez pas de vous confier à un anonyme, qui se fera connaître aussitôt qu'il en sera temps. Ma chère demoiselle, répondez-moi, je vous en prie, aux initiales D... O..., poste restante; je m'engage, avant quinze jours, à me présenter chez vous, à vous relever de votre abattement, et à vous montrer une personne qui prend à cœur les intérêts d'une femme estimable. »

Après avoir lu cette lettre singulière, madame de la Borderie resta plongée dans de nombreuses réflexions. Si mademoiselle Miroy n'avait pas été trouvée dans un complet évanouissement par la veuve, celle-ci ne se fût pas inquiétée de cette lettre anonyme, rédigée avec assez d'art pour qu'à la première lecture elle pût être prise réellement pour l'offre de service d'une personne sensible; mais en relisant certains passages, madame de la Borderie découvrit, cachée sous une bonhomie apparente, une profonde scélératesse.

Il n'y avait pas à en douter, mademoiselle Miroy reçut un coup terrible à la lecture de cette lettre; aussi la veuve commença par faire disparaître cette pièce, espérant qu'au sortir de son évanouissement, son amie l'aurait peut-être oubliée. Mademoiselle Miroy fit un mouvement, agita les bras, les laissa retomber lourdement, ouvrit les yeux, et ses paupières se baissèrent aussitôt. On eût dit que, revenue à la vie, elle comprenait le fardeau que son cœur allait reprendre, et qu'elle préférait se laisser aller à l'anéantissement, comme ces soldats à moitié gelés dans la déroute de Moscou, qui suppliaient leurs camarades de les laisser assoupis dans les neiges.

Les ressorts moraux semblaient brisés, la volonté n'avait plus de souffle; la pauvre amoureuse craignait d'ouvrir ses yeux à la lumière, de peur de rencontrer flottant dans l'appartement l'image de l'être qui l'avait indignement trahie. Madame de la Borderie prit la main de son amie.

— Comment vous trouvez-vous? lui dit-elle en lui parlant à demi-voix.

Mademoiselle Miroy ouvrit lentement les paupières et appuya fortement la main de la veuve sur sa poitrine. Ce geste, qui montrait le siége de ses souffrances, fit que madame de la Borderie évoqua les câlineries maternelles qu'elle amassait péniblement en elle, comptant toujours les dépenser pour son fils ingrat. C'étaient des demi-mots, de tendres inflexions, des paroles douces que la femme seule sait trouver et qui auraient attendri le séducteur le plus effronté. Si M. Perdrizet s'était trouvé là, il eût déploré sa coupable conduite et eût essayé de la réparer en se jetant aux pieds de celle qu'il avait rendue si malheureuse; mais le volage ne se doutait pas des tortures de mademoiselle Miroy : il n'aurait pu comprendre cette flamme brûlante qui dévorait le creuset. M. Perdrizet n'aimait pas ainsi ; il eût été étonné d'avoir causé tant de ravages.

Cependant, peu à peu, mademoiselle Miroy revint à elle et elle envoya un pâle sourire de remercîment à la veuve ; mais cette crise l'avait vieillie de dix ans.

— Cette lettre, s'écria-t-elle... où est-elle ?

— Je l'ai brûlée, dit la veuve, qui mentait pour la première fois de sa vie.

— Vous êtes bonne, dit mademoiselle Miroy, en pressant fortement la main de la veuve ; mais je la sais par cœur ; les phrases sont inscrites en traits de feu dans mon cerveau... Quelle lâcheté de m'écrire de pareilles indignités ! Et pourtant ce sont des vérités, trop vraies, hélas ! Oui, je lui avais donné une bague et il l'a donnée à une autre... Le monstre ! s'écria-t-elle tout à coup.

Son instinct de femme se réveillait.

— Passez-moi une glace, demanda-t-elle à la femme de ménage.

— Je me sens laide à faire peur, dit mademoiselle Miroy... J'ai tant souffert en quelques secondes... On m'eût plongé un fer rouge dans la poitrine que la douleur n'eût pas été plus vive... Ah ! c'est fini ! Qu'il en aime une autre, je n'étais pas faite pour lui... Ma chère madame de la Borderie, voulez-vous me rendre un dernier service ?

— Ne suis-je pas toute à vous ?

— Jeannette, ferme les volets des fenêtres, tire les rideaux ; vous me laisserez seule, n'est-ce pas ? voilà tout ce que je vous demande.

Madame de la Borderie insista longuement pour rester auprès de son amie, mais mademoiselle Miroy supplia tellement la veuve de la laisser à ses tristes réflexions, que madame de la Borderie sortit, à la condition de revenir dans l'après-midi.

CHAPITRE VII

Le théâtre de Courbevoie est fréquenté assidûment par les militaires de la caserne. Quelques rares bourgeois s'y font remarquer. Le gros du public est surtout composé des blanchisseuses de Neuilly, des teinturiers de Puteaux et des ouvriers des diverses fabriques des environs. C'est un public vulgaire, naïf, sauvage à une lieue de Paris, un public dont un mot de blanchisseuse peut donner une idée approximative. Cette femme avait été fortement émue par la représentation d'*Antony*, et il lui était resté dans la tête une variante de la phrase finale qu'elle ne se lassait pas de répéter à ses compagnes : « Elle me résista, je l'*assassina !* » déclamait-elle avec un geste de massacre.

Ce fut au milieu de ce public que se lança M. Lobligeois, dont les sorties fréquentes furent heureusement ignorées par les membres du Club des femmes malades. On eût appris par là qu'il abusait de l'omnibus qui conduit de la barrière de l'Étoile au pont de Neuilly. En effet, le dîner finissant vers sept heures et demie, l'avare craignait d'arriver trop tard au théâtre, où il s'était emparé d'une certaine place qui lui permettait d'être remarqué de Rosette.

A l'angle de la première galerie, les acteurs étaient assurés d'avoir un fidèle spectateur dans la personne du *vieux monsieur* de Sainte-Périne, car on le désignait ainsi, suivant les renseignements fournis par l'étoile de la troupe.

Rosette était devenue le premier sujet, grâce à sa beauté qui faisait recette ; aussi son nom était-il désormais écrit en caractères voyants sur l'affiche, côte à côte avec celui de Lafourcade. Les galants fourriers du régiment et les rudes maréchaux des logis chevronnés n'avaient pas peu contribué à la réputation de Rosette. Assis à l'orchestre, ils applaudissaient son entrée à tout rompre, et cet enthousiasme militaire pour les plaisirs dramatiques alla jusqu'à l'envoi de nombreux pompons en guise de bouquets.

Si Rosette fut émue de ce triomphe, M. Lobligeois sentit son amour s'en développer encore. Plus l'actrice grandissait, plus elle lui semblait désirable ; mais la défiance qu'il avait de lui-même s'augmentait d'autant. A Courbevoie, Rosette accueillie par une salle enthousiaste, n'était plus la fille de la concierge de Sainte-Périne : c'était une créature à part, une femme habitant un pays particulier, un être passionné dont les sentiments n'avaient rien de commun avec le public séparé d'elle par les quinquets.

C'est ce qui explique la valeur des femmes de théâtre aux yeux de quelques banquiers épris. Ce monde factice, où tout est broderie et lumière, fard et dentelles, est pour eux une sorte de pays idéal qui les délasse des affaires matérielles auxquelles s'applique leur cerveau tout le jour. Sans être mahométans, ils entrevoient les planches du théâtre comme une sorte de paradis où dansent, au son de musiques enivrantes, des houris habillées de gaze transparente. Leurs sens blasés se réveillent à demi, allumés par des poses provocantes, et, si ces vieillards parlaient sincèrement, ils ne désireraient pas un autre paradis.

M. Lobligeois n'avait pas usé son corps en débauches de toutes sortes; au contraire, il le maltraita une partie de sa vie, lui imposant des privations extrêmes. L'avarice dicta la chasteté comme la frugalité; mais la nature ne perd jamais ses droits. Ni les habitudes ni la volonté ne peuvent s'opposer à son cours naturel. M. Lobligeois devait devenir amoureux avec d'autant plus de force qu'il avait tenu ses sens sous clef pendant sa jeunesse et sa maturité. Aussi éprouva-t-il les sensations du Chérubin de Beaumarchais bien plus vives, mais plus courtes : en deux ans, M. Lobligeois passa par la variété de sensations amoureuses qui, chez l'homme normal, vont par transitions insensibles, de vingt à cinquante ans. Quand, à la fin de la seconde représentation où il assistait, Rosette jeta un coup d'œil sur M. Lobligeois, l'avare crut sentir les effets d'un doux coup de foudre; il revint à pied de Courbevoie comme un homme ivre entraîné dans des zigzags singuliers par la chaleur mystérieuse du vin. M. Lobligeois ne tenta pas d'échapper à cet état, pas plus que le buveur n'essaye de suivre le droit chemin.

— Rosette, petite Rosette, tu m'as remarqué! s'écriait l'avare.

A une autre époque, M. Lobligeois ne se serait pas hasardé à minuit, seul, dans les Champs-Élysées; il eût craint pour sa vie, car il datait d'un temps où les Champs-Élysées, la nuit, semblaient une succursale de la forêt de Bondy : maintenant, M. Lobligeois marchait sans souci du danger; il l'eût bravé. Sous le simple coup d'œil de Rosette, ses muscles s'étaient retrempés et avaient pris un nouveau ressort. Par moment, il arrivait à l'avare de sauter, pour se prouver à lui-même la nouvelle force qui circulait dans ses membres. Il lui semblait possible de faire dix lieues; et cependant il avait hâte de rentrer à Sainte-Périne, afin de se déshabiller au plus vite, de s'étendre dans son lit, et là, sans lumière, d'être plus seul avec sa pensée.

Combien lui parurent longs les huit jours qui le séparèrent de la prochaine représentation! On remarquait le vieillard à tout instant dans la loge de la concierge, et il ne cessait de parler du merveilleux talent de Rosette. M. Lobligeois poussa le délire jusqu'à acheter la brochure du mélodrame qui se jouait à Courbevoie; il apprit par cœur le rôle de Rosette, le récitant sans cesse, essayant de donner à sa voix chevrotante les charmantes inflexions de la voix de l'actrice.

Ce fut une monomanie poussée si loin qu'elle transpira jusque dans le salon de madame Gibassier, où fut recueillie cette phrase prononcée à haute voix par l'avare qui, grimpé sur le belvédère, déclamait le rôle de la fille du tyran, se croyant seul : « *Misérable ! je ne* « *crains pas vos satellites aux mains redoutables,* « *sans cesse occupées à fabriquer de noirs poisons...* « *Qu'ils emploient le fer ou le feu, qu'ils me chargent* « *de chaînes, une lueur impénétrable pénétrera au* « *fond de mon cœur et saura y allumer des forces qui* « *défient les humains !* » Phrase qui préoccupa extraordinairement les habitués du club. On la retourna sur toutes ses faces, on l'analysa, et l'expertise, quoique confiée à des femmes habiles, amena la fausse découverte d'une folie qui s'était tout à coup emparée de l'avare.

La société Gibassier avait raison quant au fait ; mais la cause lui échappait. En effet, la folie tenait l'avare, folie douce et charmante, vision perpétuelle qui servait d'encadrement au profil de Rosette. Il ne manquait au terrible tribunal féminin qu'un agent actif, pour s'attacher aux pas de M. Lobligeois et le suivre au théâtre de Courbevoie, où de récentes marques d'attention de Rosette achevèrent d'enflammer l'avare.

On conte que le philosophe Kant, dont la parole était facile, balbutia un jour de cours public ; ne trouvant que quelques paroles sans suite, au grand étonnement des étudiants, il disparut tout à coup de sa chaire sans avoir pu assembler ses idées. Tous avaient remarqué que le professeur portait avec inquiétude les yeux dans une certaine direction et les refermait comme attristé par un cruel événement. Après la leçon, remis de son trouble, Kant envoya chercher l'administrateur et entra dans une violente colère :

— Pourquoi, dit-il, a-t-on fait disparaître le mûrier qui ombrageait la fenêtre?... Je l'ai cherché pendant toute ma leçon ; je suis habitué à regarder ce mûrier. Vous l'avez abattu, je ne peux plus faire mon cours.

Il fallut replanter un nouveau mûrier. Les comédiens découvrent parfois un mûrier dans certains spectateurs. M. Lobligeois devint le mûrier de Rosette : l'actrice s'habitua à voir son admirateur à la même place à chaque représentation, et l'amour de l'art venant à se développer insensiblement, elle cherchait, sur la physionomie attentive du vieillard, s'il éprouvait quelque satisfaction. Mais elle se trompa sur la nature du plaisir que laissait paraître M. Lobligeois admirant chacun des mouvements de l'artiste, chacun de ses gestes, chacun de ses regards. M. Lobligeois ne se connaissait pas en art dramatique ; son avarice l'avait empêché jusque-là de pénétrer dans les théâtres, et il était impropre à dire si l'actrice jouait suivant les règles. Ce qu'il admirait, c'était Rosette ! Elle n'avait qu'à se montrer, il la trouvait une comédienne merveilleuse ; tout ce qu'elle faisait était bien : souriant ou pleurant, assise ou debout, habillée en princesse ou en paysanne. A peine elle entrait, le vieillard était ému et la voyait à regret quitter la scène ; aussi s'intéressait-il médiocrement au mélodrame quand Rosette n'y prenait plus part.

Du coin où il était placé, M. Lobligeois pouvait voir une partie de ce qui se passait dans les coulisses de droite, et il enviait la position du pompier, qui, accoudé contre un portant, suivait d'un œil distrait le développement de la pièce.

Par moment, l'avare s'inquiétait des conversations de Lafourcade et de Rosette, et il admirait comment, avant d'entrer en scène, Rosette pouvait prêter l'oreille à des propos en dehors de son rôle. Une autre joie particulière à M. Lobligeois était de ne pas quitter de vue la toile baissée pendant les entr'actes : à de certains mouvements ondulants, il comprenait qu'une personne du théâtre s'avançait près de l'œil pratiqué dans la toile ; un petit doigt s'accrochait dans cet œil, et M. Lobligeois frémissait de bonheur quand il reconnaissait le doigt de Rosette. Que regardait-elle dans la salle? Qui regardait-elle? Si quelqu'un eût dit à l'avare : « C'est vous, » il eût jeté sa fortune aux pieds de Rosette. Mais elle regardait machinalement le public entassé, sans s'inquiéter d'un spectateur isolé. De grands comédiens, dit-on, ne manquent pas, avant une importante représentation, de flairer l'attitude du public, comme les dompteurs qui, une seconde avant de pénétrer dans la cage des tigres, leur jettent un rapide coup d'œil par une ouverture imperceptible. — « Quelles seront aujourd'hui les dispositions des animaux? » se demandent les comédiens et les dompteurs ; car l'acteur peut être dévoré tout d'un coup par le public comme l'autre le sera par son lion.

Rosette ne connut que plus tard ces terreurs dramatiques. A cette heure, c'était une jolie enfant faisant ses premiers pas sur les planches du théâtre, et le régiment en garnison à Courbevoie n'était pas difficile en émotions dramatiques.

Le soir où les pompons furent envoyés sur la scène par les militaires, M. Lobligeois, ému, allait quitter la salle lorsque l'ouvreuse vint le prévenir que mademoiselle Rosette le priait de passer un instant à sa loge.

— Moi? s'écria le vieillard; êtes-vous bien sûre?

— Certainement, monsieur, vous êtes de Sainte-Périne?

M. Lobligeois, hors de lui, put à peine répondre.

— Mademoiselle Rosette, pendant l'entr'acte, vous a désigné de telle sorte que je ne pouvais me tromper.

— Vous ne savez pas ce que désire mademoiselle Rosette?

— Non, monsieur, elle m'a seulement ordonné de vous accompagner.

M. Lobligeois se leva lentement et crut que ses jambes refuseraient de le porter : il passait la main dans ses rares cheveux, donnait un coup de manche à son chapeau et rêvait des costumes d'une richesse éblouissante pour se présenter en face de la jeune princesse persécutée par un père barbare, et qui, quoique cloîtrée au fond d'un donjon, n'en était pas moins habillée de satin blanc à broderie d'argent. Tout était mystère dans cette aventure, jusqu'à une certaine porte qu'ouvrit tout à coup dans le corridor la messagère, ouverture que M. Lobligeois n'avait jamais remarquée jusque-là, et qui du théâtre communiquait aux loges. Quand il descendit un noir escalier, étroit et huileux, l'avare pût croire que le mélodrame continuait et qu'il allait jouer un rôle dans la pièce. L'attirail de décors qu'on enlevait en l'air à coups de sifflets, les coulisses portées par des machinistes, le va-et-vient de gens fardés, en costumes de princes, mêlés à la population ouvrière du théâtre, faisaient croire à M. Lobligeois qu'il rêvait.

— Voilà la loge de mademoiselle Rosette, dit l'ouvreuse en montrant à l'avare un petit escalier en haut duquel se trouvait une porte avec le nom de *Rosette* écrit en lettres rouges.

Le vieillard respira avant de monter et tâcha de prendre une certaine fermeté.

— Mon cher monsieur, que vous êtes aimable ! s'écria Rosette en prenant sans façon la main de M. Lobligeois. Dites-moi comment vous m'avez trouvée aujourd'hui ?

—Mademoiselle...

—Le public a été trop bon, n'est-ce pas ? Voyez donc, que de pompons !

Et l'actrice montrait une grande variété de pompons jetés sur une table de toilette : il y en avait de toutes les nuances, de tous numéros, des grenadiers et des voltigeurs, des tambours et des musiciens.

— C'est la mode ici, dit Rosette ; ils vous envoient des pompons comme ailleurs des bouquets... Ça fait toujours plaisir.

— Moi aussi, mademoiselle.

— Eh bien ! je suis contente, car vous êtes un amateur...

— Oh ! s'écria M. Lobligeois.

— Je vous ai remarqué ; vous ne manquez pas à une seule de mes représentations... Au moins, vous pourrez donner de mes nouvelles à maman... Ah ! que je suis bavarde, je ne vous fais pas seulement asseoir ! Cette loge est si petite... Mon cher monsieur, je voulais vous demander un service...

— Ah ! mademoiselle ! s'écria M. Lobligeois.

— Ce serait de raconter à maman mon succès de ce soir, et de vous charger de ceci pour elle, dit Rosette en présentant à l'avare les trois plus gros pompons. Ne suis-je pas indiscrète de vous charger de cette commission ?

L'habitude des planches avait déjà communiqué aux regards de l'actrice une expression si câline qu'elle aurait fait jeter dans le feu M. Lobligeois, grâce à un simple coup d'œil.

— Vous êtes bien gentil, mon cher monsieur, dit-elle sans attendre sa réponse. Ici, ces souvenirs seraient perdus. Au moins maman pourra me les mettre de côté. Surtout, dites-lui bien que je l'embrasse.

En ce moment, la cloche appela les acteurs pour le dernier acte; au bas de l'escalier, le régisseur criait :

— Rosette ! Rosette ! en scène !

— Dites encore à maman qu'aussitôt libre, j'irai la voir.

Elle serra de nouveau la main de M. Lobligeois, et descendit avec lui de sa loge.

Cette commission combla l'avare de joie : une simple pression de main de l'actrice payait M. Lobligeois plus qu'il n'avait osé en attendre de sa vie. *Elle* l'avait remarqué ; *elle* le chargeait d'être son intermédiaire auprès de sa mère ; *elle* l'avait remercié vivement ; *elle* lui avait serré la main ! De son pouce, l'avare interrogeait ses autres doigts pointus, car ils lui semblaient recouverts maintenant d'une électricité qui faisait courir des frissons dans la main droite. Quoique tout son corps eût participé aux courants échappés du contact de la pression de main de Rosette, l'avare avait maintenant une sorte de religion pour sa main droite : il lui semblait qu'elle avait touché un objet consacré, et que la main gauche, au contraire, conservait sa rudesse primitive. S'il eût eu, sur le moment, à palper de l'or, M. Lobligeois se serait servi certainement de sa main gauche, celle de droite étant purifiée par les délicatesses du toucher de Rosette.

Cette soirée ouvrit de nouveaux horizons au vieillard, qui considéra avec tristesse l'isolement dans lequel il avait vécu jusqu'alors, l'horrible égoïsme né de son attachement à l'argent ; il se reprocha de n'avoir pas fréquenté ses parents, de ne pas leur être venu en aide, et se sentit devenir meilleur.

Pour la première fois, M. Lobligeois eut un sommeil transparent, à travers duquel il pouvait suivre ses propres pensées et ses actions de la veille. Il se réveilla avec la joie d'un homme heureux de revoir la nature, d'entendre les oiseaux chanter, d'admirer la verdure des arbres, de se rafraîchir à l'air. Un nouvel homme habitait le corps de M. Lobligeois.

Sa première visite fut pour la concierge, à qui il raconta l'immense succès de sa fille; il en apportait comme preuve les trois pompons dont l'actrice l'avait chargé. La concierge, dans son enthousiasme, ne se tenait pas d'écouter l'avare, et lui faisait répéter avec mille détails les moindres incidents de la veille. Assise en face de l'avare, elle se montait de telle sorte l'imagination qu'elle se représenta le vieillard tantôt sous les traits de Rosette, tantôt sous les mille têtes du public; et comme M. Lobligeois avait retenu divers passages du mélodrame, elle applaudissait et frémissait, se croyant réellement au spectacle. Puis la concierge se levait, allait à sa cheminée et s'ingéniait à arranger les pompons en manière d'ornement au-dessus de sa glace; comme elle n'avait pas de clous, sa dernière combinaison fut de planter deux de ces pompons dans le goulot de vases de porcelaine couleur d'opale transparente, destinés à contenir des bouquets.

— Et le troisième, dit l'avare, qu'en ferez-vous?

— Je le mettrais bien au milieu du lambris de la cheminée, mais je crains que la chaleur du tuyau du poêle ne le gâte, et je vais voir à le placer ailleurs.

Ayant fait une complète inspection des murs de la loge, la concierge jeta son regard vers une sorte d'enfoncement où était situé le lit. Un petit bénitier de faïence grossière contenait une branche de buis desséché.

— Je ne peux cependant pas mettre le pompon dans le bénitier.

M. Lobligeois tournait, inquiet, autour de la concierge.

— Cette soirée, dit-il, m'a fait un grand plaisir, et je m'en souviendrai longtemps.

— Ah ! que j'aurais voulu y être ! s'écriait la concierge.

— Oui, vous avez bien perdu, madame ; mais les pompons qui sont dans ces vases vous rappelleront toujours le triomphe de Rosette.

— Je ne les donnerais pas pour un empire... Il y a longtemps que je désire un fauteuil à la Voltaire ; eh bien ! monsieur Lobligeois, vous me croirez si vous voulez, quelqu'un me dirait : « Voilà un fauteuil, j'emporte les pompons, » que je ne les donnerais pas.

— Et moi, s'écria l'avare, qui voulais vous faire une proposition !

— Laquelle ?

— Je n'ose plus, maintenant que je connais vos intentions.

— Dites toujours.

— N'avez-vous pas assez de deux pompons sur la cheminée? Je vous en vois à la main un troisième dont vous paraissez embarrassée.

— C'est vrai ; mais à quoi voulez-vous rimer?

— Je voulais vous demander ce pompon pour me souvenir moi-même de la représentation d'hier soir... La pièce était si intéressante, reprit l'avare craignant de mettre à jour ses véritables sentiments... Je vous la donnerai à lire.

La concierge jeta un regard sur le vieillard qui baissait les yeux. Une rougeur subite, qui ne s'était pas manifestée peut-être depuis trente ans, vint l'embarrasser encore davantage. La concierge ne répondait pas ; ce silence fit faire à M. Lobligeois un grand effort.

— Vous m'avez rendu quelques services dont je suis reconnaissant, dit-il, et je comptais m'acquitter prochainement par un cadeau qui maintenant me sera facile, puisque je connais vos désirs. Aujourd'hui même, je dois aller au faubourg Saint-Antoine, et je veux vous trouver un bon fauteuil à la Voltaire.

— Monsieur Lobligeois, dit la concierge avec un ton d'amical refus.

— Ne vous inquiétez pas ; je connais un ouvrier qui fabrique à son compte et qui me cédera un excellent fauteuil à meilleur marché que dans les magasins...

— On ne peut rien vous refuser, homme généreux, s'écria la concierge en tendant à M. Lobligeois le souvenir dramatique qu'il ambitionnait.

Dès lors ce pompon devint une sorte de fétiche pour l'avare ; il le plaça en face de son lit, de sorte qu'il put le contempler à son coucher, à son réveil, en fermant les yeux et en les ouvrant. Quelquefois il regrettait qu'il ne fût pas animé, afin de l'entourer de soins, de l'arroser, de le voir croître ; mais il l'époussetait, et une dévote n'a pas plus de respect pour l'Enfant-Jésus de cire qui est sur sa cheminée. Il le faisait tourner entre ses doigts et admirait au soleil sa brillante couleur garance.

Ces perpétuelles contemplations produisirent leur fruit. Un mot de Rosette revint tout à coup à la mémoire de l'avare : « A Courbevoie, ils vous envoient des pompons comme ailleurs des bouquets. »

Les personnes qui aiment profondément ne perdent pas une parole de l'objet aimé; c'est pourquoi les femmes jugent de la passion de l'homme à de certains cadeaux qui se rapportent à des paroles prononcées souvent longtemps auparavant. M. Lobligeois continuait à aller au théâtre, et ne retrouvait plus dans le public le même enthousiasme qui l'avait frappé jadis. Les militaires ne peuvent manifester leur enthousiasme dramatique avec autant de somptuosité qu'un agent de change : les pompons se payant sur la masse, il n'est pas permis d'en sacrifier tous les jours pour les beaux yeux d'une actrice. Ce qui amena M. Lobligeois à faire emplette d'un certain bouquet qu'une marchande des quatre saisons, qui avait fini sa journée, lui vendit pour un prix raisonnable.

En arrivant à sa place accoutumée, le vieillard se trouva assez embarrassé de ce gros bouquet, qui faisait jeter sur lui des regards curieux. Le spectacle commença. Rosette parut plus séduisante que jamais et envoya un regard à l'adresse de son admirateur dévoué. C'était le moment de lancer le bouquet; mais M. Lobligeois se sentit retenu par une force inconnue. Son bras droit s'était roidi, et le bouquet penchait honteusement sur le plancher de la loge. Mille raisonnements se pressaient dans le cerveau du vieillard. Il osait importer à Courbevoie une coutume nouvelle ; il allait se faire remarquer. Ce bouquet dévoilerait à la salle ses secrets sentiments ; Rosette serait peut-être compromise. La jalousie de Lafourcade pouvait être éveillée.

Vers la fin du troisième acte, où Rosette avait été vivement applaudie, M. Lobligeois sortit pour prendre l'air dans le couloir.

— Vous avez commandé un joli bouquet pour mademoiselle Rosette, dit au vieillard l'ouvreuse qui l'avait introduit pour la première fois dans les coulisses.

L'avare se troubla et balbutia :

— Oui, je préfère le lui porter tout à l'heure dans sa loge ; car c'est gâter des fleurs que de les jeter ainsi...

— N'importe, dit l'ouvreuse, mademoiselle Rosette sera bien contente, j'en suis sûre... Elle n'est pas habituée ici aux bouquets.

— Vous croyez ?

— Mettez-vous à sa place, monsieur...

— C'est que..., dit M. Lobligeois...

— Oui, dit l'ouvreuse, qui était une fine mouche ; je vous comprends... vous n'osez pas jeter le bouquet.

— Précisément.

— Tous les messieurs de votre âge sont comme vous, mais il y a un moyen...

— Lequel ? s'écria vivement le vieillard.

— Je m'en vais prévenir l'ouvreuse de la seconde galerie; elle jettera le bouquet. L'effet sera produit; le monde ne saura pas qu'il vient de vous, mais mademoiselle Rosette le devinera.

M. Lobligeois, en ce moment, eût embrassé la complaisante ouvreuse. En effet, au cinquième acte, le bouquet, lancé des secondes galeries, salua l'entrée de l'actrice et fut salué lui-même par les applaudissements de tous les spectateurs. M. Lobligeois crut qu'il allait se trouver mal; ces applaudissements résonnaient en lui comme s'il était monté sur les planches. En sortant, il respirait à pleins poumons, heureux de son idée, lorsque l'ouvreuse vint à lui.

— Monsieur, vous n'oublierez pas l'ouvreuse des secondes galeries, qui se recommande à vous.

L'avare fit la grimace; mais l'événement l'avait mis en largesse, et il donna une pièce de monnaie à sa conseillère; cependant il se sentit une telle émotion, qu'il n'osa se présenter dans la loge de Rosette.

Plus il se sentait pris dans les engrenages de la passion, plus le vieillard tentait de s'y soustraire. Jetant un coup d'œil sur le chemin dangereux dans lequel il s'aventurait, il lui arrivait de se comparer à un voyageur que des voleurs attendent au coin d'un bois, car il lui revenait de subites odeurs d'avarice, comme un homme qui a mal digéré. M. Lobligeois voyait ses écus prendre la fuite pour ne jamais revenir; mais l'amour était le plus fort, et le combat commençait à peine, que l'avarice gisait à terre, honteusement terrassée.

Un fait le démontra suffisamment; il en fut question dans Sainte-Périne. M. Lobligeois avait loué une chambre dans la rue de Chaillot; l'économie exagérée du vieillard était assez proverbiale pour qu'un tel événement n'entraînât pas à sa suite une foule de commentaires. On n'ignorait pas que M. Lobligeois avait été presque forcé à cette dépense par l'administration, car le règlement oblige les pensionnaires à rentrer à dix heures du soir, sauf certaines rares permissions que le directeur accorde de loin en loin; mais pour ceux qui ont l'habitude de passer leurs soirées dans le monde et de rentrer habituellement, l'hiver, passé minuit, il leur est permis, afin de ne pas déranger le service de l'Institution, de découcher, ce dont plusieurs pensionnaires profitent en louant au dehors un petit appartement, suivant leurs moyens de fortune.

Dans le principe, M. Lobligeois tenta d'éluder le règlement en prévenant la concierge : elle se levait volontiers pour un homme qui venait d'applaudir sa fille; mais le directeur, ayant eu vent de ces rentrées insolites, mit en demeure M. Lobligeois de prendre un domicile particulier ou de se présenter à la grille à dix heures précises. Ce fut alors que le vieillard, tout en soupirant, se décida à louer, moyennant vingt francs par mois, une chambre garnie, voisine de l'Institution. Au petit jour il rentrait et reprenait les habitudes de la maison.

Un matin que M. Lobligeois était à la fenêtre en train de se faire la barbe, il aperçut un petit chapeau de paille élégamment garni de velours noir qui entrait par la grille et de là chez la concierge. Un nuage passa sur les yeux du vieillard qui, aux battements de son cœur, ne put se méprendre sur la personne légère et sautillante qui, d'un bond, avait sauté les deux marches de la loge. Rosette, il n'y avait pas à en douter, venait embrasser sa mère.

L'émotion sembla figer M. Lobligeois sur place ; il ne savait quelle conduite tenir. Descendrait-il dans la loge? resterait-il dans sa chambre? S'il se montrait devant la concierge en présence de Rosette, son émotion ne le trahirait-elle pas? Il resta ainsi quelques minutes noyé dans un trouble inexprimable ; puis il pensa que sa barbe n'était faite qu'à moitié, et il tenta de raser la partie gauche de sa figure ; mais son bras tremblait, et le rasoir, mal tenu par une main émue, ne mordait plus sur la peau. Enfin, après un suprême effort, la volonté reprit le dessus, et M. Lobligeois put mener à bien cette opération ; mais la toilette printanière de l'actrice l'avait frappé, et il voulait mettre son costume à l'unisson. Malgré sa récente transformation, l'habillement du vieillard tenait encore de l'économie par la couleur : le noir en était exclu comme trop salissant, et il ne se trouvait aucune pièce dans les tiroirs qui rappelât les toilettes de fantaisie. M. Lobligeois, pour faire honneur à l'actrice, se décida à s'entourer le cou d'une cravate blanche qui en était réellement à sa première représentation, et il descendit, avec une certaine émotion, ne sachant la façon dont il allait aborder Rosette et dont il serait reçu.

— Venez, monsieur, que je vous fasse des reproches, s'écria l'actrice d'un ton railleur.

— A moi? dit M. Lobligeois un peu déconcerté.

— À vous même. Vous voulez bien vous charger d'une commission pour maman, et je ne vous revois plus. Si encore vous n'étiez pas venu au spectacle! Mais je vous ai vu et je vous attendais à la fin de la représentation dans ma loge. C'est mal, n'est-ce pas, maman?

— Faut lui pardonner, dit la concierge, car monsieur m'a dit assez de bien de toi, et il ne manque jamais de me donner des nouvelles de ton triomphe.

— Oh! triomphe! dit Rosette.

— Je sais ce que je dis, reprit la mère enthousiaste: je ne te vois pas, mais quand M. Lobligeois va à ton théâtre, c'est tout comme.

— Ah! monsieur garde un pompon sur les trois que je lui confie, reprit malicieusement Rosette.

— Mademoiselle... laissez-moi vous expliquer...

— Oui, expliquez-vous...

Mis en demeure de parler, le vieillard se troubla, balbutia quelques paroles que l'actrice se plaisait à rendre plus obscures en le taquinant gaiement.

— Laisse donc M. Lobligeois en paix, disait la concierge; tu vois bien qu'il est dans son droit, et tu cherches à l'embrouiller... Le commissionnaire n'a-t-il pas droit à une récompense?... Il voulait un souvenir de ta représentation; il m'a demandé un pompon, je lui ai donné... Y a-t-il du mal là-dedans?

— Non, maman; mais je suis bien aise de donner

une petite leçon à M. Lobligeois, afin qu'à l'avenir il vienne me rendre compte de ce dont je le charge.

Là-dessus, l'actrice tendit la main au vieillard en riant, pour lui prouver que cette scène n'avait rien que d'amical.

— Tout à l'heure, dit Rosette, j'irai faire un tour au jardin : il y a longtemps que je ne l'ai vu ; vous y rencontrera-t-on, monsieur Lobligeois?

Le vieillard sourit comme un jeune homme à qui on accorde un rendez-vous, et il osa presser faiblement la main de l'actrice.

— Dans une demi-heure, n'est-ce pas, monsieur Lobligeois?

— Oui, mademoiselle, dit le vieillard, qui sortit laissant la mère et la fille.

— Cet homme-là a une passion pour toi, je le gagerais, dit la concierge.

Rosette fredonnait un couplet.

— Je m'y connais.

— Après? demanda l'actrice.

— Eh bien! il ne faut pas le décourager.

— Jamais, dit Rosette.

— Est-ce ton Lafourcade qui te fera un sort?... Un paresseux, un propre à rien qui a les poches percées... On y jetterait des trésors que tout filerait par les coutures.

— Je l'aime!

— Jusqu'ici, je t'ai laissée faire ; tu as voulu jouer la comédie, c'est un état comme un autre. Ton Lafourcade t'a fait débuter, mais tu peux te passer de lui maintenant...

— Je l'aime !

— Voilà-t-il pas un bel avenir que de vivre avec ce Lafourcade !

— Je l'aime !

— Il dévorera ta jeunesse.

— Je l'aime !

— Il te plantera là.

— Je l'aime !

— Ces bohémiens-là n'ont ni foi ni loi.

— Je l'aime !

— Ça m'étonne qu'il ne t'ait pas encore battue !

— Je l'aime !... je l'aime !... je l'aime !...

— Laisse-moi tranquille avec tes amours ! Tu veux donc me faire du chagrin ?...

La concierge essaya d'altérer sa voix pour lui donner des apparences de sanglots rentrés.

— Moi qui ne demande qu'à te rendre heureuse, s'écria Rosette... Ah ! du jour où je tiendrai un bon engagement, je t'emmène avec moi ; nous aurons un bel appartement du côté du boulevard du Temple.

— A Belleville, dit la concierge.

— Où tu voudras.

— Je gagnerai bien cinq ou six mille francs pour commencer.

— Tant que ça ! s'écria la concierge.

— Charlotte, une de mes camarades, est sortie de Passy pour jouer à Batignolles ; de là, le directeur de la Gaîté l'a tout de suite engagée à trois mille, et elle ne me vaut pas. Lafourcade me le disait hier encore. Tu vois donc que je n'ai pas besoin de me laisser faire la cour par ce vilain vieux.

— Il est de fait, dit la concierge, qu'il n'est pas beau; mais il est généreux.

— Je n'ai besoin de rien à Courbevoie, et puis j'aime Lafourcade.

— Il n'y a plus rien à dire; mais pourquoi cherches-tu à agacer M. Lobligeois?

— Dame! nous n'avons pas tant de connaisseurs à Courbevoie; ça fait plaisir de voir tous les soirs un homme qui ne manque pas à une de vos représentations et qui s'intéresse à vos rôles.

— Il les sait par cœur. Ce n'est pas un méchant homme... Si tu savais comme tu l'as changé; il ne se ressemble pas plus que le jour et la nuit. Qu'est-ce que tu voulais lui dire, au jardin?

— Rien; c'est une politesse que je lui fais. Je veux qu'il revienne au théâtre.

— Tu as raison. A quoi bon se mettre mal avec des personnes riches?

— En me promenant, je rencontrerai, sans doute, quelqu'un de ces messieurs et de ces dames, et je ne suis pas fâchée de leur souhaiter le bonjour.

— Ils ne vont plus te reconnaître; tu es si élégante !... Surtout ne taquine pas trop M. Lobligeois.

— A tout à l'heure, maman !

— Va, ma bonne fille, reprit la concierge; mais, dans ton intérêt, ne parle pas de Lafourcade à M. Lobligeois.

CHAPITRE VIII

Un beau jour, dans la vie de Jacquem, que le 1er juillet de l'année 1855, lorsqu'il reçut avis de l'administration centrale de l'assistance publique, qu'il était porté sur la liste de ceux qui entreraient à Sainte-Périne lors des premières vacances! Le petit peintre ne trouvait plus assez grand son atelier de la rue du Chemin-de-Versailles pour manifester sa joie. Il vint me voir. — « Ce sont mes dernières visites dans Paris, me dit-il. Une fois admis dans l'Institution, je n'en sortirai plus. »

Puis il ajouta confidentiellement, en me priant de n'en pas parler, qu'il y avait deux ou trois pensionnaires qui branlaient dans le manche.

— « Je ne souhaite pas leur mort, dit-il, mais j'aime autant en profiter qu'un autre. Moi-même, je m'en irai à mon tour, et je vous jure que je ne me regretterai point.

Jacquem était un philosophe comme il en manquait à Sainte-Périne : il désirait finir ses jours tranquillement en compagnie de ses amis Ravier. Ce n'était pas lui qui se serait embarqué dans les terribles passions où étaient accrochés mademoiselle Miroy et M. Lobligeois. L'amitié suffisait à remplir le cœur de Jacquem ; son seul désir était d'appliquer ce qui lui restait de force à accomplir un projet dont l'avait rendu complice M. Cèdre. A eux deux, ils comptaient laisser à la bibliothèque de l'Institution un monument : le manuscrit de la *Flore de Sainte-Périne*, décrite par le botaniste, et peinte à la gouache par Jacquem. Au moins cette entreprise témoignerait-elle de leur passage dans l'établissement ; déjà Jacquem y travaillait, dessinant d'après nature les mousses et les herbes dont M. Cèdre lui apportait chaque matin des cargaisons.

Les habitués des soirées de madame Ravier avaient pris en amitié le peintre et souhaitaient sa prompte admission, car Jacquem avait le caractère facile des artistes ; passant jadis ses heures de loisir à dessiner, nulles pensées de fortune ni d'ambition n'avaient germé en lui, et son caractère se ressentait de cet heureux emploi de ses facultés. Jacquem, constamment occupé, ne s'était jamais ennuyé ; il ne connaissait ni désirs ni soucis. De petites fumées de réputation s'étaient peut-être autrefois dessinées en lui ; il avait su les étouffer à leur naissance, jugeant qu'un bon employé vaut mieux qu'un méchant peintre ; à l'âge où pointèrent ces idées de gloriole, il était trop tard, pensait avec raison Jacquem, pour en tirer autre chose qu'un mauvais feu sans flamme. D'ailleurs, la part d'amour-propre qu'il tenait de la nature trouvait à s'accommoder des compliments du monde qu'il fréquentait. C'étaient d'honnêtes confrères de son bureau qui s'enthousiasmaient devant les ressemblances *étonnantes* des portraits du peintre. Jacquem n'en demandait pas plus..

J'allais m'éloigner de Paris pendant quelque temps, et je dus faire une visite de politesse aux Ravier, dont je conservais un bon souvenir; ils voulurent bien m'engager à leur dernière soirée de l'année, et je n'eus garde d'y manquer. Quand j'arrivai, tous les habitués étaient groupés autour de Jacquem, qui tenait à la main un immense éventail orné d'inscriptions et de dessins à la gouache.

— Monsieur de Capendias, dit le peintre, est-ce bien vous qui tenez le bureau de l'*occasion*?

— Oui, monsieur Jacquem.

— Veuillez, je vous prie, donner un tour de roue.

— Nous allons donc connaître la qualité dominante de M. de Capendias, disait madame Ravier.

Aux branches de l'éventail était ajustée une roue mobile portant des numéros. M. de Capendias donna un petit coup à la roue.

— Numéro 1! dit-il.

— Numéro 1, reprit Jacquem, vous avez l'*Amour voleur*.

— Ah! s'écrièrent les dames, M. de Capendias a l'*Amour voleur*.

Là-dessus, on plaisanta M. de Capendias.

— Monsieur Jacquem, disaient les dames, conduisez maintenant M. de Capendias au bureau de l'*Amour voleur*, afin qu'il reçoive son châtiment.

Jacquem retourna l'éventail du côté qui contenait les châtiments et les récompenses.

— Le n° 1 de l'*Amour voleur*, dit Jacquem, décrète que mademoiselle Chaumont donnera à M. Capendias *deux baisers sur les yeux.*

En même temps que les dames félicitaient le gentilhomme sur cette faveur, elles accusaient l'inventeur de l'éventail d'avoir imaginé des châtiments trop doux.

— Nous tirons, me dit Jacquem, la loterie de l'Amour..Et il me mit en main le curieux éventail, apporté le soir même par l'aimable Perdrizet, prodigue de ces sortes de surprises.

Où M. Perdrizet avait-il trouvé un semblable éventail? C'est ce que personne ne pouvait dire, car par ses couleurs passées, l'éraillement des dessins et la forme un peu maniérée des petits amours, on jugeait qu'il était antérieur à la République.

— C'est le tour maintenant de madame de la Gorgette et de M. Destailleur, s'écria toute l'assemblée.

Tout en rougissant, M. Destailleur vint s'asseoir au milieu du cercle en compagnie de madame de la Gorgette.

— Heureux homme! lui dit M. Perdrizet, d'aller au tribunal de l'Amour avec une si belle pénitente.

Mais le fidèle M. Destailleur cherchait des yeux mademoiselle Chaumont pour lui montrer qu'il ne l'oubliait pas. Le bureau de l'*Espérance* fut indiqué à madame de la Gorgette pour y attendre les ordres du destin ; la roue amena le chiffre 5, qui représentait l'*Amour heureux*. Chacun félicita madame de la Gorgette sur le bonheur qui l'attendait ; mais l'éventail avait un revers, comme le bonheur, et l'inculpée fut condamnée à *garder un silence de quatre minutes*.

Ce fut ainsi que se passa cette soirée, où les invités visitèrent tour à tour les bureaux du *Désir*, du *Hasard*, du *Plaisir*, du *Secret*, de la *Fidélité*, etc. Dans chacun de ces bureaux se succédaient les différentes variétés d'amours : *galant*, *malin*, *vainqueur*, *dormeur*, *curieux*, *respectueux*, et bien d'autres. Les gages consistaient à recevoir un baiser *où la dame voudra*, à boire un verre d'eau ou à faire une révérence, à accomplir la volonté d'une dame ou à donner un tendre regard ; enfin c'était la quintessence des petits jeux.

Par instants, je me croyais revenu à l'âge de quinze ans, entouré de jeunes filles et de jeunes garçons ; mon illusion provenait de trop fréquents séjours au milieu de ces vieillards. L'observation est une qualité qui s'émousse à trop longuement contempler les hommes et les choses ; un coup d'œil lancé à point en apprend davantage que des heures, des jours et des années. J'avais oublié la nature de mes vieillards, leur âge, leurs manies, pour m'être trop mêlé à leurs drames intérieurs. Ainsi, à cette soirée, j'écoutais, je regardais et je ne jugeais plus. Le sentiment de comparaison avait faibli en moi.

M. Perdrizet avait été condamné à chanter une chanson ; pour la première fois de sa vie, il refusa de se rendre aux désirs de la société. Le petit chef de bureau ne savait pas chanter, et j'aurais juré qu'avec ses besicles d'or, son crâne reluisant et ses mèches de cheveux provoquantes, il avait dû charmer les salons de l'empire par de sentimentales barcaroles. Malgré que M. Perdrizet fût pressé vivement, il ne put subir la peine édictée par la loterie de l'Amour ; mais il demanda comme une faveur de lire à la société un petit fragment qu'il avait sans doute préparé pour la circonstance. Cette demande de transaction ayant obtenu l'assentiment de tous, M. Perdrizet tira un papier de son portefeuille.

— Mon conte, dit-il, a pour titre *Cœur criblé.*

Quoiqu'on s'attendît encore à quelque galanterie, le titre fit sensation, et les dames chuchotèrent : *Cœur criblé !* en se regardant avec des bouches souriantes et des roucoulements d'yeux qu'eût enviés une actrice vouée au culte de Marivaux.

— *Cœur criblé !..*, répéta de nouveau M. Perdrizet, qui lut :

Un homme sensible, excessivement sensible...

En ce moment, la porte s'ouvrit, et madame de la Borderie parut. Madame Ravier courut à elle, lui prit les mains, et la pria de vouloir bien entendre la lecture promise par M. Perdrizet. Pendant que la veuve recevait les compliments des messieurs, les dames se pressaient autour de M. Perdrizet et s'enthousiasmaient sur le piquant début de sa lecture. Le petit chef de bureau souriait en recevant ces flatteries, et semblait les renvoyer à madame de la Gorgette. Triomphant, certain de son succès, d'avance il savourait les applaudissements qui attendaient la fin de son conte.

— Maintenant, monsieur Perdrizet, dit madame Ravier, vous pouvez continuer.

— *Cœur criblé!* reprit de nouveau M. Perdrizet, afin d'expliquer à madame de la Gorgette le sujet qu'il allait lire ; cette fois, il put aller jusqu'au dénoûment sans interruption.

— *Un homme sensible, excessivement sensible, se trouvait dès longtemps très-malheureux. Tout le désolait. Il voulut calculer combien de coups recevait son cœur dans une année. Voici ce qu'il imagina : il fit en carton un cœur de la grosseur d'un cœur d'homme, et à chaque blessure qu'il recevait, il y plantait une aiguille. Au bout d'un mois, le carton était tellement criblé, qu'il n'était plus possible d'y enfoncer une aiguille de plus. Il se prit à pleurer, à pleurer amèrement. Puis, quand il eut bien versé des larmes : voyons, dit-il, pour savourer mieux mon malheur, repassons tous ces sujets de misères dont le sort m'accable depuis un mois. Et il voulut les rappeler. Vain espoir ! Il ne put s'en rendre compte ; non, pas d'un seul. Tout s'était effacé de sa mémoire. — Oh ! dit-il, toutes ces misères qui me font tant souffrir, ce ne sont donc que des chimères ?... Allons ! allons ! débarrassons-nous de cette nouvelle misère qui consiste à trop s'appesantir sur ses maux. Et toi, cœur de carton, reste là criblé d'aiguilles pour me rappeler sans cesse que les grandes misères sont des fan-*

tômes, et les montagnes à peine des grains de poussière.

Quand la lecture fut terminée, un murmure d'approbation remplit le petit salon des Ravier, et M. Perdrizet fut d'autant plus applaudi qu'on le soupçonnait d'être l'auteur de cet apologue. Il s'en défendit mollement et laissa l'assemblée dans le doute à ce sujet. Chacun allait à lui et le complimentait à sa manière. Bien que réservée et d'une nature peu flatteuse, madame de la Borderie apporta ses suffrages à l'heureux chef de bureau et lui témoigna combien elle avait été émue de la lecture de ce *Cœur criblé*.

— Mais j'aurais une grâce à vous demander? dit-elle tout à coup.

— Parlez, belle dame, je suis à vos ordres.

— Seriez-vous assez bon pour m'accompagner chez moi, j'ai quelques mots à vous dire.

Comme M. Perdrizet ne répondit pas sur l'instant.

— Vous hésitez? dit la veuve. Pour un galant homme...

— J'avais promis à une personne...

— Aux regards inquiets que je vous vois jeter dans le fond du salon, je comprends que vous craignez de mécontenter madame de la Gorgette ; mais laissez-moi arranger l'affaire.

En même temps, la veuve se fraya un passage dans l'assemblée, et alla demander la permission à madame de la Gorgette de lui enlever son cavalier, ce qu'elle obtint sans peine.

Madame de la Borderie profita d'un intermède de

musique donné par M. et madame Ravier pour s'échapper sans être remarquée.

— Le temps est beau, dit-elle à M. Perdrizet, si nous faisions un tour de jardin? Ah! monsieur le cœur criblé, reprit-elle en s'efforçant de donner un accent de gaieté à ses paroles, vous êtes donc bien malheureux ou vous l'avez été beaucoup pour planter tant d'aiguilles dans un morceau de carton?... Permettez-moi de vous dire que je ne vous ai jamais cru si malheureux... Mais ce n'est pas de vous qu'il s'agit... Je sais un cœur blessé par votre rigidité, par votre ingratitude, par votre abandon subit : celui-là est réellement criblé et ne s'ingénie pas à inventer un morceau de carton pour y retracer l'image de ses peines. C'est un vrai cœur saignant, déchiré, vous ne l'ignorez pas.

— Moi! s'écria M. Perdrizet.

— Vous ne pouvez l'ignorer.

— Je vous jure, madame...

— Pas de serment, monsieur; je vous sais honnête homme, et je me confierai à votre parole en quelque matière que ce soit, sauf en matière d'amour... Vous ne vous rappelez déjà plus mademoiselle Miroy.

— Pardonnez-moi, madame.

— Certainement, vous savez son nom; mais je tiens pour oubliée une personne qu'on a presque compromise, donnée en spectacle, fréquentée assidûment et qu'on laisse tout à coup sans plus s'en inquiéter que si elle était morte.

M. Perdrizet ne répondait pas.

— Elle est très-malade et souffre extrêmement. Votre abandon l'a jetée dans un état de mélancolie profonde qui la fait fuir la société : elle repousse même mes soins, se nourrit à peine; à son âge ces désordres sont sensibles.

— A son âge! s'écria M. Perdrizet.

— N'a-t-elle pas soixante-cinq ans? Vraiment, monsieur, vous m'étonnez par votre sang-froid. Vous me dites *à son âge*, comme si elle avait trente ans. Mais quelle fièvre s'est emparée de presque tous les pensionnaires! A vous entendre, on vous prendrait pour des jeunes gens, insouciants de la vie.

Avec précaution, madame de la Borderie rappela à M. Perdrizet qu'il allait bientôt atteindre l'âge de soixante-dix ans.

— Qu'importe! dit le chef de bureau, blessé par ce rappel au calme.

— Vous pourriez encore faire le bonheur de mademoiselle Miroy et le vôtre. C'est une femme excellente qui ne souhaitait qu'un peu de tranquillité pour ses dernières années... Vous avez pris plaisir à les empoisonner : ce que cette malheureuse souffre, je ne puis vous le dire... Si c'était une personne coquette, je ne la défendrais pas, elle porterait le châtiment de sa faute; mais vous lui avez fait de fausses promesses, vous vous êtes engagé...

— Pardon, madame, je n'ai fait aucune promesse à mademoiselle Miroy, ni pris aucun engagement... C'est elle qui me poursuivait.

— Je l'en crois incapable.

— Je ne dis pas que mademoiselle Miroy soit une coquette ; je la sais une excellente personne, mais prise du besoin d'aimer. Un homme s'est trouvé sous sa main, moi, qui alors n'avais pas d'inclination. J'ai eu le tort d'écouter ses aspirations ; elle s'est trompée sur le caractère de mes sentiments purement amicaux. J'ai toujours été poli avec les femmes ; peut-on jamais leur faire assez de compliments... Vous-même, madame, représentez, à cette heure, la femme sous son meilleur jour, la consolatrice de...

— Il ne s'agit pas de moi, monsieur, je vous prie.

— Mademoiselle Miroy a donc basé sur l'amitié que je lui témoignais un attachement dont je ne soupçonnais pas la nature tout d'abord. Plus tard, je compris qu'elle m'entraînait petit à petit dans les sentiers d'une liaison dont je ne pouvais accepter le dénoûment. Je n'ai pas voulu désillusionner mademoiselle Miroy ; c'est mon seul tort.

— Une grave faute, dit madame de la Borderie, dont les conséquences seront peut-être fatales.

— Je comptais la détacher de moi peu à peu ; au contraire, chaque jour sa passion faisait des progrès, et avec la passion la tyrannie... Mademoiselle Miroy a des trésors d'amour qu'elle jette avec prodigalité. Elle a trop économisé dans sa jeunesse...

— Cependant, monsieur, vous avez accepté des gages de cette tendresse que vous repoussez aujourd'hui. N'avez-vous pas eu, m'a-t-on dit, l'indélicatesse de donner à madame de la Gorgette l'anneau de ma malheureuse amie ?

M. Perdrizet ne répondait pas.

— Est-ce la conduite d'un galant homme ?

— Madame, laissez-moi vous dire combien je repousse cette accusation... Oui, j'ai un faible pour madame de la Gorgette ; elle m'a plu, et peu à peu cette même affection dont m'honorait mademoiselle Miroy, je la ressentis pour une autre... Madame de la Gorgette s'est inquiétée de quelques bagues que je portais ; il ne manque pas ici de personnes pour troubler des affections naissantes... Elle a voulu que je lui sacrifie tous ces anneaux ; je les lui ai donnés volontiers... Je ne pensais pas chagriner mademoiselle Miroy ; d'autres souvenirs plus chers encore ont été remis à Aurore.

— Cependant, monsieur Perdrizet, vous qui connaissez les lois de la galanterie, vous deviez renvoyer à mademoiselle Miroy son anneau, puisque vous aviez l'intention de rompre avec elle.

— Vous avez raison, madame.

— Mademoiselle Miroy pleure, se désole ; elle ne vous attend plus, et elle espère peut-être encore vous revoir, grâce à l'anneau que vous avez gardé.

— Que faire ? s'écria M. Perdrizet.

— Redemander la bague à madame de la Gorgette et la rapporter vous-même à mademoiselle Miroy.

— C'est impossible.

— Vous le ferez, monsieur Perdrizet, j'en suis certaine.

Le chef de bureau, inquiet, ne répondait plus.

— Je lui enverrai un souvenir, dit-il.

— Un cadeau est une illusion de plus que vous ferez

naître dans le cœur de ma malheureuse amie. C'est sa bague que je vous demande, et en même temps une franche explication.

— Que dirai-je à madame de la Gorgette pour lui retirer cette bague?

— Rien n'est plus simple; je vous donne jusqu'à demain soir... Si vous ne vous sentiez pas le courage nécessaire, je serais obligée d'aller trouver moi-même madame de la Gorgette.

— Eh bien! madame, demain après dîner.

— Vous reporterez l'anneau à mademoiselle Miroy?

— Si vous l'exigez, madame.

Là-dessus, M. Perdrizet rentra chez lui et passa une nuit agitée, se demandant comment il sortirait de cet embarras.

CHAPITRE IX

Madame de la Gorgette vivait au milieu de ces troubles sans s'en apercevoir. Si elle les eût soupçonnés, peut-être eût-elle prié M. Perdrizet de mettre un terme à ses assiduités, car elle ne pouvait voir souffrir quelqu'un sans en être émue : la pensée qu'elle était la cause involontaire du profond chagrin de mademoiselle Miroy aurait développé tellement ses facultés compatissantes que, malgré le charme de sa liaison avec le chef du bureau, elle y eût renoncé tout à coup. Son heureux caractère la portait à un heureux calme ; elle savait toutefois compatir aux souffrances de ceux qui l'entouraient, et elle était loin de soupçonner le motif qui exilait mademoiselle Miroy du salon des Ravier.

Tous les matins, M. Perdrizet avait obtenu la faveur de venir chercher madame de la Gorgette pour déjeuner, et elle ne manquait pas de lui faire cadeau d'une rose cueillie dans les touffes de fleurs qui décoraient son antichambre. A dix heures, un petit coup de sonnette annonçait l'arrivée du galant chevalier, qui trouvait son adorée, déjà habillée et d'une fraîcheur de jeune fille.

Le lendemain de la conversation avec madame de la Borderie, la sonnette retentit comme d'habitude.

— Comment! c'est vous, monsieur Perdrizet? s'écria madame de la Gorgette.

— Oui, ma chère amie; ne m'attendiez-vous pas?

— Sans doute, mais je n'ai reconnu ni votre manière de sonner, ni vos pas dans l'escalier... Je vous trouve changé; est-ce que vous avez reçu quelque mauvaise nouvelle?

— Pardonnez-moi, ma chère amie, dit M. Perdrizet, qui, au moment d'accomplir sa promesse de la veille, sentait renaître les difficultés.

— Eh bien! voici ma main; je suis donc obligée de vous l'offrir?

D'habitude, la journée commençait par un doux baiser sur la main, qui n'était que le prologue des mille galanteries déployées jusqu'au soir par le chef de bureau. Aujourd'hui, M. Perdrizet n'osait plus demander cette main droite qui portait l'anneau de mademoiselle Miroy. Toute la nuit, il avait cherché un moyen de reprendre cet anneau, et il espérait toujours que le hasard lui en rendrait la possession. Si la bague pouvait être brisée! M. Perdrizet la redemanderait pour la faire raccommoder et la remettrait à mademoiselle Miroy. Mais pourquoi le hasard se rendrait-il complice des traîtrises du trop galant séducteur? M. Perdrizet comptait qu'il trouverait son amie occupée à mettre un dernier ordre à sa toilette; peut-être n'aurait-elle pas encore passé ses bagues à sa main! Alors, il lui serait possible de s'emparer de celle que lui réclamait madame de la Borderie.

Tout en s'habillant, il avait si longtemps réfléchi qu'il dépassa de quelques minutes l'heure habituelle à laquelle il se rendait chez madame de la Gorgette; ses calculs furent renversés par ce simple fait. Autrement, il eût été possible de dérober la bague de mademoiselle Miroy et de mettre sur le compte d'une perte la disparition subite de l'anneau.

En offrant sa main à baiser, madame de la Gorgette fit briller toutes les bagues que lui avait sacrifiées le chef de bureau : M. Perdrizet resta un moment soucieux, perdant pour la première fois de sa vie son entrain et sa gaieté, ce dont s'aperçut madame de la Gorgette.

— Qu'avez-vous? lui dit-elle.

— Un commencement de mal de tête, répondit M. Perdrizet en passant la main sur son crâne comme pour en chasser les soucis.

Mais le crâne luisant du chef de bureau ne donnait pas l'idée d'un homme voué aux migraines.

— Vous ne m'aimez déjà plus, je crois.

Ce mot fit oublier à M. Perdrizet le but de sa visite. Il avait si souvent entendu dans sa vie le fameux *vous ne m'aimez plus*, qu'il disposait d'un arsenal immense de raisons pour répondre à une telle accusation.

Pour cacher son trouble, il devint si galant qu'il se laissa prendre à ses propres paroles et abandonna la poursuite de l'anneau, attendant du destin la conclusion de cette aventure : sa légèreté habituelle reprit le dessus, et il conduisit triomphalement madame de la Gorgette à la salle à manger, ayant oublié les instructions de madame de la Borderie.

Cependant, vers le soir, la veuve aborda M. Perdrizet et lui demanda de tenir sa promesse, ce qui fut un nouveau coup de foudre pour le séducteur:

— J'ai parlé à madame de la Gorgette, dit-il, elle rendra la bague.

— Ne me l'aviez-vous pas promise pour aujourd'hui ?

— Madame, j'ai réfléchi à votre demande, et je ne puis vraiment pas faire une telle malhonnêteté à une femme que j'aime infiniment.

— Je vous comprends, monsieur, vous refusez...

— Non, madame.

— Mais il me sera permis de me rendre aux vœux d'une personne que vous avez trahie et de me présenter en son nom auprès de madame de la Gorgette ?

— Oh ! vous ne le ferez pas, madame. Mademoiselle Miroy ne le voudrait pas, et vous ne vous montrerez pas plus exigeante qu'elle.

— Pourquoi l'avoir trompée si indignement ? Si vous la voyiez, vous frémiriez du ravage que vous avez causé...

— Je ne demande pas mieux que de la voir, reprit

M. Perdrizet, croyant échapper par là aux orages qu'il avait accumulés sur sa tête.

— Vous consentiriez à lui rendre visite?

— J'ai beaucoup d'estime pour mademoiselle Miroy.

— Soyez bon pour cette pauvre femme!

— Elle ne m'a jamais fait de mal.

— Combien votre visite lui ferait de bien!

— Si j'avais su, depuis longtemps je me serais présenté chez elle.

— Laissez-moi préparer mon amie à cette rencontre; elle est si faible que je crains la plus légère émotion... Voulez-vous m'attendre un instant dans le jardin?

— Tout à vos ordres, madame.

Là-dessus, la veuve vola chez son amie, lui apprendre le retour de M. Perdrizet.

M. Perdrizet se frottait les mains d'avoir échappé à la restitution de la bague, lorsqu'il rencontra dans le jardin M. et madame Ravier, en compagnie de madame de la Gorgette. Naturellement, il lui offrit son bras, respirant avec délices l'air frais de la soirée, et il s'oublia dans un de ces doux entretiens que la présence de la belle Aurore lui inspirait. Peu importait à M. Perdrizet d'être remarqué par les pensionnaires de l'établissement; jamais il ne s'était inquiété des regards inquisiteurs des vieilles filles de la société Gigards inquisiteurs des vieilles filles de la société Gibassier, étudiant les physionomies et les gestes des promeneurs.

Madame de la Borderie, qui apparut tout à coup au détour d'une allée, le costume sévère de la veuve, produisirent un fâcheux effet aux yeux de l'amoureux. Il eut un geste de dépit que remarqua madame de la Gorgette.

— Chère madame, dit madame de la Borderie en s'avançant, je vais vous enlever M. Perdrizet un moment, si vous le permettez.

— A tout à l'heure, Aurore ! s'écria le chef de bureau, obligé d'obéir à cette fâcheuse injonction.

Lentement il suivit la veuve.

— Mademoiselle Miroy est prête à vous recevoir, dit madame de la Borderie.

— Vous serez présente à cette entrevue?

— Je ferai ainsi qu'il vous plaira.

A cette heure M. Perdrizet marchait comme un voleur entre deux gendarmes, et ce ne fut pas en sautillant comme d'habitude qu'il grimpa l'escalier de mademoiselle Miroy.

Aussitôt qu'il fut entré dans la chambre, la pauvre abandonnée lui tendit la main, une main amaigrie que M. Perdrizet osa à peine serrer; madame de la Borderie lui avança un siége, car mademoiselle Miroy, étendue sur une chaise longue, était incapable de faire les honneurs de son appartement.

Un profond silence succéda aux politesses d'arrivée dans cette petite chambre où jadis M. Perdrizet avait roucoulé de si tendres mots. Mademoiselle Miroy fit un signe à la veuve qui s'approcha d'elle; elles se dirent quelques mots à l'oreille, et madame de la Borderie disparut.

— Votre visite me fait du bien, s'écria mademoiselle Miroy, quoique le son de sa voix indiquât qu'elle cherchait à contenir ses larmes.

Alors elle se laissa aller et dit ses souffrances à l'homme qui l'avait abandonnée. Mademoiselle Miroy se plaignit vivement du manque d'égards de son ancien adorateur, combien elle avait été froissée de la suspension de la correspondance : elle comprenait que l'amour pût s'éteindre à un certain moment ; mais l'amitié devait remplacer la passion, et elle se trouverait trop heureuse si M. Perdrizet voulait bien lui rendre une partie de cette affection qui lui était si chère.

De temps en temps, des larmes coupaient ses confidences: et M. Perdrizet en profitait pour jurer qu'il avait toujours conservé pour mademoiselle Miroy une vive estime. S'il n'était pas revenu, c'était pour affaiblir peu à peu une passion qui devait les rendre malheureux tous les deux. Il eut la hardiesse d'affirmer qu'il avait souffert lui-même.

— Cependant, dit la pauvre fille, vous en aimez une autre ?

— J'ai eu quelque attention pour une femme estimable...

— Je le sais, ne me cachez rien...

M. Perdrizet attesta que madame de la Gorgette lui laissait le cœur tranquille ; sa société lui offrait un certain charme, mais il s'en tenait aux fréquentations provoquées par une pure amitié, et il ne sentait pas la passion l'envahir.

Cet entretien ne dura pas moins d'une heure :

quoique M. Perdrizet n'eût plus trace d'amour pour mademoiselle Miroy, il ne pouvait entendre sans un certain intérêt les détails des souffrances par lesquelles elle avait passé. L'homme est ainsi fait que sa vanité est caressée par le récit des malheurs qu'il a causés. Ayant éprouvé de cruelles émotions, mademoiselle Miroy devenait éloquente : elle sentait le fil brisé chez son ancien adorateur, et conservait encore un reste d'espérance de le rattacher.

Les femmes veulent boire le malheur jusqu'à la dernière goutte. Ce fut poussée par de secrètes inquiétudes que la pauvre fille demanda à M. Perdrizet de le revoir, avec un accent si vif qu'il ne put s'y refuser. Il promit de revenir le lendemain.

Quand madame de la Borderie vint rendre visite le soir à son amie, elle la trouva avec un demi-sourire sur les lèvres, un singulier sourire qui ne pouvait se défendre d'un reste de scepticisme. Sur les joues d'un convalescent restent de vagues teintes, derniers symptômes de la maladie, qui sont longues à s'effacer. Il en était de même des doutes et des soupçons causés chez mademoiselle Miroy par la conduite de son ancien adorateur.

Malgré tout, elle s'efforçait de croire au renouveau de la passion de M. Perdrizet : pour mieux s'illusionner, elle se lança dans des flots de paroles presque gaies qui étonnèrent d'autant plus la veuve que, dans les circonstances habituelles de sa vie, la mélancolie faisait le fond du caractère de mademoiselle Miroy.

Tout d'abord, elle se jeta au cou de son amie, en la remerciant de lui avoir ramené l'ingrat ; elle disait ne pas trouver de marques assez vives de reconnaissance pour payer ce service. Madame de la Borderie se défendait de ces témoignages chaleureux, répondant qu'elle avait fait la chose la plus naturelle.

— Vous me faites respirer, s'écria mademoiselle Miroy, et vous ne voulez pas que je vous aime ! Tenez, je respire maintenant... Ah ! que l'air est bon ! Avant d'avoir revu M. Perdrizet, ma poitrine était un brasier, chaque bouffée d'air était comme un soufflet qui en rallumait la chaleur ; maintenant que je suis bien, c'est un plaisir d'ouvrir ma poitrine à l'air du soir... Mon Dieu, que j'ai souffert ! Et pourtant je suis presque heureuse d'avoir tant souffert, je n'en sens que mieux mon bonheur de revenir à la vie...

Mademoiselle Miroy se leva tout à coup de sa chaise longue.

— Ma chère amie, dit-elle, allons faire un tour au jardin : je veux revoir l'herbe, les charmilles, les arbres. Croiriez-vous que la verdure me faisait horreur ? Je souffrais tellement que tout ce qui prospérait autour de moi me rendait jalouse. J'aurais voulu voir tout le monde malade... J'ai souhaité des choses affreuses, la mort de M. Perdrizet. C'est mal, n'est-ce pas, mais que voulez-vous ? J'aimais mieux le voir mort que de le savoir aux genoux d'une autre.

— Descendons avant la fraîcheur du soir, dit madame de la Borderie pour essayer de calmer l'exaltation de son amie. Mais vous sentez-vous réellement assez forte, après être restée trois semaines dans votre chambre?

— Je ferais dix lieues à pied.

Les deux dames descendirent l'escalier. Arrivée au bas, mademoiselle Miroy comprit que ses membres étaient moins forts que sa volonté : son front se couvrait de gouttes de sueur de faiblesse qui l'avertirent de ne reprendre la marche qu'avec ménagement.

— Il faut, dit-elle tristement, que je me repose sur ce banc ; je me croyais mieux...

Et la tristesse la reprit de nouveau, car elle songea que l'amour de M. Perdrizet pouvait bien ressembler à ses forces, mises en jeu subitement et abattues plus subitement encore.

— Ma chère amie, dit madame de la Borderie qui lui prit les mains, vous avez un peu de fièvre ; il ne serait pas prudent de rester plus longtemps à l'air frais.

— Encore la fièvre ! s'écria mademoiselle Miroy.

— Ne vous affectez pas, ma bonne amie. Vous avez perdu une partie de vos forces en vous tenant couchée, il faut prendre de l'exercice avec prudence maintenant. Voulez-vous de moi pour médecin? Je vous promets de vous guérir.

Mademoiselle Miroy pressa la main de la veuve.

— Pour commencer, nous allons rentrer : je resterai avec vous si ma compagnie vous plaît ; je m'en irai si vous voulez rester seule... Désirez-vous que je vous fasse la lecture? Demain nous sortirons une heure en plein soleil, en compagnie de M. Perdrizet...

— Oh ! oui. Demain !... Le soir, nous entendrons un peu de musique.

— Tout le monde sera heureux de vous revoir ; ces messieurs et ces dames prennent un vif intérêt à votre santé.

Ce fut par des paroles affectueuses que madame de la Borderie détermina mademoiselle Miroy à rentrer ; toutefois la pauvre fille voulut rester seule, tant elle se plaisait à repasser les souvenirs de la journée, et, pour la première fois depuis longtemps, elle ferma les yeux tranquillement, sans être froissée par ses paupières brûlantes.

Le lendemain, à déjeuner, M. Perdrizet, rencontrant madame de la Borderie, la prévint qu'il irait vers une heure de l'après-midi chez mademoiselle Miroy. Par discrétion, la veuve n'alla pas rendre visite à son amie ; elle la fit seulement prévenir des intentions du chef de bureau. A trois heures de l'après-midi, mademoiselle Miroy envoya chercher madame de la Borderie en la priant de venir immédiatement.

— Je ne l'ai pas vu encore ! s'écria mademoiselle Miroy en fondant en larmes.

— M. Perdrizet ?

— Non, il n'est pas venu ; déjà l'ingrat m'abandonne... Pourquoi est-il revenu hier ?

— Ma chère amie, il sera arrivé quelque événement imprévu...

— Vous croyez ?

— Certainement.

— Je n'ose vous demander de prendre quelques informations... J'aurais bien envoyé ma domestique... mais je craignais...

— Promettez-moi d'être plus calme, dit madame de la Borderie... Je vous le ramènerai, il ne faut pas que M. Perdrizet s'aperçoive combien son absence vous cause d'inquiétude... Les hommes de sa trempe doivent être traités avec politique.

En ce moment, on entendit des pas sur l'escalier.

— C'est lui, c'est lui! s'écria mademoiselle Miroy qui devint pâle comme une morte. Laissez-moi!

Son émotion était si grande qu'elle ne prenait pas la peine de cacher à la veuve combien elle désirait rester seule avec l'ingrat. Mais madame de la Borderie connaissait les faiblesses humaines et savait les pardonner. Elle eut la délicatesse de sortir assez vite pour qu'en arrivant M. Perdrizet pût se trouver seul avec mademoiselle Miroy.

L'amour rend égoïste, mais l'égoïsme ne rend pas amoureux.

Par ce renversement de phrase, dont certains écrivains ont malheureusement abusé, la situation des deux personnes qui se trouvaient en présence à la sortie de la veuve sera fidèlement rendue.

En entendant les pas de M. Perdrizet dans l'escalier, mademoiselle Miroy sacrifiait l'amitié; elle ne se rappelait plus les services que lui avait rendus, que lui rendait, que lui rendrait certainement madame de la Borderie. Elle lui disait presque: *Va-t'en!* sans songer à voiler sa pensée. Un tiers la gênait; elle n'osait plus laisser se jouer les mouvements sur sa physionomie, ses gestes, son regard, peut-être ses cris.

Celui qu'elle attendait depuis trois heures arrivait!

Ce qui allait sortir de cette poitrine, de ces yeux, de ces mains irritées par trois heures d'attente, elle ne le savait pas. Seulement elle se sentait devenir éloquente par le sentiment comme par le regard, et elle renvoyait son amie.

Mademoiselle Miroy était montée à ce diapason que les grands artistes trouvent rarement et qui les avertit par des tressaillements intérieurs qu'il leur est donné d'enthousiasmer le public le plus difficile. Si les joueurs entendent une secrète voix qui leur crie : « Tu vas gagner! », les amoureux possèdent la même faculté : une flamme secrète parcourt tout leur être et les rend capables d'extases surnaturelles, que les médecins peuvent à peine expliquer.

Plongée dans cet état, mademoiselle Miroy ne s'inquiétait pas d'analyser la physionomie embarrassée de M. Perdrizet, qui arrivait au rendez-vous, honteux du restant de chaîne qu'il traînait. La pauvre femme illuminait de ses propres rayonnements celui qu'elle aimait, semblable à ces peintres qui ne savent trouver de cadre assez beau pour leurs tableaux. Enfin, il était venu! Il arrivait!... Et mademoiselle Miroy ne se rappelait plus les tristes réflexions qu'elle avait faites pendant trois heures d'une mortelle attente.

Elle fit placer M. Perdrizet près de son lit de repos, le plus près possible, l'accabla de prévenances, voulut savoir ce qu'il avait fait pendant leur séparation et ne lui laissa pas la peine de se défendre. Toujours elle parlait, donnant un cours à ses tristes souvenirs, afin sans doute de les dépenser et de n'avoir plus à les retrouver au dedans d'elle-même.

M. Perdrizet s'efforçait de prêter attention à ces paroles d'amour : il essayait de donner un tour galant à ses lèvres perfides, à ses yeux un rayon de tendresse; les lèvres se pinçaient, les yeux restaient froids sans obéir au séducteur.

Toute la personne de M. Perdrizet symbolisait le calme, la propreté et les couleurs des vêtements n'avoient nul rapport avec la passion. L'habit bleu à boutons d'or du séducteur était étriqué ; les pans obéissaient à cette ancienne coupe connue sous le nom d'habits « en sifflet. » Les deux fines mèches de cheveux s'avançaient au-devant des oreilles comme des aiguilles, et le crâne poli reluisait comme un plat à barbe de cuivre accroché à la porte d'un perruquier.

Mademoiselle Miroy, obéissant à la loi physique qui attire les caresses vers les objets ronds, avait osé placer sa main sur le crâne de M. Perdrizet ; peu à peu elle la descendit vers les sourcils, remonta au sommet et se hasarda à tenter une excursion sur la surface opposée, où un renflement subit, que les adversaires de la phrénologie ne peuvent nier, annonçait des facultés qui portaient le chef de bureau vers mille beautés diverses. Le jeune amant qui plonge avec enivrement ses mains dans la chevelure de sa maîtresse, détache le peigne et laisse tomber en flots annelés des grappes de cheveux dont chaque brin contient de l'électricité, est moins éperdu que ne le fut mademoiselle Miroy en couvrant de sa main maladive l'ivoire brillant et chaud qui couvrait les pensées de M. Perdrizet. La paume de la main de la pauvre femme semblait avoir soif de ces protubérances, sur lesquelles un disciple de Gall eût retrouvé l'absence d'amour de la famille, des appétits sensuels trop développés, l'esprit de saillie, l'absence d'organe de l'idéalité, et enfin la circonspection qui faisait la base de cette tête carrée, dont les angles latéraux se faisaient remarquer par de vives saillies.

Telles étaient les protubérances que mademoiselle Miroy caressait naïvement de la main, tandis que M. Perdrizet s'efforçait d'échapper aux atteintes d'un fluide qui courait dans chaque veine des mains de l'amie de madame de la Borderie.

A diverses reprises, il essaya de dégager sa tête ; aussitôt les doigts maigres de mademoiselle Miroy formaient étau et serraient dans un vaste allongement les quatre côtés de la boîte osseuse du séducteur.

Cependant M. Perdrizet eut le courage de regarder mademoiselle Miroy en face et de s'écrier :

— Mon front... je souffre.

— Pauvre cher, dit-elle en courant à sa toilette, je vous brûle, n'est-ce pas ?

Alors, spontanément, elle trempa un linge dans de l'eau et l'appliqua sur le crâne de M. Perdrizet, qui ouvrit des yeux effarés en pensant qu'un mauvais génie l'avait poussé dans cette chambre où il s'était promis de ne jamais rentrer.

Les caresses, les paroles de mademoiselle Miroy le

froissaient. Il en était arrivé à une excitation nerveuse qui le forçait à s'écrier : — Laissez-moi, vous êtes folle !

Un reste de pitié le retint ; il n'osait blesser ouvertement une femme maladive.

S'étant essuyé le front avec soin, car mademoiselle Miroy avait enlevé, avec son ablution inconsidérée, un onguent précieux qui donnait le luisant au crâne, M. Perdrizet se leva, malgré qu'il fût invité par gestes de se rapprocher de la chaise longue.

— Charmante personne, dit-il, oui, charmante... (Il tira sa montre) on ne sera pas long à dîner...

La physionomie de mademoiselle Miroy prit une teinte de mélancolie.

— Quelle excellente après-midi ! s'écria M. Perdrizet d'un singulier ton.

— Délicieuse, cher, dit mademoiselle Miroy, et demain plus délicieuse encore.

— Oui, demain, je l'espère... s'écria M. Perdrizet, qui, traîtreusement, pensait à aller se promener loin de Sainte-Périne.

— Que je voudrais pouvoir aller dîner près de vous ! dit mademoiselle Miroy.

— Pas d'imprudence, chère, pas d'imprudence ! répondit le chef de bureau, qui se voyait placé entre deux femmes.

— Encore une bonne conversation telle que celle-ci, et je sens que mes forces reviendront.

— Je ne souhaite pas sa maladie, pensa M. Perdrizet ; mais si je dois la guérir par de telles séances, la malheureuse court grand risque de rester sur sa chaise.

— On sonne le dîner, ma toute bonne, ajouta-t-il en se préparant à sortir.

— Non, pas encore... Je n'ai pas entendu la cloche, reprit mademoiselle Miroy, s'élançant contre la porte pour empêcher M. Perdrizet de sortir..

— Je suis perdu ! pensa le chef de bureau. Elle ne me laissera pas sortir... C'est que, ajouta-t-il, j'ai quelques désordres à réparer dans ma toilette.

— On ne sonnera pas avant une demi-heure.

Mademoiselle Miroy s'avança vers le chef de bureau en étendant la main dans la direction de son crâne. M. Perdrizet enfonça son chapeau sur sa tête.

— Demain, dit-il.

— Encore...

— Non, demain, j'ai le sang à la tête.

Et il ne quittait pas mademoiselle Miroy de l'œil, craignant quelque nouvel accès.

— Un peu, demanda-t-elle de sa voix la plus caressante.

— Ma chère, vous voyez que j'ai mis mon chapeau.

— Qu'importe, ôtez-le une minute.

— Demain.

— Une seconde !

Comme mademoiselle Miroy semblait vouloir se précipiter sur le chapeau, M. Perdrizet se réfugia derrière une table en étendant la main droite comme pour obtenir une trêve, tandis que de la gauche il tenait le bord de son chapeau fixé sur sa tête.

— Vraiment, dit-il, je n'aurai pas le temps de prendre quelques soins de ma personne avant le dîner.

Mademoiselle Miroy n'écoutait plus, cherchant un moyen de fixer le volage.

— Chère âme ! s'écria M. Perdrizet, quelle folie !

Ils tournaient autour de la table, la femme poursuivant l'homme et jouant le rôle de séducteur.

Un instant mademoiselle Miroy faillit s'emparer du chapeau du chef de bureau ; mais le bord lui glissa dans les doigts.

— Vraiment, chère, vous n'êtes pas raisonnable, dit M. Perdrizet après avoir renversé une chaise qui servit de barrière aux audacieuses entreprises de l'amoureuse. Je n'aime pas voir jouer avec mes chapeaux ; c'est bon pour les enfants, ajouta-t-il d'une voix sérieuse.

— Vous êtes fâché ?

— Oui ! oui !

— Eh bien ! je vais me tenir tranquille, méchant homme.

— Vous savez, chère, que je n'aime pas à être en retard pour le dîner.

— C'est bien, monsieur ; allez dîner... Ah ! que je suis malheureuse !

De nouveau elle s'étendit sur la chaise longue.

— Allons, chère, faisons la paix, donnez-moi votre main.

L'innocent séducteur s'avança, comptant sur les remords de mademoiselle Miroy ; mais celle-ci avait joué la comédie. D'un mouvement brusque, elle enleva le chapeau du chef de bureau et considéra encore une fois, sans oser le palper, le crâne séduisant qui lui inspirait de si étranges idées.

Ce beau rêve évanoui, mademoiselle Miroy permit à M. Perdrizet de se retirer, en lui faisant promettre de revenir le lendemain.

CHAPITRE X

Ce jardin de Sainte-Périne semble avoir été planté pour entendre des conversations amoureuses. Plus d'une fois je m'y promenai seul, regardant aux branches des arbres si des lambeaux de déclamation n'y restaient pas accrochés, si quelques soupirs n'étaient pas collés au feuillage. Les bosquets touffus, je me plaisais à les peupler de groupes isolés se parlant à voix basse, et retrouvant dans des pressions de mains les souvenirs de la jeunesse. Les anciens ne semblent pas avoir compris la Vénus âgée, car ils n'en ont laissé nul témoignage sculpté. Je rêvais quelquefois à un monument situé en haut du belvédère, en mémoire des longues amours. Vénus eût été l'image exacte de madame de la Gorgette : une Vénus souriante, faisant fuir du regard le Temps qui s'avance la faux à la main.

Mais ce qui me parut plus difficile à comprendre (quoique le cas se retrouve souvent dans la société) fut la passion de M. Lobligeois pour Rosette, cette passion greffée sur le pied vivace d'une autre passion la plus vive de toutes, l'avarice.

Le rendez-vous dans le jardin acheva de porter le dernier coup à la raison de M. Lobligeois. Quand il eut attendu avec une impatience fébrile la demi-heure convenue, l'avare comprit combien il était entraîné vers l'actrice.

— Viendra-t-elle? se demandait-il en arpentant à grands pas l'allée sablée qui conduit au bâtiment Joséphine.

Comme Rosette ne venait pas, M. Lobligeois voulait aller au-devant d'elle, retourner dans la loge ; il n'osait, craignant que la concierge ne remarquât son empressement et ne soufflât sur ses folles illusions. Cependant, comme il tournait le dos à l'allée par où devait arriver l'actrice, il entendit tout à coup un bruit léger, et ne s'y trompa pas. Nul autre que le petit pied de Rosette ne pouvait faire crier ainsi les cailloux.

M. Lobligeois se retourna et fut ému vivement par la physionomie de l'actrice, alors que le jeu des rayons de soleil pénétrant à travers le feuillage, frappait sur les lèvres de Rosette et les faisait paraître d'autant plus fraîches que le haut de la figure était noyé dans l'ombre. Les rubans couleur cerise qui se croisaient sur la paille de sa capote pâlissaient à côté de ces lèvres jeunes, plus fraîches que des fraises penchées sous leurs feuilles, après une légère pluie.

Cette jeunesse, les taquineries de Rosette dans la loge, firent que M. Lobligeois resta plus troublé que jamais ; la gentillesse de l'actrice redoublait sa timidité. Suis-je digne d'elle? se demandait-il, et cette question le paralysait. Rosette prit plaisir à se jouer de l'embarras du vieillard ; elle le trouvait *tout chose*, disait-elle.

Pendant quelques minutes, qui durèrent des siècles, M. Lobligeois se crut un de ces objets fragiles que les jongleurs des Champs-Élysées lancent dans diverses directions et qu'on craint de voir se briser. Rosette jonglait avec sa personnalité et lui faisait subir mille petits accrocs.

— Voulez-vous être bon, monsieur Lobligeois? dit-elle. J'ai dans ma poche une brochure à étudier, vous allez me faire répéter et vous me donnerez la réplique.

Rosette avait acheté le matin une douzaine de pièces nouvelles, afin de suivre le répertoire courant des théâtres du boulevard, et elle s'imagina de faire répéter à l'avare une tirade amoureuse, très-emphatique, qui acheva de porter le trouble dans les idées de M. Lobligeois, car il avait pris le rôle au sérieux. C'était un être d'une basse extraction qui se mourait d'amour pour une personne d'une condition élevée, et l'auteur dramatique avait bourré ce rôle des aspirations d'ouvriers tourmentés par un faux idéal, où se mélangeaient nécessairement des raclures d'*antonysme*.

— Vous auriez fait un fort bon comédien, dit Rosette. Il est fâcheux que vous n'ayez pas commencé plus tôt. Savez-vous que je suis fière de vous avoir pour répétiteur? On n'en rencontre pas tous les jours d'aussi distingué. Je m'en vais vous signaler à mes camarades.

— Vraiment? disait M. Lobligois...

— Mais je me garderai bien d'en instruire ces dames; je tiens à vous garder pour moi...

— Dites-vous vrai? s'écria l'avare.

— Oui, je ne veux pas que ces dames sachent combien vous comprenez le théâtre; elles solliciteraient des conseils et j'entends bien rester votre seule élève.

— Mon élève! dit M. Lobligeois. Serait-ce possible!

— Voilà le vieillard de l'orchestre du Théâtre-Français demandé, dit plaisamment Rosette.

— Comment? s'écria l'avare un peu froissé par le mot vieillard.

— C'est le plus beau titre que vous puissiez ambitionner, cher monsieur Lobligeois. Allez au Théâtre-Français, et vous remarquerez quatre ou cinq banquettes garnies de messieurs en cheveux blancs, qui sont la base du Théâtre-Français. Plus de vieillards à l'orchestre, plus de Comédie-Française. Ces messieurs ont vu jouer les célèbres acteurs d'autres époques, et servent de guides aux nouveaux venus. Ils ont des signes particuliers que le public ne comprend pas, mais qui se font entendre au delà de la rampe. Ainsi, vous entendez éternuer un de ces vieillards, vous croyez qu'il a le cerveau embarrassé; pas du tout, le comédien comprend que cet éternuement veut dire qu'il n'a pas saisi certaines nuances de son rôle.

— Que me dites-vous là, mademoiselle?

— Vous en savez autant qu'eux; il n'y a que leur langage à apprendre, surtout la tabatière qui joue un grand rôle dans la tragédie; les vieillards de l'orchestre du Théâtre-Français ont un art particulier pour faire crier doucement leur tabatière sans troubler le spectacle. Un petit *crric* veut dire que le comédien a fait un vers faux; un *crrrac* prolongé signifie : vous déclamez hors du ton, vous parlez comme une personne naturelle, ce qu'il ne faut pas.

M. Lobligeois manifesta l'étonnement le plus profond en entendant ce singulier cours dramatique : allant rarement au théâtre, il n'était pas au fait de ces petits mystères que Rosette connaissait plutôt par tradition de cabotinage que pour les avoir remarqués. En parlant ainsi à l'avare, elle mélangeait la goguenardise à la naïveté, s'amusant à surfaire les manies des vieillards du Théâtre-Français; mais elle croyait le fonds réel, pour en avoir entendu souvent parler à Lafourcade et au souffleur du théâtre.

— Ainsi, ajouta Rosette, vous allez vous fournir d'une grande tabatière, et nous conviendrons ensemble de certains signes, afin que je vous comprenne lorsque je serai en scène.

— Volontiers, dit M. Lobligeois, au comble de la joie.

— Maintenant, je vous quitte; nous avons un raccord au théâtre à deux heures, et je serais à l'amende. Adieu, mon *oncle*, dit-elle en tendant la main à l'avare, qui fut enlevé au septième ciel par ce titre de parenté, quoique prononcé sur un ton un peu gouailleur.

— J'irai ce soir à Courbevoie, s'écria M. Lobligeois pendant que l'actrice s'éloignait d'un pas léger.

En effet, le soir même, l'avare, après s'être muni d'une immense tabatière, se disposa à remplir le rôle de juré dramatique. Rosette, moitié plaisamment, moitié sérieusement, avait signalé « son oncle » à ses camarades : à partir de cette représentation, M. Lobligeois ne fut plus désigné que sous le titre de l'oncle à la tabatière.

Les comédiens français se plaisent à se moquer du public et à le lui faire voir : leur plus grande joie est de se livrer sur la scène à des à-parté de fantaisie connus dans leur argot sous le titre de *balançoires*. Tel acteur de drame qui se monte et se fatigue pour rendre une passion, tient à prouver la subtile évolution de ses facultés en mêlant à un passage pathétique quelque phrase d'un comique au moins douteux.

Au théâtre de Courbevoie, où les habitués commençaient à se lasser du répertoire de Lafourcade, la *cascade* avait pris des développements inouïs, et M. Lobligeois servait de motif à des plaisanteries qui le rendaient heureux, car l'intimité avec les comédiens se fit petit à petit, et l'avare fut regardé comme un *accessoire* obligé du théâtre. Il n'existe pas de bande de cabotins qui ne traîne à sa suite des personnages bizarres servant de hochets à ces bohèmes. On ne faisait plus de recettes. Lafourcade ne payait pas ses acteurs ; l'oncle à la tabatière faisait oublier ces misères.

Entre chaque entr'acte, l'avare montait sur le théâtre et jouissait de la faveur d'entretenir Rosette sans que personne y trouvât à redire. Dans ces relations nouvelles M. Lobligeois contracta, il est vrai, quelques habitudes fâcheuses : il se laissa aller à emprunter certains mots au vocabulaire des coulisses, et il répandit un soir une certaine stupéfaction à Sainte-Périne, dans le salon de madame Ravier, en appelant M. de Capendias *mon vieux*, terme chéri de tous les comédiens ; quoi que fît M. Lobligeois pour s'excuser, le mot resta, car *vieux*, *vieille* et *vieillesse* étaient, même dans un sens amical, bannis de la conversation dans l'Institution.

Peu à peu l'avare s'était lancé dans des cadeaux qu'il suppliait Rosette d'accepter, et Lafourcade, qui n'ignorait pas la passion de l'avare, avait trouvé tout naturel que l'actrice reçût ces présents. Un baiser sur la main était l'unique récompense de tant de soins, et Rosette n'en trouvait pas moins son idéal dans le directeur qui l'avait initiée à l'art dramatique ; mais il devait arriver des événements trop communs à la plupart des entreprises dramatiques pour ne pas changer de face la situation.

La salle de Courbevoie se vidait tous les jours ; les militaires de la garnison, après avoir vu plusieurs fois les pièces du répertoire, devenaient indifférents en face d'affiches qui ne se renouvelaient pas. Les dettes criaient dans le pays : des logeurs sans dignité, des gargotiers dépourvus de délicatesse menaçaient de fermer le côté *doit* de leurs registres, si l'on ne jetait quelque à-compte dans la gueule du monstre *avoir*. Lafourcade perdait la tête au milieu des tracas qui retombaient sur lui seul. Ses comédiens, sur les dents, menaçaient de l'abandonner.

— A quoi nous est utile l'oncle à la tabatière? dit-il à Rosette.

— Il est amusant.

— Amusant! Il ferait mieux de tirer la troupe d'embarras.

Là-dessus le cerveau de Lafourcade travailla, et dès le soir même la proposition fut faite à M. Lobligeois de partager la direction de la troupe de Courbevoie, moyennant un certain versement de fonds qui devait amener des bénéfices considérables. L'avare fit la grimace, demanda à réfléchir et resta deux jours sans revenir.

A ce moment suprême où sa bourse était secouée comme une sonnette d'hôtel garni, l'avare essaya de se débarrasser de la passion qui l'attachait à Rosette. Enfermé pendant deux jours en face de son argent, il évoquait le souvenir de l'actrice. Mais l'argent n'était plus ce métal vivant dont jadis le contact faisait tressaillir M. Lobligeois; les pièces d'or ne brillaient plus de cet éclat particulier qui récréait sa vue : on eût dit qu'elles étaient changées en feuilles mortes, tandis qu'au loin s'agitait une figure jeune, rieuse, dont chaque mouvement, chaque regard, étaient des caresses toutes nouvelles. Autrefois, M. Lobligeois faisant sonner son or, trouvait dans ce tintement une musique qui le ravissait ; ce n'était plus aujourd'hui qu'un son métallique qui ne trouvait plus d'écho intérieur.

— Rosette ! Rosette ! s'écriait l'avare. Et rien que de prononcer ce nom le remplissait d'une douce sensation à laquelle rien ne se pouvait comparer.

Quand le vieillard se rappelait la somme de jouissances accumulées depuis le premier jour où il vit l'actrice, les joies particulières que lui avaient causées son or ne pouvaient entrer en balance.

M. Lobligeois lutta deux jours et partit pour Courbevoie avec la somme demandée par Lafourcade. Quelles nouvelles jouissances devaient l'y attendre ! Associé à la direction, il lui serait permis d'être plus souvent près de l'actrice ; ayant désormais voix consultative dans le petit cabinet où se décidaient les intérêts de l'art dramatique, il quittait sa position de modeste spectateur pour devenir un des chefs de l'entreprise.

Ce fut tout essoufflé que M. Lobligeois arriva au théâtre, portant son sac de mille francs en triomphateur ; car, par un reste de ladrerie, il avait voulu faire la route à pied, pour s'assurer, par le poids du sac pendant le chemin, qu'il portait bien réellement mille francs en pièces de cent sous, se forçant, par ce détail matériel, à ne pas oublier un moment la nature de son expédition.

M. Lobligeois ressemblait aux collectionneurs enthousiastes qui ayant trouvé un vieux meuble, le rapportent eux-mêmes malgré la charge, se répétant qu'ils sont enfin possesseurs d'une curiosité longtemps cherchée : cet argent que le vieillard avait tant regardé, tant respecté, il le portait sur son bras et s'en dépouillait en faveur de Rosette. Plus le sacrifice était grand, plus l'actrice lui devenait chère. Les pauvres filles, qui se donnent pour un morceau de pain à de riches débauchés, ne les tiennent jamais comme ces créatures savantes qui mangent jusqu'à leur dernier écu.

Contre l'attente de M. Lobligeois, Lafourcade resta froid en recevant le sac qui tirait la troupe d'embarras. Le comédien avait une sorte de mépris pour l'argent. Il tenait n'importe quelle somme comme inférieure à son talent, et il eût reçu de même un directeur qui serait venu lui offrir un engagement de vingt mille francs.

L'avare, étonné de cette indifférence, sentit que son rôle de bienfaiteur en était diminué d'autant, et il rentra dans son humilité vis-à-vis des comédiens ; mais Rosette remercia d'un mot M. Lobligeois, et ce simple mot paya longuement l'intérêt de la somme avancée. Un *merci, mon oncle*, prenait dans la bouche de l'actrice des inflexions si caressantes que le cœur du vieillard en bondissait dans sa poitrine.

Dès lors, M. Lobligeois fit partie de la troupe. On lui donna d'abord à transcrire les règlements intérieurs des coulisses, le tableau des répétitions ; ayant été nommé, en présence de tous les cabotins, directeur du matériel et *chef des accessoires*, il eut à s'occuper désormais des divers objets nécessaires aux représentations, tels que mise en ordre des poulets de carton et des poulets amoureux, des meubles, des tables garnies de tout ce qu'il faut pour écrire, des poignards, des espingoles, des plumets, des colichemardes, des fioles de poison et autres objets indispensables aux mélodrames.

Ce fut une occupation dans la vie inoccupée de M. Lobligeois, occupation réglée par Lafourcade avec un art particulier. Il trouvait ainsi le moyen d'intéresser l'avare aux représentations dramatiques, et il espérait par là faire de grosses saignées à la bourse de M. Lobligeois. En effet, peu à peu l'avare, séduit par ce genre de vie, se laissa aller à des avances sans cesse renaissantes. Mille francs coulaient de sa bourse avec plus de facilité que cinq sous jadis. Il ne croyait pouvoir payer assez cher la fréquentation habituelle de Rosette.

De temps en temps, pour se mieux disposer l'esprit de la fille, M. Lobligeois faisait quelque cadeau à la mère qui, vers la fin de l'année, put meubler sa loge avec autant de luxe que celles des concierges des hôtels de la chaussée d'Antin. La mère ne se gênait plus pour spéculer sur la passion du vieillard ; elle avait toujours remarqué à l'étalage d'un magasin un meuble ou un vêtement qui lui manquaient, et M. Lobligeois se mettait en course pour la satisfaire. Mais aussi il fut payé de ces sacrifices par la confidence de son amour pour Rosette, que la concierge lui tira adroitement. Le vieillard était peut-être plus heureux de sa rencontre avec la mère qu'avec la fille ; avec la mère il osait avouer son amour pour l'actrice; avec la fille il restait sur le pied d'une amitié ordinaire.

Les deux femmes s'étaient entendues. Toutefois, par un reste de délicatesse singulière, Rosette, qui repoussait les paroles à double entente du vieillard, avait permis à sa mère de ne pas désespérer M. Lobligeois; aussi la concierge, conservant rancune à Lafourcade du peu d'égards qu'il lui témoignait, se répandait-elle en plaintes amères contre le comédien, qui empêchait, disait-elle, sa fille de se faire un sort. Elle faisait même entendre à demi-mot à M. Lobligeois qu'elle souhaitait de le voir réussir auprès de l'actrice; elle le lui laissait espérer en lui donnant à croire que sa fille courbait la tête sous la domination, et que du jour où elle oserait quitter le comédien, peut-être ne serait-elle pas éloignée d'accepter *les amitiés* de M. Lobligeois. Mais il fallait attendre, ne pas perdre patience, saisir l'occasion favorable.

— Un vrai dévouement trouve toujours sa récompense, disait-elle au vieillard, que ces paroles entretenaient dans une suprême confiance.

Ainsi que ces sortes de femmes, la mère de Rosette savait inventer mille flatteries pour caresser l'amour-propre de l'amoureux; elle le voyait toujours jeune : les jours de barbe, elle le trouvait même beau. Quant à ce *panné* de Lafourcade, elle le traitait de la belle manière, rougissant pour sa fille d'être sous la direction d'un tel homme.

M. Lobligeois croyait à ces paroles et se laissait entraîner à des illusions sans bornes; quoique déjà une brèche assez forte eût été faite à sa bourse, brèche par laquelle s'introduisait cavalièrement Lafourcade ; mais il n'était plus possible à l'avare de reculer. Au contraire, il était attiré tellement vers Courbevoie qu'il donna congé de sa chambre garnie du quartier de Chaillot pour en prendre une autre aux alentours du théâtre.

Maintenant le vieillard faisait de fréquentes absences de l'Institution ; à diverses reprises, il manqua au dîner, ce qui surprit la bande Gibassier, épiant sans cesse les moindres détails d'intérieur. Comment un avare tel que M. Lobligeois pouvait-il abandonner des repas qu'il était obligé de payer malgré son absence ? Le club des femmes malades, qui se lançait souvent dans les inductions les plus aventureuses, eût reculé devant la réalité, à savoir que fréquemment le pensionnaire de Sainte-Périne était attablé, le soir, au Coq-d'Or, rue de la Maçonnerie, à Courbevoie, avec une bande de cabotins.

A cette heure, le vieillard avait mis toute pudeur de côté pour se rapprocher de Rosette : les coulisses ne lui suffisant plus, il partageait le repas des comédiens, et par des flatteries adroites de la bande, se laissait aller à arroser de vins extra les succès futurs des pièces en répétition.

Maintenant le vieillard, au courant de l'argot dramatique, pouvait s'entretenir avec les cabotins des seuls motifs de conversation habituels, le théâtre et ce qui se rapporte à l'art et aux artistes. A ces repas, l'oncle de Rosette était criblé de plaisanteries ; il les supportait, et en arriva même à rendre la réplique. D'ailleurs Lafourcade le protégeait et venait à son aide, quand il craignait que des propos d'un goût douteux ne désillusionnassent le directeur des accessoires ; mais le directeur comptait sans Rosette, qui faillit un soir faire supprimer la subvention à tout jamais.

L'instinct dramatique s'était développé chez l'actrice peu à peu, et elle ambitionnait pour l'avenir des succès plus sérieux que ceux de la banlieue. Un germe artistique commençait à pointer en elle ; sans apporter encore sur les planches les convictions qui ont soutenu les débuts des grandes comédiennes, Rosette caressait un idéal qui flattait son amour-propre et soutenait sa volonté. Dans les rares occasions où elle se trouvait seule, il lui arrivait de jeter un coup d'œil sur sa situation présente et de s'attrister en pensant aux gens qui l'entouraient. Le charme de Lafourcade n'était pas encore rompu entièrement ; mais le fond de la bande se composait de vieux cabotins qui avaient brûlé les planches de toutes les provinces, et qui cherchaient dans le vin un oubli de leur misère ; ce n'était pas une compagnie intelligente, et les conversations y étaient rarement délicates.

Ce fut dans un de ces moments de tristesse que M. Lobligeois surprit Rosette dans sa loge.

— Encore vous ! s'écria-t-elle, fatiguée de ne pouvoir rester seule un instant.

Le vieillard resta stupéfait, n'osant franchir le dernier degré de l'escalier.

— A l'avenir, continua-t-elle, prévenez-moi quand

vous aurez à me parler... Avez-vous quelque chose d'important à me dire ?... Allons, quand vous resterez un pied en l'air...

En voyant la stupéfaction de M. Lobligeois, Rosette oublia son moment d'humeur, et ajouta d'une voix moins dure :

— Descendez ou montez, monsieur Lobligeois !

Le vieillard restait en place, et semblait craindre de faire un mouvement ; l'actrice fit quelques pas en avant et invita l'avare à entrer dans sa loge.

— J'ai les nerfs agacés ce soir, dit-elle pour se justifier. Et vous, monsieur Lobligeois ?

— Je suis calme, mademoiselle Rosette.

— Vous êtes fâché après moi ?

— Non.

— Pourquoi m'appelez-vous mademoiselle ?

— Quand on est traité de la sorte...

— Voilà, mon petit, les agréments de la vie de théâtre... Ah ! vous voulez en tâter, et vous croyez que tout marche sur des roulettes ! Détrompez-vous ; je suis furieuse, il faut que ma colère se passe sur quelqu'un.

— Qu'avez-vous ? demanda le vieillard.

— Lafourcade me trompe, j'en suis certaine.

— Ah ! dit M. Lobligeois avec un accent de contentement.

— Je l'ai surpris, cette après-midi, dans la boutique de la bouchère, où il n'avait nul besoin ; depuis quelque temps, je remarque que cette femme ne manque pas une seule de nos représentations. Mais cela ne se passera pas ainsi; je ne jouerai pas ou cette femme quittera la salle!

— Y pensez-vous?

— Jouer pour aller me faire critiquer par une bouchère! Non; je serai mauvaise, la mémoire me manquera, je n'entendrai pas le souffleur, je ne serai plus à mon rôle... Décidément, je ne jouerai pas, et si Lafourcade continue à faire la cour à cette femme, je quitte la troupe.

— C'est peut-être le parti le plus sage à prendre, dit l'avare, qui entrevit dans l'avenir l'actrice seule, embarrassée de vivre, et prête à reconnaître les soins de celui qui lui procurerait une existence plus facile.

— A votre place, ajouta le vieillard, je ne ferais pas d'éclat. Aussi bien Lafourcade peut se montrer galant avec la bouchère sans vous tromper.

Tout en défendant le comédien, M. Lobligeois, que l'amour rendait perfide, faisait saigner le cœur de Rosette. Il disculpait Lafourcade pour, un instant après, lui lancer quelques traits qui prouvaient sa trahison.

La colère de Rosette se changea en une vive douleur; elle consentit toutefois à jouer ce soir-là, à la condition toutefois que, dès le lendemain, le vieillard se mettrait aux aguets pour surveiller les pas et démarches de son amant. M. Lobligeois accepta cette mission et en tira un excellent parti. Certain que le comédien trompait Rosette, sous le prétexte de la plaindre et d'adoucir sa position par des conseils et de bonnes paroles, le vieillard envenimait les plaies de la pauvre fille et s'applaudissait en secret des blessures dont il pouvait constater la profondeur.

Rosette aimait Lafourcade comme on aime à dix-sept ans. Quoiqu'elle vécût depuis plus d'un an dans l'intimité du comédien, le prestige de celui-ci ne s'était pas envolé malgré les misères et les brutales manières du fort premier rôle. Lafourcade était tellement plein de son génie, que Rosette, privée des moyens de comparaison, ne l'avait jamais mis en doute. Le comédien, en sa qualité de directeur, commandait en autocrate au personnel de la troupe. A lui les beaux costumes, les rôles triomphants, la claque, composée de quelques polissons qu'il endoctrinait et dont il ne révéla jamais les entrées gratuites. Doué d'une suffisance dont rien n'approchait, Lafourcade arrangeait les pièces à sa guise, trouvant toujours les rôles de ses camarades trop longs et les siens trop courts. Il s'était réservé les tirades à effet, dénouées inévitablement par les applaudissements prolongés des gamins des secondes galeries. Parmi les pauvres cabotins à quarante francs par mois qui l'entouraient, le directeur n'avait pas eu de peine à se donner pour le metteur en scène le plus habile de Paris; sa façon de commander dans les coulisses, de faire marcher tout à sa volonté, le rendait réellement un être de génie pour Rosette, qui ne connaissait rien de l'intérieur des autres théâtres.

Dressée par Lafourcade, Rosette fût devenue une pitoyable actrice, si plus tard sa nature, reprenant le dessus, ne l'eût poussée dans les pièces comiques. Elle aimait! Les défauts de Lafourcade se changeaient en qualités superlatives, par la raison qu'ils étaient extraordinairement exagérés. L'amour de Rosette se composait même d'une sorte de fierté d'appartenir à un homme qui faisait tout plier autour de lui. Aussi M. Lobligeois fut-il trompé dans ses calculs : plus il croyait compromettre le comédien aux yeux de Rosette, plus il le grandissait. Rosette craignait de voir enlever son amant par une autre femme, et si le dépit l'emportait en paroles amères contre Lafourcade en son absence, auprès de lui elle redevenait timide, aimante, résignée, attendant comme la manne un regard du beau premier rôle.

Ces développements de passion restaient lettre close pour l'avare qui, lui-même aveuglé par son propre amour, ne se rendait pas compte de l'état du cœur de Rosette ; mais il la plaignait sincèrement, et la réalité des sentiments qu'il manifestait pour l'actrice fit qu'une amitié durable s'établit entre la jeune fille et lui. Rosette avait besoin d'un confident ; elle fut heureuse de trouver auprès d'elle un vieillard qu'elle pouvait recevoir à toute heure sans que la malignité de ses camarades pût s'exercer.

Mais la bourse de M. Lobligeois s'engouffrait mensuellement dans la caisse vide du théâtre!

CHAPITRE XI

Une seule visite de M. Perdrizet avait suffi à mademoiselle Miroy pour lui faire oublier les chagrins passés. Le lendemain du jour où un retour de jeunesse la poussa à lutiner le chef de bureau, elle se réveilla le sourire sur les lèvres ; en faisant sa prière, elle remercia Dieu de lui avoir laissé quelques beaux jours en réserve. Ses forces étaient revenues comme par enchantement ; il lui semblait qu'un sang nouveau parcourait ses veines. Elle ouvrit la fenêtre ; sa figure fut caressée par un vent tiède, chargé d'alanguissantes promesses.

Les gens de service traversaient la cour et vaquaient à leurs occupations. Mademoiselle Miroy les admira comme des êtres singuliers qu'elle aurait vus pour la première fois. Elle les regardait caqueter ensemble, et des paroles purement joyeuses paraissaient échangées entre eux. On entendait les gazouillements des oiseaux du jardin, et leur ramage était plus gai que d'habitude ; des moineaux se poursuivaient dans la cour, sautillant lestement après quelques mies de pain oubliées ou quelques brins de paille ; tout était en fête, jusqu'à la girouette sur les toits en face, qui répondait de douces paroles aux caresses du vent.

De la chambre où demeurait mademoiselle Miroy, la vue se repose sur de grands arbres qui dépassent le mur d'un riche hôtel de la rue de Chaillot. La verdure des feuilles a des charmes intimes que l'homme ne comprend qu'à de certains moments ; la feuille éclairée par un rayon de soleil contient des tendresses particulières, et il n'est pas donné aux yeux de comprendre ces délicatesses quand l'esprit est en proie à des idées grossières; seule, une douce mélancolie permet de s'associer aux verdures qui sont un bain pour les imaginations fatiguées.

Il y avait longtemps que mademoiselle Miroy n'avait goûté la nature ; aussi se laissait-elle entraîner à ses rêves capricieux qui suivaient le cours des nuages changeants. C'est dans les grandes passions comme dans les grandes douleurs qu'on interroge le ciel ; le bleu de l'atmosphère nuancé de blanc devient une couleur chargée d'espérances. Les images trop accusées de la réalité se confondent dans les nuages, prennent des contours indécis et perdent de leur matérialité pour se transformer en profils languissants d'un charme extrême.

Dans ce singulier mirage, M. Perdrizet se débarrassait de ses besicles d'or, et le poli brillant de son crâne se teintait de tendres nuances qui, jointes à l'allongement vague de sa personne fluette, en faisaient un Perdrizet séraphique. Tout ce qu'il y a de mystérieux, de suave dans les forêts, dans les odeurs des plantes, enveloppait le chef de bureau et le baignait dans une atmosphère irisée et rayonnante pour laquelle, malheureusement, la langue française se trouve en défaut ; mais la pauvre amoureuse trouvait en elle-même ce séraphique portrait qu'elle eût été incapable d'analyser.

La passion seule a le pouvoir d'évoquer des images si parfaites. C'était une représentation bien supérieure à celle des anges tels que les peintres se sont ingéniés à les reproduire. Un cœur voltigeait dans les nuages, recouvert d'une enveloppe si frêle et si transparente, qu'on pouvait en suivre tous les battements : par intervalles, ce cœur rayonnait ou se noyait dans des nuages éthérés ; il voltigeait, sautillait plus tendrement que les oiseaux dans l'air, et semblait s'abattre en vue des fenêtres de mademoiselle Miroy.

Un incident tira l'amoureuse de sa contemplation : le bruit aigu que faisait entendre dans la cour, avec son couteau, M. Cèdre, qui, en compagnie de Jacquem, arrachait les herbes entre les pavés.

C'était leur besogne de la matinée, car Jacquem, pour se rapprocher de Sainte-Périne, s'était mis à la disposition de M. Cèdre, non-seulement comme peintre, mais comme apprenti botaniste ; à eux deux ils tenaient l'établissement plus propre que dix jardiniers, M. Cèdre ayant déclaré une guerre formidable aux moindres mousses de l'Institution. Aussi la cour était-elle d'une propreté hollandaise, en même temps que le botaniste enrichissait sa collection.

La vue des deux savants amena des larmes dans les yeux de mademoiselle Miroy, qui, depuis longtemps privée de société par sa maladie, avait oublié qu'il existait des hommes et des femmes sur la terre. Si elle n'eût craint de déranger dans leur travail Jacquem et M. Cèdre, elle eût commencé avec eux une longue conversation. Maintenant elle avait soif de parler, de communiquer avec les autres : toutes ses pensées accumulées tendaient à s'épancher au dehors.

Ce fut de la sorte qu'elle envoya son sourire le plus amical à une demoiselle Julie, qui traversait la cour ; encouragée par cet accueil, celle-ci s'arrêta sous les fenêtres de la malade, et parut si disposée à supporter de longs discours que mademoiselle Miroy la pria instamment de monter.

En ce moment, mademoiselle Miroy se fût confiée à son plus cruel ennemi, pourvu qu'il parût l'écouter. Le trop plein de son cœur demandait à s'échapper, et la pauvre femme, toute à son amour, ne s'inquiétait pas dans quels vases allaient s'égoutter les inquiétudes, les jalousies, les nuits sans sommeil qui avaient rempli sa vie pendant six mois.

Mademoiselle Miroy aimait : ainsi que tous les amoureux, elle s'accrochait à un confident quelconque, pourvu qu'il fît mine de compatir à ses chagrins passés et qu'il parût admirer l'arc-en-ciel qui venait de s'étendre sur un fond un peu sombre. Il lui fallait parler de *lui*, toujours de *lui*, dire combien *il* avait été méchant, mais aussi combien *il* était redevenu tendre. Dans cette situation, les amoureux ignorent s'ils fatiguent leurs écouteurs et continuent de parler d'eux, sans s'inquiéter si leurs écouteurs en sont préoccupés.

Ces sortes de confidents sont aussi rares que le véritable amour ; mais mademoiselle Miroy avait mis la main, sans s'en douter, sur un des plus patients écouteurs de Sainte-Périne, car mademoiselle Julie faisait partie du club Gibassier, et le hasard faisait qu'un sujet curieux venait s'offrir lui-même.

Jadis, mademoiselle Miroy ne se fût pas confiée de la sorte à la première venue ; mais les coteries de l'Institution, leurs commérages, leurs méchancetés, avaient été chassées de son cerveau pour y loger M. Perdrizet. Mademoiselle Miroy semblait avoir devant les yeux un kaléidoscope à mille facettes, à travers desquelles elle regardait M. Perdrizet, lui seul, sa personne, ses moindres actions.

Si elle prononçait le nom de Perdrizet, la nature ne formait qu'un vaste écho qui répétait ce nom chéri. Aussi mademoiselle Julie ne perdit pas sa matinée ; elle emporta de sa visite chez la pauvre fille un dossier de notes dont eût été jaloux un psychologiste. Pleine d'admiration pour la passion qui avait daigné se loger en elle, mademoiselle Miroy se plaisait à la suivre dans ses moindres détails ; poussée par des sentiments réels, elle ne se servait que de mots simples qui prenaient de l'éloquence par leur sincérité, et, singulier triomphe remporté sur une nature pervertie, elle finit par intéresser à son récit son espion elle-même. C'est ce qui prouve la grandeur de sa passion.

Au début du récit, mademoiselle Julie ne se tint pas de joie de la facilité avec laquelle elle accumulait des matériaux intéressants pour les conférences du cercle de madame Gibassier; mais, pour en tirer profit, il était nécessaire de se tenir en arrêt et d'enregistrer fidèlement les cris passionnés de mademoiselle Miroy. Il arriva le contraire, fait précieux à noter.

Au sortir de chez l'amoureuse, mademoiselle Julie, quoiqu'habile dans ces sortes d'enregistrement, ne se rappelait plus aucun détail : l'émotion de mademoiselle Miroy l'avait gagnée, la méchante créature était redevenue femme un instant. Elle s'était laissée aller à la tourmente d'une passion racontée chaleureusement, et elle avait perdu ainsi ses facultés analytiques; cependant le gros des événements lui resta dans la mémoire, mais sans les détails intimes, les souvenirs de paroles textuelles qui devaient faire la joie des membres du terrible club.

Ayant annoncé le soir des détails excessivement curieux sur les amours de mademoiselle Miroy et de M. Perdrizet, mademoiselle Julie fut fortement réprimandée par madame Gibassier de se trouver tout à coup en défaut, car elle ne put ajouter aucune lumière aux faits connus précédemment. L'abandon de M. Perdrizet avait été si flagrant qu'il ne fut pas difficile au club d'en être informé par la voie publique ; cet événement s'était traduit par la lettre anonyme rédigée par madame Gibassier, et à laquelle mademoiselle Miroy ne se laissa pas prendre. Mais comme mademoiselle Julie avait ouvert la tranchée et pouvait de là observer ce qui se passait chez l'amoureuse, il fut décidé qu'elle retournerait à son poste. Elle promit de ne plus se laisser endormir par les récits de l'ennemi, et d'en rapporter des observations plus positives.

Ce ne fut pas la matière qui manqua. Le même jour où mademoiselle Miroy s'était réveillée si heureuse, fut terminé par des angoisses nouvelles.

M. Perdrizet ne vint pas !

La pauvre amoureuse eut la force de descendre au réfectoire, où elle n'avait pas paru depuis longtemps, et elle put voir de ses yeux les soins dont madame de la Gorgette était entourée par le séducteur. Bien plus, le chef de bureau fit mine de ne pas apercevoir l'affligée : elle en reçut un tel coup que la cuillerée de potage qu'elle essayait de prendre la brûla comme du plomb fondu dans la poitrine : en un instant, le mieux de la matinée se changea en rechute plus violente. Elle pâlit, son front se perla de sueur, et elle n'eut que la force de dire à madame de la Borderie :

— Emmenez-moi, je me sens mal.

Les pensionnaires de l'Institution peuvent se diviser en deux catégories : ceux bien portants et ceux dont l'estomac a fléchi sous le poids des années. Les maladifs font bande à part, et passent leur journée à s'inquiéter des variétés de troubles qu'apportent chaque jour dans des organes fatigués les changements de saison, les diverses nourritures et les mille détails de la vie.

Dans ce dernier camp M. Gobin eût été sacré empereur si l'idée lui en fût venue. Représentant les inquiétudes de cette race d'êtres maladifs, il était porteur de leurs requêtes auprès de l'administration, et leur servait d'ambassadeur et d'avocat. Il épiait les moindres malaises des pensionnaires, afin d'étaler ses connaissances en médecine et d'ordonner quelques émollients, quelques adoucissants, quelque jujube, quelque guimauve. Le départ brusque de mademoiselle Miroy le servit à souhait, et M. Gobin se vanta de la guérir si elle voulait l'écouter ; mais l'opinion générale, adroitement dirigée par madame Gibassier, fut que la maladie de mademoiselle Miroy tenait encore plus à des désordres moraux qu'à des perturbations physiques, et dès lors madame de la Gorgette se trouva en butte à des accusations de coquetterie telles que le bruit en parvint jusque chez les Ravier.

Le coupable Perdrizet ne porta qu'une faible partie de ces accusations, dont le poids retomba sur la tête de l'innocente madame de la Gorgette, qui ne s'en doutait guère.

En moins de huit jours, l'Institution fut en proie à de violents schismes provoqué par l'amour.

Ce fut à cette époque que Jacquem entra à Sainte-

Périne, et il put voir la conclusion des drames qu'il avait à peine soupçonnés.

Un jour, pendant l'absence de la concierge, un commissionnaire qui apportait un paquet de la part de M. Lobligeois, fut reçu et interrogé par un membre du club des Femmes malades. Ce paquet, détourné, fut porté à madame Gibassier, qui, sans scrupule, l'ouvrit et y trouva une lettre.

M. Lobligeois priait la concierge d'accepter un châle qu'il avait choisi en compagnie de Rosette, et il témoignait de ses sentiments d'adoration pour l'actrice. Après une longue délibération, le châle fut renvoyé à la concierge, mais la lettre fut conservée.

On peut penser à quels propos donnèrent lieu les doubles amours de M. Lobligeois et de M. Perdrizet.

Pendant trois jours, mademoiselle Miroy répéta le mot *abandonnée*, ne pouvant en prononcer d'autres. Ce mot formait à lui seul une langue. Elle le répétait à tout instant : *abandonnée, abandonnée, abandonnée !*

Madame de la Borderie vint la voir et n'en put tirer d'autre parole.

Quand la femme de ménage présentait un bouillon à mademoiselle Miroy, elle le repoussait doucement de sa main amaigrie en disant : *abandonnée !*

Le docteur Desclozeaux vint la voir et lui fit quelques questions ; elle n'avait pas d'autre réponse qu'*abandonnée !*

L'aumônier à son tour essaya de lui prodiguer les consolations de la religion : il se retira plein de pitié pour la pauvre vieille fille.

Mademoiselle Miroy se tenait à demi assise sur son lit, les yeux fixes, sans voir, les oreilles sans entendre, dans un état de constante fixité et de perpétuelle réflexion. Les allants et venants dans la chambre ne la troublaient pas. De son regard plus intérieur qu'extérieur, elle contemplait au dedans d'elle-même l'image chérie du séducteur Perdrizet ; peut-être le suivait-elle dans ses évolutions galantes, complimentant une dame, se redressant de sa petite taille sur ses hauts talons, faisant miroiter son crâne luisant sous un rayon de soleil.

Chacun plaignait la pauvre amoureuse sans pouvoir trouver de remède à son mal. La médecine est impuissante dans ces sortes de prostration. Le médecin venait visiter tous les matins la malade, lui tâtait le pouls, secouait la tête en disant à son interne : Rien à faire.

Un jour madame de la Borderie l'attendit après la visite et lui demanda des nouvelles de sa malheureuse amie.

— Aujourd'hui comme hier, madame, répondit-il, et demain sans doute comme aujourd'hui.

— Ainsi, monsieur le docteur, vous ne pouvez rien essayer...

— Essayer, madame !... On essaye sur des corps jeunes, et encore !...

— Il n'y a donc plus d'espoir pour cette infortunée, s'écria la veuve.

— J'ai vu dans les maisons d'aliénés, dit le docteur Desclozeaux, des cas semblables de stupeur que nul traitement ne pouvait changer. On les tentait toutefois; mais à l'âge de mademoiselle Miroy, je ne peux lui ordonner des bains glacés...

— Que ce M. Perdrizet est coupable! s'écriait madame de la Borderie.

— Je n'excuse pas M. Perdrizet, dit le médecin; mais mademoiselle Miroy a pris trop au sérieux les compliments que ce galantin adresse à toutes les pensionnaires de l'établissement... Mademoiselle Miroy est victime de son organisation, elle y obéit comme M. Perdrizet... Il est des plantes qui ne peuvent s'acclimater dans des terrains trop brûlants; l'amour devait produire ces ravages chez mademoiselle Miroy. Les forces passionnées se sont triplées d'être restées dans l'assoupissement pendant une partie de sa vie. Ce qui aurait produit peut-être une lueur douce dans la jeunesse a amené trop tard un incendie... Et c'est l'incendie qu'il m'est impossible d'éteindre.

Le lendemain le délire augmenta chez la malade.

— Il faut la veiller avec soin, dit le médecin à la femme de ménage. Ne quittez plus mademoiselle Miroy.

Madame de la Borderie, prévenue, vint s'installer près de son amie, ne voulant pas laisser à une étrangère les soins dévoués qu'exige une malade. Quand elle la jugeait fatiguée, elle soulevait les oreillers, la changeait de côté, humectait ses lèvres pâles de sirop de cerise coupé d'eau de Seltz, et lui rafraîchissait les yeux d'un collyre ordonné par le docteur.

Après quelques jours, un certain assoupissement

s'empara de la malade. Plus de gestes, plus un mot! La maladie avait vaincu mademoiselle Miroy. La figure allongée et pâle comme l'ivoire, la bouche à demi ouverte, on l'aurait crue mourante, si des fleurs sans odeur, placées par madame de la Borderie sur la cheminée, n'avaient fait présumer un retour à la vie.

Madame de la Borderie voulait qu'au sortir de ces assoupissements, mademoiselle Miroy eût la vue caressée par les fraîches couleurs de ces fleurs. Le docteur annonçait un assoupissement de trois jours, au bout desquels une crise amènerait la mort ou un retour à la vie.

Après une huitaine de veilles, madame de la Borderie portait des traces de si visibles fatigues que le docteur insista pour qu'elle prît un repos complet de vingt-quatre heures. Il n'y avait aucun danger pour mademoiselle Miroy. Pendant ce dernier jour, la nature terminait ses secrètes opérations et ne devait donner son dernier mot que le lendemain.

Madame de la Borderie céda aux instances du docteur; d'ailleurs, la femme de ménage était là pour appeler l'interne au moindre danger; mais la garde, qui avait passé deux nuits sans dormir, se laissa gagner par le sommeil, et il ne resta de vivant dans la chambre qu'une veilleuse, dont la petite flamme tremblante semblait elle-même prise du dégoût de la vie.

Ce soir-là, M. Perdrizet reconduisait madame de la Gorgette, qui demeurait au rez-de-chaussée. L'air était chaud; de pâles éclairs traversaient les nuages dans le lointain. Il avait fait une de ces journées d'été accablantes qui donnent aux nuits un charme que comprennent les habitants du Midi.

Quand madame de la Gorgette voulut ouvrir sa porte, M. Perdrizet insista pour faire un tour dans la cour. Il faisait si bon de se sentir vivre en pareil moment! De la journée, madame de la Gorgette n'avait paru dans le jardin brûlé par les ardeurs de la canicule. M. Perdrizet avait droit à un dédommagement.

La demande fut faite en termes si délicats que madame de la Gorgette accorda un quart d'heure de grâce à son chevalier; le quart d'heure passé (il n'avait pas duré moins d'une heure). M. Perdrizet se laissa aller à de nouveaux propos sur le pas de la porte que madame de la Gorgette tenait ouverte, et quoique la dame s'en défendît, le galant ne voulut quitter la place qu'après mille promesses d'amour et deux baisers sur la main qui lui furent accordés.

Ce dernier caquetage dura encore quelques minutes, assez haut pour qu'une fenêtre du premier étage s'ouvrît sans que madame de la Gorgette ni M. Perdrizet s'en aperçussent.

Une forme blanche et immobile parut à la fenêtre : mademoiselle Miroy!

Explique qui pourra les courants magnétiques produits par la passion. Ils existent, on n'en saurait douter.

La voix de M. Perdrizet avait traversé la prostration de mademoiselle Miroy. Elle était revenue à la vie. Ces inflexions de voix caressantes que le séducteur trouvait quand il parlait à une femme avaient réveillé l'amoureuse, qui sortit pour ainsi dire de son tombeau.

Elle ne se rappelait ni ses souffrances physiques ni ses douleurs morales ; elle se réveillait comme la señora sous les fenêtres de laquelle sont grattés les premiers sons de guitare d'un galant. Elle revenait à la vie comme un enfant qui vient de naître, sans ressentir autre chose qu'une voix chérie qui l'appelait ; cependant à travers son émotion qu'elle ne raisonnait pas, un secret instinct la poussa à se lever doucement pour ne pas réveiller la garde endormie.

Deux fois mademoiselle Miroy se laissa retomber sur son lit comme un enfant dont les mouvements ne sont pas d'accord avec la volonté ; elle s'appuya contre le chevet jusqu'à ce que ses jambes eussent repris leur assiette. Enfin elle parvint jusqu'à la fenêtre, l'ouvrit et éprouva une commotion terrible. Les sens reprenaient leur empire un à un. La voix du bien-aimé chantait une mélodie incomparable, mais la mélodie s'adressait à une autre. Une autre répondait au rossignol !

Des gouttes de sueur produites par l'émotion, plus encore que par la faiblesse, perlèrent au front de mademoiselle Miroy, qui crut qu'elle allait tomber. Elle se cramponna à la fenêtre : un petit courant de vent frais, qui tout à coup glissa à travers les ondes chaudes de l'atmosphère, la ranima assez pour qu'elle pût quitter la fenêtre, suivre son lit en s'appuyant contre le bois, gagner un fauteuil voisin, et se reposer un moment près de la veilleuse, qu'elle n'eut pas la force de souffler, mais dans laquelle elle trempa le doigt pour noyer la mèche à demi usée. Son instinct de femme était revenu tout à fait. Elle voulait que la garde se trouvât dans l'obscurité, au cas où elle viendrait à se réveiller.

Mademoiselle Miroy avait gardé la connaissance exacte de sa chambre. Peut-être dans ce moment voyait-elle clair dans les ténèbres. Du fauteuil elle arriva à la commode, de la commode à la porte, de la porte à l'escalier : des deux mains elle s'accrocha à la rampe, descendant lentement les marches une à une, comme un enfant qui essaye ses premiers pas.

Elle ne sentait ni le froid, ni la fatigue, ni la maladie depuis qu'elle avait entendu la voix chérie !

A peine mademoiselle Miroy était-elle au pied de l'escalier, qui donne dans un corridor menant à diverses parties du pavillon, qu'elle entendit une porte se fermer, puis des pas d'homme résonner dans la cour, et en même temps une petite chanson que l'heureux Perdrizet fredonnait, plein de gaieté de la charmante soirée passée en compagnie de madame de la Gorgette.

— Ta ra ta ta, chantait-il d'un ton joyeux en fermant la porte du corridor qui menait à son appartement.

Il n'eut pas le temps de terminer sa chanson. Son chapeau venait de s'envoler brusquement comme emporté par une trombe : une main froide et amaigrie s'emparait de son crâne, avec une étreinte qu'il reconnut pour l'avoir déjà subie.

— Encore une fois ! s'écria une faible voix, à laquelle M. Perdrizet répondit par un cri perçant, car il crut avoir affaire à un fantôme.

Ces terribles doigts prenaient leur force de ce que les pouces des deux mains s'accrochant dans les embrasures des oreilles de faune de M. Perdrizet, les autres se rejoignaient sur le sommet du crâne qui, malgré son poli, était pris comme par huit étaux allongés.

— Cla... Cla... Cla... risse ! s'écria M. Perdrizet en poussant un nouveau cri.

D'un brusque soubresaut il parvint à s'échapper, laissant tomber sans pitié sur le carreau mademoiselle Miroy, qui fut trouvée sans connaissance par la garde réveillée par ce bruit.

Le lendemain, le bruit se répandit que M. de Flamarens, prenant en pitié la malheureuse femme, avait mis en demeure M. Perdrizet de se prononcer entre elle et madame de la Gorgette. On parlait même à mots couverts d'un duel ; une exagération de la coterie Gibassier.

Cependant, l'administration eut vent de ces désordres, qui eurent pour conclusion le départ de mademoiselle Miroy.

Comme madame de la Gorgette elle-même souffrait des calomnies qui troublaient sa tranquillité, on craignit un moment qu'elle ne devînt une nouvelle victime des galanteries du chef de bureau. Après une mercuriale sévère; M. Perdrizet promit de faire cesser ces bruits scandaleux en épousant madame de la Gorgette, et ce mariage, qui mit désormais un frein aux audacieuses séductions d'un homme trop inflammable, ramena la tranquillité dans l'Institution.

Pour M. Lobligeois, dont les absences devenaient trop fréquentes et ne pouvaient s'accorder avec le règlement, forcé d'opter entre une vie régulière ou la fréquentation des comédiens, l'amour l'emporta sur l'avarice; il préféra donner sa démission de pensionnaire et continua à dépenser sa fortune à nourrir la troupe. On a dit depuis qu'il était ruiné complétement, sans que Rosette lui eût accordé la moindre faveur.

Il y a six mois, madame Gibassier fut atteinte d'une maladie terrible qui semblait un châtiment de la Providence. A la suite de spasmes nerveux, ses mâchoires se raidirent; ses dents ne pouvant être desserrées par aucun moyen, on la nourrissait en lui introduisant du bouillon par un trou formé par deux molaires qui manquaient à la mâchoire inférieure : le club des Femmes malades fut dissous, privé de son chef.

M. et madame Ravier continuent leurs duos et reçoivent les samedis. Jacquem est on ne peut plus heureux, entouré de braves gens; pendant les séances de musique, il achève de colorier les planches du botaniste Cèdre pour la *Flore de Sainte-Périne*.

Paris, hiver de 1857.

APPENDICE

C'est le chroniqueur d'une feuille très-répandue qui fournira matière à un appendice inusité dans les romans habituels. Depuis longtemps l'auteur avait perdu de vue ses personnages ; en ouvrant par hasard un journal, il les retrouva fantastiques, noyés dans l'ombre de la nuit et se profilant déjà à l'état d'êtres légendaires.

« On se rappelle, dit le journaliste, l'ancien hospice de Sainte-Périne, la maison de vieillards qui a fourni à M. Champfleury le sujet d'un de ses ouvrages.

« Comme tant d'autres édifices, l'institution de Sainte-Périne avait été condamnée à mort par M. Haussmann, et une rue nouvelle avait été ouverte sur son emplacement ; mais une partie du terrain était restée sans destination.

« La Ville de Paris le met en vente au prix de

50,000 francs; l'adjudication aura lieu dans quelques jours.

« Comme nous visitions ce terrain hier, une concierge du voisinage nous a raconté sur lui la plus extraordinaire histoire. Elle nous a affirmé avec une conviction robuste que les vieillards morts à Sainte-Périne y reviennent parfois la nuit.

« On les voit s'y promener au clair de lune, les vieux gentilshommes impalpables donnant le bras aux vieilles dames transparentes, suivies de roquets fantômes. Tout ce monde du passé se croise, se salue, s'offre du tabac, branle la tête comme aux jours d'autrefois. On voit parfois un vieux spectre de notaire ruiné baiser galamment la main d'une Muse qui a eu des malheurs. Puis, au chant du coq, tout disparaît.

« Mauvaise affaire pour celui qui achètera le terrain et fera construire un hôtel dessus ! Les habitants de cet hôtel seront exposés à voir les vénérables vieux spectres entrer dans leurs chambres à coucher... Quelque peu superstitieux qu'on soit, il doit être fort désagréable de trouver à minuit un quart un fantôme de vieille demoiselle assis sur le pied de son lit[1]. »

[1] *Figaro*, août 1872.

HISTOIRE

DE

RICHARD LOYAUTÉ

HISTOIRE

DE

RICHARD LOYAUTÉ

C'était le nom d'un pamphlétaire politique célèbre sous la Restauration. Peu d'hommes ont eu autant d'action que lui sur les masses ; il fut le rival de Paul-Louis, et sans les événements qu'on verra s'enchaîner dans ce récit, il eût laissé sans doute une mémoire égale à celle du Tourangeau.

Jusqu'en 1832, Richard Loyauté ne connut que les beaux côtés de la politique militante ; ses petits livres, ses brochures se lisaient avec avidité : il entra dans une Revue qui se mourait, et l'annonce qu'il devait y écrire une fois par semaine amena des milliers d'abonnés dès le début.

Les salons s'arrachaient à la lettre le triomphant écrivain alors dans toute la fleur de l'âge : à trente-cinq ans, il en paraissait à peine trente, et la nature de sa physionomie caractérisée lui permettait de rester longtemps sans vieillir. Un teint bistré, des moustaches noires, une barbe élégante, de grands yeux noirs, indécis parfois et alanguis, en faisaient un des rares beaux cavaliers du journalisme, composé habituellement d'hommes que leurs travaux et leur vie enlèvent à l'élégance.

Les femmes adoraient Richard Loyauté, qu'un poëte romantique avait appelé : « Jeune Grec à l'œil noir. » A diverses reprises, les salons royalistes firent des offres avenantes au journaliste, qui ne voulut pas se laisser entraîner dans des endroits où ses principes pussent être exposés à quelques accrocs : non pas qu'il eût la netteté de Paul-Louis, c'était une autre veine. Son talent ressemblait à ses yeux : rarement il en sortait des éclairs, mais le plus souvent des phrases harmonieuses, coulant comme une rivière en mille détours : empreinte de l'antiquité par la forme plutôt que par le fond, son éloquence répondait à ce qualificatif de *jeune Grec*, trouvé par l'ami romantique, un poëte de premier ordre en 1827, dont le nom est oublié aujourd'hui.

Le public d'alors témoignait un vif enthousiasme pour le style à grandes périodes, harmonieux, ayant du nombre, qui depuis a trouvé un certain nombre d'imitateurs. Richard Loyauté passa pour un poëte auprès de la bourgeoisie, tandis que Paul-Louis, avec ses railleries nerveuses qui trouaient à chaque coup les actes du gouvernement comme une balle, était regardé comme un être haineux et sarcastique, dont le plaisir était de médire.

C'étaient deux manières bien tranchées; celle de Richard Loyauté imposait plus de respect et indiquait par sa distinction un homme distingué. Aussi les portes de tous les salons, même celles du faubourg Saint-Germain, eussent-elles été ouvertes à Richard, s'il avait daigné consentir à en franchir le seuil : plus d'une grande dame rêvait de ramener aux saines doctrines ce jeune Athénien révolutionnaire, qui avait retrouvé dans sa prose les secrets de la langue d'André Chénier.

Reçu dans les principaux salons de l'opposition, aimé de la belle Soubise de Pontlevoy, Richard n'enviait ni les fêtes du grand monde ni les femmes titrées. Madame de Pontlevoy, femme d'un employé supérieur dans les bureaux du duc d'Orléans, pouvait lutter, par sa jeunesse et sa beauté, avec les plus jolies femmes du faubourg Saint-Germain; et un *de* flatteur, si Richard avait estimé ces misères, l'eût consolé de relations qu'il ne voulait pas entretenir avec la noblesse; mais le journaliste n'admettait que l'aristocratie du talent.

Tout le Paris intelligent connaissait sa liaison avec la belle Soubise, qui ne craignait pas de se montrer avec Richard et son mari en loge découverte, aux premières représentations. A la Chambre, au bois, au boulevard, Soubise ne pouvait apparaître sans qu'aussitôt on ne vît Richard à ses côtés. C'était une liaison qui donnait à peine prise à la malignité, tant elle était claire et avouée : une jolie personne appartenant à un mari âgé s'était liée avec un homme jeune et distingué. La société parisienne, surtout celle où vivait Richard, n'en demande pas plus.

Pourquoi s'opposer à une liaison si naturelle? Deux jeunes gens, séparés par une union imparfaite, se rencontrent, purgent les torts de la société en s'aimant; un mari serait-il assez ridicule pour s'en scandaliser? Il est âgé : la loi légale lui donne raison, il est vrai, mais la loi naturelle? La fraction de la société parisienne à laquelle appartenait Richard raisonne volontiers d'après les lois de la nature.

M. de Pontlevoy ne manifesta jamais l'idée de troubler le repos de sa femme et de Richard : il accueillait celui-ci en ami dévoué et ne parut même pas soupçonner de trahison l'homme dont il partageait les opinions politiques. C'était un de ces ménages à trois si communs à Paris, où les choses les plus irrégulières prennent une forme régulière rien que par le fait de leur durée.

Il manquait à Richard la consécration habituelle de son talent de pamphlétaire : un procès de presse, un procureur général armé de foudres vengeresses, des gendarmes dans le fond de la salle, un auditoire enthousiaste, un tribunal injuste et des jurés attendris. Richard rêvait les honneurs de la cour d'assises; la plupart des célébrités du temps y avaient passé, ajoutant un fleuron à leur couronne. Leur réputation s'était retrempée sur les bancs des accusés, et Richard craignait quelquefois que sa popularité ne s'éteignît dans une dangereuse quiétude.

Il y avait alors un procureur général, ami des lettres, se délassant de ses fonctions judiciaires par des travaux dont on eût beaucoup parlé s'il avait appartenu à l'opposition ; défenseur zélé du gouvernement, demandant la condamnation des écrivains inculpés, servant de point de mire aux railleries des petits journaux, le procureur général devait laisser un nom ridicule. Telle est la politique des partis. Ce magistrat, frotté de littérature, était secrètement un des plus vifs admirateurs du talent de Richard ; il le lisait comme les mahométans boivent du vin, et l'aimait d'autant plus qu'il souffrait des tendances répréhensibles du pamphlétaire.

Le procureur général lutta longtemps contre son entourage, qui voulait que Richard fût poursuivi ; en vain, il chercha à montrer combien cette belle prose à images allanguies offrait peu de dangers. Richard ne se prononçait jamais ouvertement contre la religion et ses ministres, ainsi que MM. de Béranger et Paul-Louis Courier ; au contraire, le magistrat démontrait au ministre que le pamphlétaire était un homme d'essence religieuse, dont les sentiments se pressentaient à chaque ligne. Dans sa comparaison des cultes anciens, il était facile de voir un homme cherchant à se rattacher à un dogme : la jeunesse seule l'avait jeté dans l'opposition ; la maturité le ramènerait inévitablement à la défense du trône et de l'autel.

Le ministre de la justice, homme d'autorité et sans

aucune teinture littéraire, fut inflexible et exigea la mise en accusation de Richard Loyauté, à propos de son dernier pamphlet.

— Nous serons battus par le jury, monseigneur, s'écria le malheureux procureur général, qui entrevit à la suite de ce procès une grêle d'épigrammes attachée à son nom au moins pour un an.

Enfin Richard fut au comble de ses désirs : le prestige de la cour d'assises lui manquait jusque-là. Le front rayonnant, il courut annoncer ce triomphe à Soubise, qui fondit en larmes ; elle voyait son ami au secret, dans un sombre cachot, chargé de chaînes, séparé d'elle.

— Ingrat ! s'écria-t-elle en remarquant la joie peinte sur les traits de Richard, vous me préférez vos convictions politiques. Maudites soient-elles ! Ne vous trouvez-vous pas assez heureux près de moi sans chercher cette popularité dangereuse qui va nous séparer, qui me brise le cœur ?

Richard connut, par la douleur qui s'était emparée d'elle, combien sa maîtresse l'aimait, et ce jour-là compta dans sa vie. Les pleurs de Soubise la rendaient encore plus séduisante. Jusque-là, le bonheur des deux amants avait été sans troubles ; ce nuage faisait paraître plus bleu l'horizon de leur amour.

M. de Pontlevoy, lui-même, fut ému ; il se joignit à sa femme pour supplier l'écrivain de ne pas choisir un de ces avocats dangereux, qui, plaidant pour eux et non pour le client, regardent toute cause politique comme une tribune personnelle et irritent le tribunal, sans s'inquiéter de ceux dont ils ont à protéger les intérêts. Mais Richard, après avoir donné cours à l'amour et à l'amitié, était emporté vers un idéal de condamnation longtemps caressé.

Il lui fallait courir les journaux amis, les salons politiques, donner du retentissement à l'affaire, réchauffer les tièdes, piquer les indifférents, se montrer fort, apprêter sa défense, enfin se préparer au grand combat.

Cette affaire d'excitation à la haine du gouvernement, des citoyens entre eux, d'attaques contre la morale, contre la religion (car l'article incriminé de Richard renfermait tous les délits, comme certains malades à leur heure dernière résument toutes les maladies), cette affaire excita une vive curiosité dans le Paris désœuvré qui déjeune des gazettes et soupe des spectacles.

On était curieux de voir de près le jeune Grec à l'œil noir; aussi les bancs habituellement réservés aux témoins étaient-ils garnis de femmes de tous les partis : les femmes des salons de l'opposition, pour rendre hommage au courageux défenseur des libertés publiques, les dames royalistes, pour se venger des refus méprisants du pamphlétaire.

Des avocats, des journalistes, des philosophes, des sectaires, tous conspirateurs ardents, qui, trois ans plus tard, devaient renier leurs principes pour arriver à des places et à des honneurs, formaient un auditoire entièrement favorable pour l'accusé. Le fond du prétoire était garni d'ouvriers, gens convaincus, à figures pâles et à longue barbe, de ceux qu'on rencontre sur les barricades, prêts à mourir au premier signal, jouant leur vie avec une indifférence stoïque, caractères résolus, fronts étroits, incapables de diplomatie, servant les ambitions cachées en soldats courageux, marchant sans arrière-pensée, et ne soupçonnant pas les motifs bas qui gouvernent les têtes d'en haut.

Ces braves gens étaient venus en claqueurs ; à la dernière réunion des sociétés secrètes avaient été choisis les cerveaux les plus déprimés, ceux qui pensent le moins.

— Nous applaudirons quand notre noble Richard ira s'asseoir sur la sellette infâme, s'était écrié M..., que la révolution de juillet nomma ministre de la justice.

Les républicains n'avaient pas songé à la secrète analogie qui en faisait des claqueurs tels que ceux avec lesquels ils s'étaient battus, huit jours auparavant, au théâtre de la Porte-Saint-Martin, à la reprise d'une pièce médiocre, où le public voulait voir des allusions politiques.

Le nombre des avocats en robe était considérable : rarement le Palais en vit un tel nombre ; la salle d'assises étant exiguë, tous ceux qui craignaient de ne pouvoir suivre ces débats louèrent des robes et firent le sacrifice de leurs moustaches démocratiques, afin de paraître attachés au barreau.

Les amis du gouvernement, des ministres, des magistrats, des pairs de France se tenaient serrés derrière les juges, sans se rendre compte que leur présence, leur nombre, leur attention, témoignaient de la puissance de leur adversaire, dont l'entrée fut une véritable ovation.

Richard parut ; aussitôt des salves d'applaudissements, partant du fond de la salle, l'engagèrent à se tenir debout et à développer sa taille élégante. Le président déclara que toute personne donnant des marques publiques d'approbation ou de désapprobation serait immédiatement expulsée ; mais il avait compté sans la belle Soubise, qui, placée près du banc de l'avocat, agita son mouchoir brodé dans la direction du banc de Richard, et entraîna dans cette manifestation toutes les femmes des chefs de l'opposition. Richard salua de nouveau, et les bravos retentirent énergiquement dans l'auditoire, qui avait deviné dans le président un homme timide, incapable d'oser employer la force vis-à-vis d'un public si manifestement enthousiaste.

Après Richard, la personne qui attirait les regards du public était madame de Pontlevoy, habillée d'un noir éblouissant, qui tenait moitié du deuil, moitié d'une fête. La séduisante créature montra un courage qu'on ne lui soupçonnait pas : fière de l'homme qu'elle aimait, elle eût voulu partager ses dangers ; ses yeux portaient la flamme de la passion et de la résolution.

Quand elle regardait Richard, elle semblait dire aux femmes du faubourg Saint-Germain : « Voilà comment nous aimons dans notre parti ! » et toutes les femmes étaient jalouses de ces regards échangés qu'aucun tribunal ne pouvait modérer.

L'interrogatoire du journaliste fut conduit si mollement que le président semblait l'accusé, l'accusé le juge : l'entourage de Richard, l'intérêt dont il sentait voler les bouffées jusqu'à lui, les courants de haine qui sortaient des yeux de quelques-uns, avaient donné à la parole du prévenu une âpre et nerveuse conviction qui se trouvait rarement dans ses écrits. Les interruptions du tribunal firent luire des éclairs d'indignation et amenèrent dans sa bouche des phrases impératives, qu'on n'avait plus entendues depuis la Convention.

A cette heure on pouvait prévoir dans le journaliste un de ces jeunes tribuns populaires dont les récits antiques ont laissé la mémoire. Jusqu'alors les républicains n'avaient vu dans Richard Loyauté qu'un pamphlétaire d'un grand style ; il se révéla grand orateur, non pas froid et impérieux comme Robespierre, ni tonnant à la manière de Danton, mais formant une sorte de trait d'union entre Saint-Just et Barbaroux, un atermoiement entre la Montagne et la Gironde, une conciliation entre ces deux partis inconciliables.

Soubise suivait Richard des yeux et mimait pour ainsi dire ses paroles : l'émotion, l'enthousiasme doublaient sa beauté. Les premiers regards de Richard ne la remuèrent pas plus profondément que ce spectacle joué devant des spectateurs montés au diapason de l'acteur principal.

De temps en temps Soubise regardait les jurés qui se laissaient aller aux influences du public; madame de Pontlevoy n'avait pas besoin de séduire les jurés par un de ces coups d'œil de femme, chargés de pitié et de promesses, auxquels il est difficile de résister. En ce moment, sauf quelques membres du parquet, toute la salle devenait complice; chacun était indigné des poursuites que le gouvernement osait exercer contre l'écrivain.

L'interrogatoire de Richard fut interrompu par des manifestations bruyantes auxquelles il n'était plus temps d'apporter remède; le président, qui reçut le soir même une mercuriale sévère du ministre, trouvait cette ovation presque légitime.

L'avocat se leva et justifia malheureusement les craintes de M. de Pontlevoy. C'était une intelligence amère, tranchante, dogmatique, hautaine, méprisante, qui excitait quelquefois l'admiration, la sympathie jamais. L'avocat de Richard avait conquis une grande réputation, bien qu'il perdît toujours ses causes. Le parti républicain en fit son idole. Il importait peu au parti que les accusés fussent acquittés; ce qu'il fallait, c'était à chaque plaidoirie la réhabilitation des grandes figures de la Convention, la déclaration des Droits de l'homme commentée, la publicité de ces doctrines. Tirés à un million d'exemplaires, ces discours, répandus par toute la France, servaient la cause et non l'accusé.

Par ses relations, Richard ne pouvait échapper à un défenseur si dangereux; sa réputation lui infligeait cette défense malencontreuse. Si l'avocat n'eût indisposé que le tribunal, il serait resté dans son rôle; mais sa bile s'attaquait à toutes les institutions qui touchent à la justice. Il commit la faute d'envelopper le jury dans la haine qu'il portait à la magistrature. Il allait au-devant de la condamnation, la bravait, l'appelait; dans cette hypothèse, il aiguillonnait les jurés, les perçait de flèches empoisonnées et semblait prendre plaisir à les retourner dans la plaie.

La physionomie de la salle changea tout à coup pendant le discours : au lieu de ce beau ciel attique que Richard avait fait entrevoir, des nuages menaçants s'amoncelèrent; l'écrivain avait réconcilié les esprits avec la république, l'avocat fit entrevoir une figure vengeresse qui glaçait les esprits. Les victimes de la terreur blanche montraient leurs têtes sanglantes; les fantômes des généraux de l'empereur apparaissaient, la poitrine trouée de balles royalistes, criant vengeance, et la voix de l'avocat prenait des accents menaçants, faisant craindre le jour où ses doctrines triompheraient.

Les républicains du prétoire applaudirent seuls; mais ce n'étaient plus les enthousiasmes partagés par toute la salle. Aucune femme ne pouvait s'associer à la parole de l'avocat. Il eût fallu les tricoteuses de Marat. Richard lui-même souffrait de cette plaidoirie à laquelle son cœur généreux ne pouvait s'associer, mais qu'il devait subir en soldat discipliné. Soubise, désespérée, osait à peine lever ses beaux yeux.

Le procureur général profita de cette diversion des esprits pour forcer encore les idées de l'avocat; il fit un tableau sombre et effrayant de la Révolution et n'eut pas de peine à démontrer aux jurés que, sous des phrases harmonieuses, par là d'autant plus dangereuses, les écrits de Richard entouraient de fleurs la hideuse guillotine.

Un acquittement était une complicité tacite avec les agents de désordre : la guerre civile, la terreur, la dictature, les conspirations renaissaient; d'honnêtes citoyens en seraient les premières victimes. La France avait prouvé qu'elle ne voulait plus subir de telles révolutions, péril des gens de bien, espoir de la lie du peuple.

Richard fut condamné à six mois de prison. Dans la salle des pas perdus, on portait en triomphe l'avocat.

Richard déclara qu'il voulait subir immédiatement sa condamnation.

— Qu'importe, lui dit Soubise en se précipitant vers lui au moment où les gendarmes dispersaient la foule, je t'aime!

Ce mot fut une consolation pour Richard pendant les premières heures d'emprisonnement à la Conciergerie. Jusque-là, il avait à peine songé aux suites d'une condamnation; son procès, la position à prendre devant la cour d'assises, la préparation de ses réponses l'avaient occupé au point de lui faire oublier le dénoûment. Maintenant la privation de liberté lui apparaissait aussi nue que les murs de sa prison; il comprit alors ce mot de *liberté* qu'il n'avait jamais connu sans ceux d'*égalité* et de *fraternité*.

Des prévenus de toute sorte, voleurs, faussaires, forçats en rupture de ban, emplissaient le préau de leurs cris et de leur argot ; ce n'étaient pas là des égaux et des frères. De la croisée grillée du premier étage où Richard avait obtenu une chambre noire qu'il payait fort cher, il cherchait à démêler sur ces figures vicieuses quelque trace de naïveté qu'il eût essayé de développer à son profit. Richard avait besoin d'un compagnon pour dire ses rêves, ses espérances, peut-être pour se faire admirer ; de grossiers instincts régnaient seuls sur ces figures sinistres, et Richard, dont le regard aimait à s'arrêter sur des formes pures, était révolté de la laideur : à ses yeux, le beau n'avait pas besoin de repoussoir.

Ce fut plongé dans de tristes réflexions inspirées par la vue des prévenus se promenant dans le préau, que Richard jugea la rigueur de ce triomphe si longtemps caressé, dont il n'avait pas prévu l'envers. Triste soirée pendant laquelle le condamné fit nombre de fois le tour de sa cellule, appelant à son souvenir l'image de Soubise qui rendait encore l'emprisonnement plus cruel.

Le lendemain, le geôlier apporta à Richard une lettre dont l'enveloppe était chargée de caractères chéris qu'il porta à ses lèvres ; mais en même temps il s'aperçut que le cachet de la lettre était rompu. Une seconde lui avait fait oublier la prison ; la rupture du cachet le rappelait à la triste réalité. Heureusement l'amour de Soubise, son chagrin d'être séparée de celui qu'elle aimait, l'admiration qu'elle éprouva à l'audience, l'enthousiasme de tout Paris en lisant les débats du procès, les regrets qu'inspirait la détention du pamphlétaire, les manifestations qui se préparaient, les visites que chacun voulait rendre au condamné lui firent regarder cet événement comme une épreuve au sortir de laquelle sa puissance serait doublée.

Combien Soubise aimait Richard ! Chaque ligne de sa lettre en témoignait. Elle ne vivait que pour un homme : toutes ses pensées se reportaient vers cet homme. Elle partageait ses succès, en voulait la moitié, et Richard buvait avec délices ces phrases rafraîchissantes pour son orgueil. Toutefois un souci lui resta : était-il convenable qu'une correspondance si intime fût lue par un tiers, un indifférent, un employé ?

Richard écrivit au préfet de police une lettre par laquelle il se plaignait de cette discipline sévère qui froissait ses sentiments. Dès le lendemain, le préfet rendit visite au journaliste, et lui exprima le regret de n'avoir pas enjoint aux employés de la prison de respecter le cachet des lettres adressées à Richard.

Le préfet était un homme du monde, disposé à adoucir la rigueur de la peine dans la mesure du possible.

— C'est un honneur pour moi que de vous avoir sous ma surveillance, monsieur Richard, et je ferai tous mes efforts pour vous garder.

Richard parut étonné.

— Après votre condamnation, vous devriez être transféré dans une maison de détention ; dans votre intérêt, je vous conseille de rester ici avec les prévenus, et je vous serai obligé de m'écrire dès aujourd'hui un simple mot afin que je puisse vous accorder cette faveur. Je viens presque tous les jours à la Conciergerie ; le directeur est sous ma surveillance immédiate : dans les autres prisons je ne répondrais pas de faire plier les règles plus ou moins sévères dont le ministre a le monopole. Restez à la Conciergerie, vous vous en trouverez bien.

Richard ne répondait pas et manifestait visiblement une certaine perplexité.

— Je vous comprends ; vos amis ne pourront plus faire de variations dans les journaux sur les rigueurs de la prison ; voilà ce que vous pensez. Eh bien, je vous laisserai jouir de ce petit bénéfice ; il est entendu pour le public que tout condamné dort sur la paille humide des cachots. J'aime autant être attaqué que loué par vos amis ; ma position n'en est que plus solide auprès du ministère... On est déjà venu me demander la permission de vous visiter.

— Vraiment ! s'écria Richard, qui ?

— Ne le devinez-vous pas ? J'ai accordé la demande quoique les parents seuls des condamnés aient le droit d'entrer. Vous trouveriez peut-être d'autres directeurs moins galants que moi, qui, voyant une personne aimable demander à communiquer avec un prisonnier, s'empresseraient de refuser, pour faire du zèle.

— Je vous remercie, monsieur le préfet, répondit Richard ému.

— Donc, vous nous restez. J'ai donné également des ordres pour que vos lettres ne passent plus par mon secrétariat.

Comme l'écrivain se confondait en remercîments chaleureux :

— Si vous me tenez un jour, dit le préfet, je demanderai votre protection.

Richard Loyauté put jouir, aux yeux de son parti, des priviléges de l'emprisonnement sans en connaître les rigueurs. Soubise vint à la Conciergerie, et cette première visite la fit sangloter. Les sombres voûtes qu'elle avait traversées, la tristesse des prévenus au parloir, le bruit des lourdes portes retombant derrière elle, le grincement d'énormes serrures, les souvenirs sanglants attachés à cette prison, la vue des guichetiers agissaient vivement sur l'imagination de la jeune femme, qui fondit en larmes dans les bras de Richard.

C'est dans les grandes douleurs partagées que l'homme se sent aimé ; à de tels moments, l'amour se prouve par des marques non équivoques d'effusion et de tendresse. Un regard humide, une main émue sont bien autrement convaincants que les protestations qui, dans la vie, se prodiguent si aisément.

Jamais Richard ne fut plus fier de l'amour qu'il inspirait à Soubise ; sa condamnation avait agrandi son amour et l'élevait sur le trône rarement occupé de la passion. Pour la première fois, Richard voyait reluire le mot *aimer* sur les murs noirs de la petite chambre qu'il occupait : ni les courses à cheval au bois, quand, dans une allée isolée, les deux amants se tenaient la main dans la main, ni la promenade en barque le soir au clair de lune, ni l'isolement dans une loge de théâtre au milieu d'un immense public, ni la vue de Soubise entourée de soupirants dans une soirée, ne rappelaient à Richard le bonheur qu'il éprouvait dans sa cellule aux fenêtres grillées.

Il fallut se séparer. Les amants s'étaient à peine parlé ; mais un coup d'œil de Soubise avait dit : A bientôt !

Richard resta sous le charme extatique d'un halluciné qui voit s'entr'ouvrir tout à coup le ciel et qui sent ses parfums, ses concerts, ses rayonnements s'emparer de tous ses sens ; car l'amour qui laisse sans émotion, qui ne rend pas tremblant, l'amour qui ne chasse pas les réalités de la vie pour remplir les yeux de mirages, n'est qu'une grossièreté.

Richard oubliait la prison, la politique, l'ambition, la vie même. Il n'entendait pas, ne voyait pas, n'écoutait pas ; ses sens s'étaient épurés, son âme s'échappait de son enveloppe matérielle pour planer dans des régions éthérées.

Le geôlier, qui survint, fit rentrer l'âme vagabonde dans le corps. C'était l'heure du dîner. Richard tint rancune à ce repas, qui avait coupé court à ses illusions ; il se jeta sur le lit, évoquant encore une fois l'image de la séduisante Soubise.

Le premier mois de détention se passa ainsi dans

des félicités sans cesse renaissantes. Tout contribuait à entretenir le journaliste dans une heureuse sérénité d'esprit et de corps. Le parti républicain envoyait ses hommes les plus distingués frapper à la porte du pamphlétaire ; des corporations d'ouvriers signaient des adresses pour entretenir le courage du détenu. Les poëtes chantaient, en vers alexandrins, la gloire du prisonnier. Les peintres et les statuaires sollicitaient l'honneur de reproduire, sur la toile et sur le marbre, les traits du jeune tribun. Des lithographies couraient, représentant le beau prisonnier derrière les barreaux, aspirant l'air de la liberté.

Dans les salons, de jeunes femmes chantaient, en s'accompagnant sur la harpe, une romance mélancolique en tête de laquelle était le portrait de Richard ; l'enthousiasme fut porté si loin qu'on arrangea, pour la gloire du prisonnier, la poésie qu'a consacrée la touchante mélodie de Grétry : du roi Richard on fit Richard le républicain ; mais *l'univers n'abandonnait* plus Richard, au contraire, la romance montrait l'enthousiasme des populations pour le pamphlétaire emprisonné.

Soubise fit transporter sa harpe à la Conciergerie, et chanta d'une voix émue la nouvelle romance qui faisait fureur dans les salons de l'opposition. En ce moment, Richard remerciait sincèrement l'avocat qui, par son dangereux plaidoyer, lui avait ménagé ces flatteuses ovations, auxquelles ne manquaient même pas les sifflements de la critique. Les feuilles royalistes déchiraient Richard et cherchaient à crever le ballon de gloire dans lequel le condamné planait au-dessus de la multitude. Les pamphlets de l'écrivain étaient analysés sévèrement, et d'habiles adversaires démontraient le peu d'idées qui se cachaient sous ce style imagé, plein de méandres et d'ondulations.

Ces attaques passionnées faisaient vendre à des nombres immenses les brochures politiques de Richard; malheureusement l'écrivain n'en bénéficiait pas, car il les avait cédées, trop heureux de pouvoir les faire imprimer, à un libraire républicain, qui en donna une faible redevance. Qu'importait à Richard? Il cherchait la gloire et non la fortune; il trouvait même généreux l'éditeur qui, de son propre mouvement, lui faisait passer en prison quelques sommes qu'il ne lui devait pas.

Si imposant que soit un concours d'éloges, les hommes n'aiment pas à entendre le sifflet de la critique. Il en est peu qui s'accoutument à ce bruit. Richard était particulièrement blessé des vives attaques d'un petit journal satirique, subventionné par le ministère, qui, tous les matins, lui lançait des flèches empoisonnées. Il envoya deux amis demander réparation à l'auteur anonyme de ces articles, qui prit texte de cette demande pour redoubler ses traits sarcastiques. Richard ne put se contenir. Profitant d'une permission de sortie que le préfet de police lui avait donnée, il alla faire une scène violente dans les bureaux de la feuille royaliste. Le lendemain, mandé devant le préfet :

— Monsieur Richard, lui dit celui-ci, j'ai bien voulu

vous accorder de sortir une fois par quinzaine, mais non pour continuer votre rôle politique. Le public doit ignorer ma tolérance; l'effet des lois serait brisé si, on apprenait que je laisse la liberté à un homme condamné à l'emprisonnement. Quand votre temps sera expiré, demandez raison aux journalistes qui vous attaquent, vous serez dans votre droit; je serai dans le mien en vous surveillant et en empêchant que la France regrette un esprit distingué, perdu pour toujours par une misérable querelle de journalisme.

Richard, tout en se jurant de se venger de ses adversaires, promit au préfet de police de rendre ses sorties moins apparentes. La prison lui pesait à peine, tant il y recevait de visites. Soubise n'y manquait pas un jour; la plupart du temps elle y faisait porter son dîner, et M. de Pontlevoy, fidèle à l'amitié, l'accompagnait.

Parfois un nuage s'élevait dans l'esprit de Richard, honteux de tromper un ami qui se compromettait en le visitant, car sa position ne lui permettait pas d'afficher ses hautes sympathies pour un des chefs du parti républicain; mais, dans le principe, Soubise avait peint son mari sous des couleurs tellement hostiles que Richard plaignit la jeune femme enchaînée pour la vie à un monstre d'égoïsme, qui l'avait trahie un an après son mariage et ne cherchait pas à faire oublier son âge par sa conduite.

Les appointements de M. de Pontlevoy étaient insuffisants pour une femme qui aimait la toilette et les plaisirs. Soubise n'avait pas apporté de fortune en se mariant : son éducation avait été dirigée dans un courant contraire aux habitudes domestiques ; aussi les dettes régnaient-elles en maîtresses dans ce ménage monté sur un trop grand pied. Fréquentant assidûment la maison, Richard fut témoin quelquefois de scènes pénibles, où des créanciers se laissaient aller à des emportements de mauvais goût. Il entrevit le désordre caché sous un faux luxe ; et comme le journaliste était de nature généreuse, sans en rien faire paraître, il désintéressa les créanciers les plus criards, et amena, par mille moyens délicats, la belle Soubise à s'adresser à lui quand elle avait quelques pressants embarras d'argent. Richard eût souffert de voir Soubise s'imposer des économies de toilette et renoncer à des parures qu'elle portait à merveille. Ce ne fut pas sans luttes qu'il put faire accepter ces dons à la jeune femme, honteuse de ne pas trouver dans le budget d'un ménage bien conduit de quoi faire tête à ses goûts de luxe.

Depuis quelque temps Soubise paraissait mélancolique, et Richard insistait pour connaître ses chagrins, sans qu'elle voulût s'en ouvrir à lui. Si elle oubliait momentanément les pensées qui altéraient sa physionomie, elle feignait une gaieté factice dont Richard n'était pas la dupe, car l'instant d'après sa physionomie se teintait d'appréhensions. Ses yeux inquiets regardaient au loin ; ses lèvres si mutines d'habitude portaient de lourdes réflexions. Richard connut à ces marques de faux enjouement que Soubise s'attachait un masque sur la figure pour ne pas lui faire partager son trouble. Il la pressa de questions ; madame de Pontlevoy ne voulut pas y répondre, et donna à entendre que rien ne la contrariait, qu'elle agissait comme d'habitude : ni son caractère ni sa physionomie n'étaient changés ; bien certainement Richard s'abusait.

— Vous ne m'aimez plus ! s'écria d'une voix sourde le prisonnier.

Malgré les affirmations de Soubise, Richard déduisit, non sans justesse, que sa maîtresse paraissait contrainte et portait l'ennui sur toute sa personne: elle s'ennuyait, donc elle n'aimait plus.

— Que les hommes sont exigeants ! répondit Soubise. Ils condamnent la femme à une égalité de caractère, à une gaieté perpétuelle, dont ils n'offrent guères les modèles. Eh bien, oui, quelques nuages sont en moi ; je me sens toute singulière, je l'avoue ; mais je ne vous en aime pas moins... Si j'avais douté de votre affection par les soucis qui s'emparaient de vous aux approches de votre procès et en bien d'autres circonstances !

— Ah ! s'écria Richard, me reprochez-vous les inquiétudes de la politique, Soubise, vous qui m'avez encouragé dans cette voie, en me montrant un avenir dont je n'avais pas conscience ? Nos préoccupations alors n'étaient-elles pas fondées sur des motifs graves? Mais ce sont les vôtres, Soubise, que je voudrais voir basées sur des faits. Avez-vous quelque chagrin? Je demande à le partager, sinon je ne verrai dans ce changement soudain de votre caractère qu'un regretdont vous n'avez pas conscience, mais dont l'accent me frappe.

— Méchant homme trop aimé ! s'écria Soubise en prodiguant à Richard mille caresses.

— Laissez-moi, dit Richard en se reculant.

Pour la première fois les deux amants étaient divisés. Soubise fondit en larmes ; les larmes opérèrent une réconciliation que les caresses n'avaient pu obtenir.

Dans ce moment d'expansion, Soubise avoua à Richard la nature de ses inquiétudes. M. de Pontlevoy s'était laissé entraîner à une perte de jeu trop considérable pour le budget médiocre du ménage ; il avait désintéressé son adversaire en lui donnant une forte partie de la somme et en engageant pour quelques mois ses appointements.

L'honneur ne permettait pas à Soubise de se récrier contre l'emploi de cet argent : elle-même, dès le lendemain, poussa son mari à s'acquitter des deux tiers de sa dette, ce qu'elle fit en mettant ses bijoux en gage ; mais elle voyait dans ces nouveaux griefs que lui donnait son mari, les symptômes d'un avenir chargé de noires couleurs, et, malgré tous ses efforts pour cacher ses agitations, elle sentait combien il lui était difficile, après de telles secousses, de paraître calme et souriante ; aussi avait-elle pensé à ne pas voir Richard jusqu'à ce que la résignation fût venue. Ce qu'elle redoutait le plus était arrivé : Richard avait deviné ses pensées secrètes, s'en plaignait; d'où un aveu pénible à faire et à entendre.

— N'est-ce que cela? s'écria Richard. Qu'importe une misérable perte d'argent si vous m'aimez ! L'argent peut se retrouver, l'amour jamais... Je vous estime davantage pour la preuve de confiance que vous venez de me donner. Pauvre femme ! à qui devez-vous confier vos inquiétudes domestiques, si ce n'est à moi? Ne devons-nous pas les porter ensemble? Que serait mon amour si je ne cherchais à vous en débarrasser? Je veux que ma Soubise ne soit pas effleurée par le bout de l'aile des soucis, ou je ne serais pas digne d'elle. Je vous garde rancune de vos hésitations à me dire vos inquiétudes, puisque je peux les faire cesser immédiatement.

— Comment? dit-elle.

— C'est un service que vous me rendez, chère Soubise. Je m'endormais dans un fatal repos ; je vais profiter de mes heures de tranquillité pour me livrer à un grand travail qu'il m'a toujours été impossible de continuer au milieu de la vie troublée de Paris... Ce sera un beau livre, qui nous donnera de la gloire et de la fortune. Plus de pamphlets! Je me dépensais misérablement dans des écrits sans importance, propres à produire de l'effet sur le moment, mais qui, l'actualité passée, sont oubliés aussi vite qu'ils sont conçus... Demain sera un beau jour, et pourtant je ne vous verrai pas, Soubise.

— Pourquoi? s'écria-t-elle.

— Afin de vous voir plus sûrement et plus longtemps à l'avenir. Je vais passer une partie de la nuit à mettre en ordre le plan de ce grand ouvrage dont les notes sont en ordre ; j'écrirai les sommaires des chapitres, de telle sorte que mon idée apparaisse clairement rien que par les titres, et je ferai prévenir mon éditeur de passer dans la journée. Il comprendra la portée du livre, et son instinct de marchand le fera souscrire à mes conditions, grâce aux verrous de la prison qui me servent de décoration. Le livre sera daté de la Conciergerie ; la préface est prête depuis longtemps... Nos amis la lanceront dans leurs journaux ; ce seul mot de *Conciergerie* vaut dix mille souscripteurs... C'est une affaire de cent mille francs ; j'en aurais une cinquantaine pour ma part. Cinquante mille francs en trois mois de travail ! C'est à Soubise que je les devrai... Ne vous plaignez pas de votre mari, mon amie ; il a bien fait de vous rendre malheureuse, puisque ce malheur nous a réunis... Si vous n'aviez pas eu besoin d'affection, vous aurais-je rencontrée ? Il vous ruine par ses dettes de jeu ; cette ruine fera notre fortune... Ah ! que je vous aime, Soubise !

Madame de Pontlevoy se défendit longuement d'accepter les nouvelles preuves de libéralité de son amant ; cette raison seule l'empêchait de confier à Richard la fâcheuse position de son mari : sans les instances du prisonnier, sans les doutes qu'il avait manifestés sur son affection, jamais elle n'eût parlé de cette situation qui la faisait rougir. A cela Richard répondit par de nouvelles preuves de tendresse, dont la petite cellule fut teintée comme l'horizon la veille d'un beau jour de printemps.

Ce fut encore un des plus heureux moments de la

vie de Richard, que sa situation actuelle rendait encore plus propre à rêver le bonheur. La détention lui montrait combien il était chéri de ses amis, de sa maîtresse ; les souvenirs que chacun lui prodiguait, les priviléges que le préfet lui accordait libéralement, n'étaient-ils pas une preuve de sa valeur et du respect qu'il inspirait aux hommes du gouvernement? Maintenant, grâce à la vie calme de la prison, il allait pouvoir exécuter cet ouvrage longtemps rêvé qu'il reculait sans cesse par suite des entraînements de la vie de polémiste. Richard laisserait un livre pour donner la mesure de ses forces ; il prouverait à tous que le journaliste était un penseur, ne se contentant pas de l'improvisation de la brochure.

La nuit ne fit qu'ajouter à ces impressions heureuses : jusqu'au matin, Richard mit en ordre les notes qu'il amassait depuis longtemps. C'est le meilleur moment de la vie d'écrivain que cette demi-exécution : la fatigue du travail ne plie pas encore le corps sous ses affaissements ; la pensée brillante flotte au-dessous de chacun des titres de chapitre et éclate en petites fusées lumineuses, qui communiquent à l'artiste une sorte d'éblouissement produit par l'idée du feu d'artifice solennel qui éclatera plus tard. La préparation de ces sortes de travaux ressemble aux ébauches des maîtres dont les grands partis pris d'ombre et de lumière offrent un rayonnement à l'œil du curieux. Le cortége des inquiétudes, des doutes ne vient qu'à l'exécution : dans un plan tout marche à souhait ; les idées se croisent abondantes, impétueuses, vaillantes, sans redouter d'être enfermées sous la serrure de la phrase. La phrase n'est-elle pas un tuteur jaloux, qui craint que l'idée ne prenne sa volée en Rosine aventureuse?

De ce travail nocturne résulta un demi-sommeil agité pendant lequel Richard récita, d'une façon entrecoupée, une bonne moitié de son livre. Il n'avait pas conscience de ses paroles, mais il sentait les idées courir dans son cerveau, frapper contre le crâne et crier : Paresseux, lève-toi! Aussi quelques heures de sommeil léger suffirent au journaliste et il sauta dispos de son lit à la table de travail, la main d'accord avec le cerveau, toute prête à écrire sous la dictée de l'homme intérieur.

Cette disposition est trop rare dans la vie de l'écrivain, pour qu'il ne la saisisse pas avec empressement. Alors le travail est chose facile; la pensée sort de l'esprit comme l'eau d'un vase trop plein. Bien différente est l'action de s'asseoir devant une table, de prendre une plume, de se *creuser* et d'arriver aux efforts infructueux d'ingénieurs qui sondent la terre pour se trouver en face de puits artésiens infertiles! Richard avait passé par l'un et l'autre cas.

Souvent, l'imagination fatiguée, le corps plus abattu que l'imagination, il lui avait fallu terminer, en froissant le poing, les travaux *commandés* par un éditeur qui ne connaissait rien aux fatigues de l'intelligence. Aujourd'hui il travaillait pour lui, pour sa jouissance, pour la gloire, pour l'avenir. De ce livre, il pouvait dire : *mon* livre! Longtemps, il l'avait porté en lui et il en avait ressenti ces doux piétinements qui amènent des sourires particuliers aux femmes avant l'enfantement. Richard rêvait son ouvrage beau, fort, masculin et vigoureux. Il lui prêtait toutes les qualités que les fées prédisaient jadis aux princes ; et, si dans un coin apparaissait la figure ridée, le menton de galoche, la tête branlante, une canne à bec de corbin à la main, une vieille Carabosse, ce ne pouvait être que la critique, séduite elle-même par les qualités et la beauté du nouveau-né.

Quand vint l'éditeur, il trouva Richard dans un état d'heureuse surexcitation qui le faisait tenir debout, marchant à grands pas dans sa cellule, voyant l'humanité et la nature sous un jour plus gai que de coutume.

Ce libraire, nommé Bazouche, une des figures singulières de la Restauration, allait de pair avec les plus fortes têtes de l'opposition, car il était honorable d'avoir un livre édité par lui. Il n'était pas facile toutefois de faire imprimer son nom sur le catalogue du libraire Bazouche, et plus d'un illustre carbonaro brigua longtemps la faveur d'être étalé sous les Galeries de Bois, aux vitrines de ce petit vieillard sale, à la mine sordide, qu'on voyait tous les matins faire sa montre lui-même en grignotant une croûte de pain dur.

On disait vaguement que l'énorme fortune de Bazouche provenait d'un fonds d'estampes et de livres scandaleux dont le débit s'adressait particulièrement aux débauchés de la Galerie de Bois; mais c'était un de ces *on dit* si fréquents dans Paris, où tout homme en réputation ne peut sortir sans un joueur de flûte par-devant et cinquante insulteurs par derrière. Bazouche répondait triomphalement à ses détracteurs par la vente perpétuelle du *Manuel des Braves*, qui était alors à sa trente-neuvième édition. Quant aux accusations répandues sur ce comptoir mystérieux, les fortes têtes du parti libéral n'ignoraient pas que les livres, portant sur la couverture *A la librairie clandestine*, tels que les œuvres philosophiques de Diderot, sortaient des presses de Bazouche. Les républicains ne lui en demandaient pas davantage.

— Hé bien ! mon cher Richard, dit-il (car certains libraires appellent volontiers *cher* ceux qu'ils payent chichement), comment vous trouvez-vous de la prison?

— Parfaitement, mon maître, je suis au comble de la joie.

— Moi aussi, si vous l'êtes, dit le libraire ne se piquant pas de suivre au pied de la lettre les préceptes du bon style. Pourtant, le commerce va doucement, doucement.

Richard ne fit pas attention à la *douceur* de situation d'un commerce dont il connaissait les ressources vivaces. Son humeur était tout entière tournée vers son livre; dans cette situation, il ne connaissait, ne voyait que son œuvre. La création amène fatalement chez les artistes des égoïsmes particuliers devant lesquels l'humanité disparaît.

— Oui, le commerce va doucement, reprit Bazouche, qui connaissait à fond *ses* auteurs et qui n'ignorait aucune des bizarreries que produit la pensée dans les esprits les plus réguliers.

Richard se promenait à grands pas, conversant avec sa propre pensée. Bazouche, pour l'arrêter, s'accrocha à un bouton de sa redingote.

— Entendez-vous, mon cher Richard, reprit-il, le commerce va doucement ?

— J'ai de quoi le relever, dit l'écrivain, dont l'œil s'enflamma.

Bazouche prit une mine mélancolique et souriant d'un air de doute.

— Si vous pouviez dire vrai ! Mais le public s'endort : la trente-neuvième édition du *Manuel des Braves* est d'un tirage !...

Et le libraire poussa un gémissement, comme s'il avait fait manœuvrer le cabestan d'un navire.

— Il s'agit bien du *Manuel des Braves*, dit Richard ironiquement ; que m'importe que vous vendiez cette sottise !...

— Les auteurs, dit Bazouche, raisonnent toujours à leur point de vue et ne s'inquiètent guère si le libraire vend ou non son papier imprimé... Certainement, j'ai de la considération pour quelques noms ; j'aime à rendre service à nos bons écrivains ; mais je ne tiens pas à ce qu'une édition reste en ballot dans mon magasin.

Richard commençait à s'impatienter ; il n'avait pu encore placer un mot de son livre, et déjà par avance

Bazouche se plaisait à jeter de l'eau sur le feu de son enthousiasme.

— Vous voyez ceci? dit-il au libraire en lui montrant un paquet volumineux de feuillets d'écriture. Voilà de quoi faire votre fortune.

A ce mot de *fortune*, Bazouche se leva, jeta un coup d'œil sur le manuscrit et vint se rasseoir prudemment.

— Qu'est-ce que cette fortune? dit-il en pinçant les lèvres.

— Un grand livre que je prépare depuis de longues années et que je termine en paix dans cette prison. Nous aurons cinq volumes, du prix de trente francs; dix mille à trente francs font trois cent mille francs; mettons cent mille francs de frais, il nous reste à chacun cent mille francs de bénéfices, car cette fois nous ferons l'affaire en commun. C'est un immense succès qui me pose en homme nouveau, et qui vous fera le plus grand honneur, mon maître. Si on savait dans Paris que cet ouvrage est en préparation, j'aurais déjà dix éditeurs à la porte de ma cellule, mais nous n'avons eu jusqu'ici que de bonnes relations; quoique vous m'ayez traité médiocrement, je veux faire l'affaire avec vous. Est-ce convenu?

Richard parlait pour lui et ne regardait pas son éditeur, qui semblait atterré.

— Réellement, dit Bazouche, parlez-vous de sang-froid...? Mais, *monsieur* Richard, vous remuez les cent mille francs comme avec une pelle... J'avais déjà remarqué combien le séjour de la prison influence les têtes les mieux organisées. Vous faites de gros livres en cinq volumes, au prix de trente francs, quand nous ne vendons pas nos brochures politiques à trois francs. Voilà ce que c'est que d'être séparé du Palais-Royal seulement depuis un mois; si vous vous promeniez tous les soirs aux Galeries de Bois, vous respireriez l'air de la librairie, et jamais une pareille idée ne vous serait venue en tête... Dites-moi que ces cinq volumes ne sont pas une invention, monsieur Richard; certainement il y a là dedans l'étoffe de dix petits pamphlets, de ces admirables morceaux d'éloquence, comme tout ce qui sort de votre plume, et je vous les achète tous les dix, non plus six cents francs, mais mille francs pièce, eu égard à votre condamnation et à votre séjour en prison... Oui, je vous donne dix mille francs, dont cinq mille comptant : je veux que vous n'ayez pas d'inquiétudes à la Conciergerie, que vous preniez vos aises; mais un gros livre en cinq volumes, vous n'y pensez pas, c'est ma ruine que vous demandez...! Les libéraux, vous le savez mieux que moi, n'achètent pas d'ouvrages du prix de trente francs; j'ai déjà tant de peine à épuiser ma trente-neuvième édition du *Manuel des Braves*...

— Encore ce Manuel! s'écria Richard.

— Oh! monsieur Richard, pensez à *la Gaule poétique* de M. de Marchangy, qui remplit les ateliers de mon brocheur de la rue Poupée! Si vous étiez libre, je vous y mènerais. On a tout fait pour ce livre; le malheureux éditeur y a dépensé les yeux de la tête, gravures sur chine, papier de fil, caractères de Didot l'aîné.

— Me comparer à un Marchangy! s'écriait Richard, arpentant sa cellule.

— Non, monsieur Richard, je ne vous compare pas à un procureur général, vous n'avez pas ses idées politiques, et je vous reconnais plus de style; mais M. de Marchangy a pour lui le pouvoir; son livre s'adresse à tous les partis, et cependant il ne s'est pas vendu !... Je ne connais pas l'ouvrage que vous me proposez; d'avance je sais qu'il contient des idées généreuses; personne n'en saurait douter, et pourtant vous préparez un fameux bouillon à l'imprudent qui tenterait de le fabriquer.

— Bouillon! fabriquer! Quel langage! s'écriait Richard.

— Je vous offre quatre cents francs d'augmentation par brochure, plus du tiers de nos anciens traités, et je cours dix fois plus de risques... Une condamnation en appelle une autre... Rien n'est dangereux comme une saisie en librairie; la première fois, le ministère hésite à tracasser un écrivain, à la seconde, il envoie tout droit ses agents chez son éditeur.

— Monsieur Bazouche, c'est trop.

— Je risque donc mille francs de droits d'auteur, autant de frais d'impression, c'est-à-dire deux mille francs jetés à l'eau, car votre prison a excité vos nerfs...

— Assez, monsieur, dit Richard, en ouvrant la porte.

— Je ne m'en irai pas, dit le libraire en se cramponnant à sa chaise; j'ai apporté de l'argent (il tira un vieux portefeuille) pour vous montrer que je m'intéresse à votre sort; vous me ferez vos dix brochures quand il vous plaira.

— Demain, dit Richard, vous vous repentirez, quand j'aurai traité avec un autre.

— Voulez-vous parler de Potel et Chaumont? Mon cher monsieur Richard, traitez avec Potel et Chaumont; je ne leur souhaite pas de mal, mais je ne voudrais pas voir un tel livre fabriqué par mon plus cruel ennemi, parce que je sais qu'il s'y ruinerait... Laissons cela, je tiens à mes pamphlets et voici les cinq mille francs.

— Gardez votre argent, dit Richard. Je ne veux plus faire de pamphlets; cet ouvrage important, dont vous ne voyez que les premiers feuillets, va me demander près de deux ans de travail.

— D'ici là vous risquez de vous faire oublier.

— Qu'importe un oubli momentané, si l'apparition de mon livre consacre à toujours ma réputation?

— Homme incorrigible! dit Bazouche; je m'en vais, mais vous me rappellerez. Les Potel et Chaumont ne feront pas l'affaire; ils connaissent trop la place... Ce sont des fabricants plus rusés que vous ne le croyez...

— Ils m'ont fait des offres de service jadis, et j'étais assez naïf pour croire en vous!

— Je comprends qu'ils aient voulu vous éditer une brochure; un livre en cinq volumes, jamais.

— C'est ce que nous verrons.

— Un dernier conseil, dit Bazouche. Si vous vous

avisiez de traiter avec eux, ils vous payeront en billets, et je vous avertis que leur papier est mal vu dans Paris.

Là-dessus Bazouche se retira, laissant Richard dans un état d'accablement d'autant plus grand que ses projets avaient été plus élevés. Pendant sa visite, le libraire avait semé des doutes amers dans l'esprit de Richard, au lieu de l'auréole de gloire dont les rayons doraient sa prison.

Il osait à peine jeter les yeux sur les feuillets de son manuscrit, qui lui faisait horreur. La librairie apparut alors à l'écrivain comme un antre où l'on vendait à la livre du papier noirci, sans que les marchands s'inquiétassent si une main intelligente avait couvert ces pages de caractères exprimant des pensées profondes. A quoi bon la méditation, les nuits sans sommeil, les tourmentes du cerveau, si une médiocrité pouvait entrer en lutte avec ces qualités? Cet inepte *Manuel des Braves*, que Bazouche jetait sans cesse à la tête des écrivains, et qui semblait un livre écrit par un portier, donnait envie à Richard de déchirer ses feuillets et de s'affaisser à jamais dans l'inaction.

Le premier moment de dépit passé, il songea à Soubise, envers qui il s'était engagé, et il écrivit aussitôt un billet aux éditeurs Potel et Chaumont, les confrères de Bazouche, pour les engager à venir le trouver. L'après-midi qui suivit cette matinée fut éclairée par l'arrivée de madame de Pontlevoy, qui s'aperçut facilement des inquiétudes peintes sur la figure de son amant.

Richard s'était promis de ne pas parler de ses mécomptes de la matinée : il était faible, confiant, il ne put cacher à sa maîtresse la chute de ses espérances. Soubise réconforta l'amour-propre endolori de l'écrivain. Loin de partager les doutes de Richard, elle voyait dans l'ignorance du libraire une preuve de la portée du travail nouveau ; l'ancien pamphlétaire s'élançait dans les nues, les esprits médiocres ne pouvaient l'y suivre. Soubise blâma toutefois Richard de n'avoir pas accepté les offres de Bazouche, qui avait gagné des sommes considérables depuis l'emprisonnement de l'écrivain. Les cinq mille francs qu'il offrait, à titre d'avance, n'étaient qu'une restitution sur la part des gains énormes des derniers pamphlets.

Richard avait vendu chacune de ses brochures six cents francs *à toujours*, suivant la façon de traiter du commerce d'alors ; chacun de ces pamphlets n'avait pas rapporté moins de quinze mille francs de bénéfices. Depuis la condamnation de l'écrivain, le débit de ces brochures s'était sensiblement accru : la dernière était, il est vrai, saisie et empêchée par le parquet ; mais le public recourait aux précédentes, certain d'y trouver, en germe, l'esprit d'opposition qui s'était heurté tout d'un coup au gouvernement et qui, loin d'être brisé par l'emprisonnement, y puisait un nouveau relief.

Soubise avait pu constater par elle-même, dans Paris, la vogue des précédents écrits de Richard ; elle ne mettait pas en doute que le libraire Bazouche, poussé par un certain remords, ne fût venu offrir à l'écrivain emprisonné une faible partie des gains sur lesquels le parti libéral l'accusait peut-être d'avoir prélevé une part de lion.

Quoiqu'il comprît la justesse de ces raisons, Richard en souffrait d'autant plus que son amour-propre lui interdisait de faire appeler Bazouche de nouveau.

— Il reviendra, lui dit Soubise. Au besoin, je ferai connaître la honteuse exploitation dans laquelle vous a tenu cet homme ; pour s'excuser aux yeux du parti, il vous fera les mêmes offres.

Richard fut rasséréné par cette visite, qui lui montrait une femme aimante sachant descendre des sommets de la passion dans les tristes vallées où s'agitent les vulgaires intérêts de la vie. Un moment, il craignit de perdre son auréole en accusant la triste situation dans laquelle l'avait laissé Bazouche ; mais Soubise elle-même s'était plu à faire reluire les rayons de gloire sans lesquels Richard ne pouvait travailler. Il n'existait pas deux femmes plus dévouées dans Paris ! Combien la détention du journaliste eût été pénible sans les consolations et les tendresses de Soubise ! En même temps, il fondait quelque espoir sur la visite de MM. Potel et Chaumont, qui vinrent en effet le lendemain, mais qui, sous un autre déguisement, jouèrent, à propos du livre de Richard, la même comédie que Bazouche.

MM. Potel et Chaumont, payant patente de libraires-éditeurs au quai des Augustins, étaient des vermisseaux intellectuels à côté de Bazouche. Tous deux jeunes, habillés comme des premiers commis de *Malvina*, MM. Potel et Chaumont avaient manqué leur vocation en n'entrant pas dans un magasin de nouveautés. Potel était blond, Chaumont brun et méridional, en cette dernière qualité très-abondant en paroles. De la littérature ils ne savaient pas un mot, n'en montraient que plus de vanité, et éditaient, à force de crédit, toutes les médiocrités tenues à distance des comptoirs de la haute librairie. Un écrivain, pourvu qu'il fût convenablement ganté, verni et frisé, représentait leur idéal ; ils n'eussent pas donné un sou aux hommes qui, la tête chargée de pensées, le corps ployant sous le cerveau, oublient de soigner leur toilette. Aussi s'entendaient-ils merveilleusement avec les médiocrités et en étaient-ils constamment victimes.

La maison Potel et Chaumont fut la première qui fonda la fortune des frères Lebigre, dont la librairie au rabais causa jadis une sorte de révolution dans le commerce des livres. Le magasin Potel et Chaumont, encombré de *rossignols* honteusement couverts de poussière, fut vendu tout entier au poids du papier à MM. Lebigre de la rue de la Harpe, qui trouvèrent le secret d'écouler toutes ces vieilleries en vendant à quart de prix des livres qui leur avaient à peine coûté le poids du papier.

Les Potel et Chaumont, n'ayant pas dix mille francs de crédit sur la place de Paris, jugèrent insensé d'éditer le grand ouvrage de Richard, quand celui-ci leur eut démontré la nécessité de cent mille francs de mise de fonds.

En ce moment, Bazouche devenait un aigle, le vieux Bazouche avec ses habits sordides, l'homme qui se nourrissait de pain et de fromage. Potel et Chaumont étaient de vulgaires *calicots*, dans l'acception que venait de leur donner un vaudeville à succès du théâtre des Variétés. Aussi Richard, profondément humilié d'avoir écrit à des êtres si vulgaires, les traita de haut, surtout quand ceux-ci lui offrirent un règlement de cinq cents francs à trois mois, pour la livraison d'un pamphlet. Ni argent, ni intelligence, ni avenir, tel était le fonds sur lequel reposait la maison Potel et Chaumont.

Les dures nécessités de la vie d'écrivain apparurent alors dans leur nudité aux yeux de Richard, qui, de nature faible, se sentit terrassé par la réalité d'une profession qu'il se complaisait à rêver purement poétique. Il n'était pas de ces hommes que les obstacles grandissent, qui ne trouvent de puissance que dans la lutte ; son cœur saignait des moindres blessures, et ses aspirations s'alanguissaient par le manque de pilotis solides.

Si Richard n'avait pas eu Soubise pour lui faire oublier ce qu'il regardait comme une vive humiliation, la prison lui eût paru insupportable ; mais un grand dîner, que donna en son honneur le libraire Bazouche, lui démontra que si l'éditeur était de bonne foi en refusant d'entrer dans l'entreprise de son grand ouvrage, il conservait de l'admiration pour l'homme dont les pamphlets s'enlevaient comme du pain, disait-il.

A ce repas où Richard fut fêté et traité en grand génie par les plus fortes têtes de la démocratie, il y eut un concert unanime pour engager l'écrivain à reprendre sa plume et à continuer de marcher dans la route glorieuse qu'il avait suivie jusque-là. Journalistes, avocats, militaires, semblaient avoir reçu le mot de Bazouche et insistaient sur la nécessité d'un nouveau pamphlet.

A la fin du repas, Bazouche, en trinquant avec l'illustre prisonnier, lui glissa dans la main cinq billets de mille francs, que Richard ému ne put refuser. Tous ces hommes semblaient compter sur lui, l'idolâtraient, le posaient en sauveur des libertés nationales. Richard fut vaincu.

Il est rare de rencontrer de ces caractères de fer qui, n'obéissant qu'à leurs propres instincts, sacrifient fortune, honneurs, popularité, pour s'atteler à un travail long, pénible, dont le placement est incertain et l'avenir douteux. Richard crut aux autres et non à lui-même ; il se laissa prendre au mot d'ordre politique qu'on lui coula dans l'oreille, et redevint le soldat obéissant d'un parti, quand il eût dû le commander.

La politique est pleine de ces exigences ; les partis n'existent que dominés par une autocratie mystérieuse qui enlève aux hommes le libre examen, sans leur permettre d'agir suivant les instincts de leur conscience. Celui qui s'écarte tout à coup, qui veut marcher solitaire, en agissant d'après sa propre volonté, est un déclassé que les partis abandonnent, le jugeant plus dangereux isolé que s'il faisait partie d'un camp opposé; au contraire, un esprit rangé, qui ne souffre pas de cette domination, fût-il médiocre, sera poussé en avant, acclamé et traité en homme de la plus haute intelligence, à cause de sa médiocrité, qui n'inspire aucune crainte, à cause de son asservissement.

A ce dîner politique se trouvait un jeune Genevois, âgé seulement de vingt-quatre ans, qui venait de débuter par un Éloge de Voltaire : sans vues nouvelles, ce livre obtint un certain succès par la raison que le Genevois répondait aux attaques violentes des ultras. Le parti récompensait le jeune écrivain de cette défense imprévue en faisant louer le livre dans tous ses journaux : le Genevois fut posé dès lors en homme du plus grand avenir, et on appuyait fortement sur le génie de cet enfant sublime.

Rose, blond, l'œil bleu, la figure sans intelligence, parlant peu, souriant niaisement, le Genevois passait pour n'avoir que dix-neuf ans et jouait son rôle en conséquence. Déjà on parlait de ses bonnes fortunes. Une dame maigre, qui n'avait pas plus de cinquante-cinq ans, l'avait fait le roi de son salon politique : un brevet de capacité qu'il n'était permis à aucun républicain de nier.

Richard avait fui les charmes de cette personne, qui, par sa fortune, disposait d'une grande puissance dans les journaux : de son alcôve sortaient des réputations toutes faites, que les salons confirmaient. Longtemps poursuivi par les rancunes de cette personne, qu'il traita simplement avec politesse, Richard eut à lutter contre la défaveur que savait répandre une puissante créature ; mais il oubliait ces misères de la vie parisienne en se retrouvant avec Soubise, et le concours de sa plume était trop réellement puissant pour que des amis officieux n'intervinssent entre lui et l'ennemie qu'il s'était faite par un manque de courtoisie.

Les besoins de Soubise, l'invention du Genevois, l'unanimité des hommes de son parti, firent que, le soir même après le dîner, Richard s'engagea vis-à-vis de Bazouche à lui livrer le pamphlet que chacun attendait. Grâce à la somme que lui avait glissée le libraire, il pouvait satisfaire aux nécessités de Soubise ; elle remercia Richard d'un de ces regards qui feraient fondre les millions dans la main d'un homme pauvre : dans ce regard se lisait l'émotion d'une femme qui a honte d'entremêler l'amour et l'argent, et qui rougit d'accepter des preuves matérielles de l'amant qu'elle idolâtre. Une vive rougeur, des yeux attendris, un serrement de main particulier, payèrent Richard bien au delà du service qu'il venait de rendre à sa maîtresse.

N'ayant pas de besoins, vivant sobrement, Richard, sans cet incident, eût refusé les offres de Bazouche et se fût plongé dans le travail d'où devait sortir son grand livre ; mais il ne pouvait laisser dans une situation embarrassée une femme aimée, coupable d'avoir épousé un mari joueur. Aussi passa-t-il la nuit à mettre d'accord sa conscience littéraire et sa passion. Toutes choses peuvent se dresser dans le cerveau quand le levier est trouvé. Le levier, c'est la conscience.

Pour son repos, Richard se plut à chercher des motifs dans un ordre de raisons sophistiques ; c'est par là que sont gangrenées souvent les plus belles intelligences. *Je dois faire ceci* ou *je ne dois pas faire cela.* Quand l'homme arrive à composer avec lui-même pour *faire* ce qu'il *ne doit pas faire*, quand il *ne fait pas* ce qu'il *doit faire*, la meilleure partie de son intelligence native s'enfuit en gémissant et ne revient plus au logis. Richard trouva mille raisons suffisantes pour écrire le pamphlet commandé : il perdit du même coup la force, le courage, la volonté, pour se remettre plus tard au bel ouvrage qui avait germé un moment en lui.

Plus un homme se sacrifie pour une femme, plus il l'aime. C'est ce qui explique la passion qui s'empare à de certains moments d'êtres sans passions. Un banquier entretient une fille : il ne l'aime pas d'abord ; il trouve seulement des caresses à son orgueil. Qu'elle le trompe ouvertement, peu lui importe ; mais si la femme est forte, elle s'empare peu à peu de la confiance de l'homme d'argent, le mine et le dévore. C'est alors seulement, quand il se sent sur une pente fatale, que cet être, qui ne cherchait que des plaisirs matériels, sent palpiter en lui d'autres instincts plus délicats. Il commence à aimer la femme qui le trompe, il l'aime parce qu'elle lui coûte trop ; battu par le naufrage de sa fortune, il adore la femme qui a été plus forte que les spéculations, que le jeu de Bourse.

Il en fut ainsi de Richard, qui, le lendemain, vit

entrer Soubise dans sa cellule, avec l'émotion première de ses premiers rendez-vous. Un léger tremblement s'empara de tout son être, des frissons parcoururent son corps ; il se sentait redevenu timide en présence de cette belle créature pleine de nouveaux charmes. Après une liaison de deux années, le renouveau se faisait sentir ; Richard se trouvait en présence d'une femme qu'il aimait encore plus que par le passé.

Quand Soubise voulut remercier l'écrivain du service qu'il lui avait rendu, celui-ci l'arrêta dès les premières paroles, et ses regards semblaient dire : Ne suis-je pas trop heureux d'avoir effacé une partie de tes ennuis? En ce moment, Soubise était si séduisante, que pour elle Richard se fût condamné à rester un être obscur ; il eût sacrifié sa réputation, son avenir. Soubise eût ordonné un crime, Richard l'aurait peut-être exécuté ; il était tout entier livré à sa passion. L'humanité se résumait dans Soubise. Liberté, emprisonnement se confondaient quand Soubise était présente.

Ivre de bonheur, Richard, aussitôt le départ de sa maîtresse, commença en toute hâte le pamphlet promis au libraire Bazouche. A l'heure présente, ce n'étaient plus cinq brochures qu'il voulait livrer, mais dix, vingt, cent, afin de pouvoir satisfaire les besoins de Soubise. La tête en feu, il rêvait une réputation égale à son amour, afin de la faire partager à la femme qu'il adorait. Aussi, les premières pages qu'il écrivit se ressentirent-elles de la flamme qui l'animait : un feu singulier brûlait sous les lignes qui s'alignaient trop lentement au gré de sa pensée ; sa phrase, d'ordinaire large et étoffée, se ressentant de cette situation, sortait du moule plus impétueuse et brisait les obstacles.

Quand, le lendemain, Richard relut ce début, il fut tout étonné des révolutions de son esprit; à peine reconnaissait-il ces lignes sorties de sa plume : il fallait que l'écriture matérielle fût là pour le confirmer que lui et non pas un autre avait pensé de la sorte la veille. Semblable à un médecin qui consulte le pouls du malade, il constatait que ses phrases avaient la fièvre. La passion nouvelle qui courait en lui descendait dans sa plume, et avait produit des agitations qui se remarquaient jusque sur la table où il écrivait, couverte de taches d'encre irrégulières, dues à une trop grande vivacité de l'écriture emportée par la pensée.

Une nouvelle vie circulait dans les écrits de Richard, et il comprit pour la première fois la puissance de la phrase vivante, courant sans s'arrêter jusqu'à ce qu'elle s'arrête haletante : à la suite de ce travail, Richard s'était senti rompu, et il lui avait fallu s'étendre sur son lit, non pas dans un état de douloureuse fatigue, mais avec la jouissance secrète d'un homme qui a accompli une tâche difficile, qui s'y est donné tout entier et qui en sort pour ainsi dire immatériellement.

Après avoir fortement appliqué sa pensée, Richard était resté sans pensées, étendu, les sens assoupis, le cerveau ensommeillé. Un arc qui a lancé au loin de glorieuses flèches et qu'on accroche à un clou n'offre pas un aspect plus lâche.

Pour reprendre le ton de la veille, il fallait la visite de Soubise : elle vint à son heure accoutumée. Richard entendit de loin des pas et se précipita à sa rencontre. Quel fut son désappointement de la voir suivie du jeune Genevois qui avait assisté au banquet des jours précédents ! Sans remarquer la fâcheuse impression qu'il produisait sur Richard, Soubise présenta le jeune journaliste, qui, dit-elle, manifestait le plus vif désir d'être mis en rapport avec un homme qu'il admirait.

Cette présentation fut d'autant plus pénible à Richard qu'il se rendait compte que, sous le prétexte de lui rendre visite à la Conciergerie, le Genevois venait quêter des compliments. Richard n'avait aucune sympathie pour le livre du débutant, froid et raisonneur, plein de matérialisme étroit, puisé dans les écrits de la fin du dix-huitième siècle. A force de lectures, le Genevois s'était approprié certaines idées des encyclopédistes ; mais il n'avait pris que leur lanterne, sans pouvoir rallumer la flamme expirée depuis longtemps. Si à vingt-deux ans, le Genevois promettait pour l'avenir un pédant philosophe et entêté, sa liaison avec la vieille marquise de Vandœuvre montrait un homme désireux d'arriver par n'importe quel moyen.

Tout d'abord, il avait inspiré de l'antipathie au prisonnier : maintenant c'était presque de la haine. Richard cherchait à faire partager ses secrets sentiments à Soubise par des regards d'intelligence; mais, loin de s'associer à la froideur de cette réception, Soubise faisait les honneurs de la cellule comme si elle eût été dans son salon, activant la conversation entre les deux écrivains, et ne semblant pas remarquer le dépit de Richard, dont les coups d'œil expressifs se perdaient sans être remarqués.

Après une heure de conversation, qui roula presque exclusivement sur la politique, le Genevois se leva. Richard espéra que Soubise resterait; mais elle pria le jeune homme de la reconduire, et ce fut en vain que le prisonnier tenta de lui faire des signes d'intelligence pour pouvoir lui parler tête à tête.

Au lieu de la douce après-midi qu'il attendait et de la laborieuse soirée qui devait lui succéder, Richard fut pris d'une sorte de jalousie que comprendront ceux qui ont aimé réellement : premiers moments où l'on souffre même de la présence d'une femme amie qui s'empare de la personne d'un être cher, où l'on rêve une solitude éternelle à deux, un échange continuel de pensées et de paroles.

Inquiet, mécontent de lui-même, Richard cherchait à oublier dans le travail cette visite malencontreuse : l'image du Genevois ne pouvait le quitter, ni la figure rose, ni le sourire niaisement enfantin de l'écrivain que les libéraux s'efforçaient d'inventer. Les quelques pages que Richard produisit en se forçant portaient l'empreinte de l'état d'irritation produit par cette visite. L'idée s'enchaînait aussi mal que les phrases, se déroulait péniblement, sèche comme le gosier d'un voyageur dans le désert : entre l'improvisation ardente de la veille et la tension maussade de ces dernières pages, il y avait la différence d'un brillant cheval arabe dans une fantasia et l'essoufflement d'un cheval poussif attelé à un chariot dans un mauvais chemin.

Le lendemain, Soubise fut frappée de l'air de mécontentement empreint sur la physionomie du prisonnier, qui restait froid devant les marques d'affection de son amie.

— Souffrez-vous? dit-elle, ne comprenant rien à son silence.

Après quelques minutes :

— Le Genevois! s'écria Richard.

— Ai-je eu tort de vous l'amener?

— Pouvez-vous le demander?

— Il m'avait tant priée de me faire faire votre connaissance; il vous admire.

Richard haussa les épaules.

— Vous croyez sérieusement qu'il m'admire. Ah! Soubise, vous ne connaissez guère les gens de notre profession...! Cet être est infatué d'amour-propre sous une apparence modeste. Ne l'avez-vous pas remarqué au dîner où il recevait des compliments sur son livre? On eût dit un saint d'église qui reste calme devant les prières des fidèles... Sa fausse modestie me faisait pitié... Mais il ne s'agit pas d'admiration feinte ou réelle : en entrant à la Conciergerie, j'ai laissé à la porte tous les mensonges de la vie d'écrivain; c'est vous que je veux, votre présence, votre affection... Le reste m'est indifférent. J'ai si peu de temps à vous voir, à vous entendre, et vous m'amenez un étranger qui empêche toute intimité entre nous, qui me glace, qui m'irrite!

— La prison vous affecte, dit Soubise; n'est-ce pas dans votre intérêt que j'amenais ce jeune homme? Il est chargé d'une correspondance dans les journaux de Suisse; il rendra compte de la conversation qu'il a eu l'honneur d'avoir avec vous à la Conciergerie. Qu'il vous admire sincèrement ou avec de certaines restrictions, qu'importe! La position qu'il occupe dans le parti libéral lui fait un devoir de paraître sympathiser avec vous et vos idées. Je travaillais pour vous : vous êtes un ingrat, avouez-le, méchant homme!

Richard reconnut que Soubise avait un juste sentiment des choses de la vie; désormais il se laisserait guider par elle et obéirait aveuglément à sa direction. C'est ainsi que peu à peu l'écrivain arrivait à n'agir que d'après une influence étrangère, qui, toute douce qu'elle fût, l'empêchait de mettre en activité les rouages de sa volonté.

Cependant au bout d'une huitaine, le pamphlet, arrivé à bonne fin, fut livré au libraire Bazouche, qui promit de le faire imprimer avec toute la rapidité désirable. Le lendemain qui suivit la livraison du manuscrit, alors que Richard se délassait par avance à l'idée de revoir Soubise, elle ne vint pas!

Richard s'était fait une fête, maintenant l'esprit libre et dégagé de toute préoccupation, de la venue de Soubise : cette privation lui fut d'autant plus sensible qu'il ne lui restait plus la force de vaincre son ennui par le travail. Que pouvait-il être arrivé à Soubise? Chaque minute qui éloignait l'espoir de la voir, amenait une fâcheuse interprétation de son absence.

A la place de Soubise entrèrent les premières ombres du crépuscule, qui trouva Richard livré à ses tristes pensées, comme un homme abattu par le pressentiment d'un malheur. Un billet de madame de Pontlevoy annonçait qu'elle était prise d'une indisposition qui ne lui permettrait peut-être pas de venir le lendemain ; par ce mot, Soubise priait Richard de ne point s'inquiéter d'une indisposition sans gravité, quoiqu'elle souffrît beaucoup de névralgies.

Loin de calmer l'écrivain, le billet fit paraître dans tout son jour la dureté de la séparation qui existait entre les amants : libre, Richard eût volé à la maison de son amie. Il pouvait y entrer à toute heure, sans choquer M. de Pontlevoy, qui restait habituellement la nuit à jouer hors de chez lui. Aussi Richard fit-il prier le préfet de police de lui accorder une sortie extraordinaire, permission qui lui fut accordée immédiatement.

Au moment où il allait entrer dans l'antichambre de Soubise, celle-ci parut, belle, fraîche, en grande toilette. Richard fit un mouvement de surprise.

— J'allais vous voir, dit Soubise.

— Vous êtes radieuse ! s'écria Richard d'un ton jaloux.

— Ne vous étonnez pas que la maladie pousse à la toilette; fatiguée d'avoir été renfermée hier tout le jour, je voulais aller au bois...

— Et moi? dit Richard,

— Je vous aurais rendu d'abord une petite visite; aussi suis-je heureuse de vous avoir rencontré, je vous emmène.

— Il y a si longtemps, Soubise, que nous ne nous sommes promenés ensemble, en tête-à-tête...

Soubise parut embarrassée.

— Nous ne serons pas seuls, dit-elle; madame la marquise de Vandœuvre m'a offert une place dans sa voiture.

— La marquise de Vandœuvre! s'écria Richard, vous la connaissez?...

— Elle est venue hier me rendre visite et m'a trouvée maladive; aussi m'a-t-elle engagée à l'accompagner au bois pour me distraire.

— Vous fréquentez cette femme, dit le journaliste; elle ne peut que me vouloir du mal.

— A vous? mon cher Richard; vraiment, la prison vous rend injuste. La marquise n'est venue que pour vous; elle n'a cessé de me parler de votre talent; votre nom était sans cesse sur ses lèvres; j'en étais presque jalouse. Madame de Vandœuvre a encore un faible pour vous, quoique vous l'ayez traitée froidement... Si elle n'est pas venue à la Conciergerie, c'est qu'elle n'ose; elle craint d'être mal reçue... Elle me l'a laissé entrevoir, en déguisant l'amour qu'elle vous porte sous une admiration politique qui cache bien des flammes.

— Je n'ai que du mépris pour cette femme, disait Richard, et je ne comprends pas qu'elle attire autour d'elle tant d'hommes distingués. Tous ont la même opinion que moi : ils la savent hautaine, aristocrate, et des républicains consentent à lui donner de la puissance en faisant cercle chez elle !

— Comme vous la jugez mal ! Est-ce sa faute si elle vous admire?

— Vous croyez à son enthousiasme. Pauvre Soubise, que vous êtes naïve ! Elle m'admire à la façon du Genevois ; elle est encore plus froide que lui. Tous deux peuvent s'entendre ; ils n'ont pas chacun la moitié d'un cœur, mais à la place une ambition aiguë qui les dévore. Madame de Vandœuvre a voulu jouer un rôle politique ; dans ce but, elle s'est jetée à la tête des hommes marquants de notre parti. Beaucoup s'y sont laissé prendre et sont restés ses amis ; peut-être a-t-elle surpris quelques-uns de leurs secrets. Pour moi, je vous ai dit quelle avait été ma conduite envers elle, et c'est vous, Soubise, qui me poussez à la revoir!

— Pouvais-je refuser l'invitation d'une femme haut placée, assez polie pour venir me rendre visite la première, et qui, pendant que j'étais malade, séparée de vous, me faisait oublier vótre absence en ne me parlant que de mon Richard ?

— Ainsi vous êtes décidée à aller au bois dans la voiture de madame de Vandœuvre ?

— Si vous m'y accompagnez.

— Si je refusais ?...

Soubise ne répondit pas.

— Puisque vous l'exigez, dit Richard.

— Ai-je une volonté qui ne soit la vôtre? Vous savez le contraire ; mais il serait inconvenant de prévenir à cette heure madame de Vandœuvre de mon refus... Que lui dirai-je ?

Cette conversation se tenait dans la rue de Rivoli.

— Voici la marquise à son balcon, dit Soubise ; elle nous a vus. Il faut monter.

Richard suivit Soubise et entra avec résignation dans l'appartement de madame de Vandœuvre, qui s'élança hors de son salon pour se précipiter au-devant de l'écrivain et lui serrer vivement la main. Tout ce que la conversation parisienne renferme d'artifices fut employé par la marquise, reconnaissante de la venue de Richard.

A diverses reprises, l'écrivain avait été amené chez elle ; il n'y faisait que de courtes apparitions et ne revenait que de loin en loin, par stricte politesse. Après avoir complimenté Richard sur tous les tons, madame de Vandœuvre embrassa Soubise pour la récompenser d'avoir amené « l'ami » qu'on voyait si rarement. Richard ne savait quelle contenance tenir en présence de ces adulations. En face de la marquise, il se sentait devenir misanthrope, tant il lisait au fond de ces paroles caressantes, démenties par une voix froide, dont l'usage du monde n'avait pu enlever la sécheresse.

— A quoi bon tant de paroles inutiles ? se demandait l'écrivain, cuirassé contre des éloges exagérés qui le gênaient plus qu'une haine sincère.

Jugeant la marquise féconde en méchancetés, Richard eût voulu la voir abandonnée à ses instincts, à ses rancunes; alors elle eût été une femme naturelle, montrant ses passions : le masque qu'elle portait, la comédie qu'elle jouait, la rendaient odieuse aux yeux de Richard qui, comparant Soubise à la marquise, jugait d'autant plus favorablement la sincérité attachée aux moindres actes de celle qu'il aimait.

Un valet de chambre annonça le Genevois, et Richard fut obligé d'accueillir avec un semblant de cordialité celui qui était venu lui rendre visite en prison; mais ce fut un nouveau sujet de dépit. Richard se trouvait en présence, pour quelques heures, de deux êtres antipathiques.

Pour Soubise, elle se laissa emmener au bois, dans la voiture de la marquise, avec une joie qui se lisait dans ses yeux. Un sentiment de vanité perçait dans son contentement : elle, la femme d'un chef de bureau, traitée en égale par la marquise de Vandœuvre, peu accoutumée à montrer de l'amabilité aux femmes et qui semblait oublier tout amour-propre pour vanter la grâce et la beauté de la maîtresse de Richard!

De temps en temps, celui-ci se demandait s'il se trouvait réellement en voiture à côté de Soubise, en face de la marquise. Madame de Vandœuvre, comme certaines femmes intelligentes, méprisait les personnes de son sexe : les relations qu'elle entretenait avec les hommes les plus distingués de Paris, les efforts qu'elle faisait pour se mettre à leur niveau, l'étude, la lecture, la préoccupation des idées d'avenir, lui faisaient tenir en pitié des êtres frêles dont la vie se passe en coquetteries, en recherches de toilettes, en propos insignifiants. Aussi le salon de la marquise était-il presque entièrement composé d'hommes ; les quelques femmes qui s'y voyaient étaient dépourvues de charmes physiques et intellectuels. La marquise n'admettait pas ces qualités chez les autres ; elle voulait être la seule personne intelligente de son cénacle, et son instinct se révoltait de rencontrer la grâce et l'esprit chez d'autres femmes.

Richard, toutefois, ne put s'empêcher d'être touché de l'affection qu'elle semblait porter à Soubise : madame de Vandœuvre se faisait bonne et aimante pour une jeune femme, parce que cette femme appartenait à l'homme dont elle désirait l'amitié. La contrainte de Richard se fondit : peut-être, se disait-il, la marquise n'est-elle pas si mauvaise que je me la suis faite ! Même le Genevois était oublié, et Richard se plut à voir froisser l'amour-propre du jeune homme, à qui madame de Vandœuvre adressa rarement la parole.

— Pour vous refaire de votre prison, dit la marquise, que vous seriez aimable, monsieur Richard, de venir passer un mois à ma maison de campagne !

Étonné de cette nouvelle preuve d'affection, le journaliste ne répondit rien sur l'instant.

— Tous vos amis y seront, continua madame de Vandœuvre ; je me fais fort d'obtenir un congé pour M. de Pontlevoy.

Soubise remercia la marquise d'un coup d'œil, et Richard, désormais, se laissa aller à une expression de reconnaissance d'autant plus vive qu'il voulait faire oublier par là à la marquise les mauvais sentiments dont il l'avait crue coupable.

Ainsi Richard jugeait de son importance politique. Une femme qu'il avait blessée oubliait ses rancunes pour se dévouer à lui ; elle ne conservait même pas de jalousie contre une rivale jeune et belle. Était-ce indifférence ou ligne de conduite ? C'est ce que l'écrivain put constater le soir, après un dîner improvisé dans un cabaret à la mode du bois de Boulogne.

La nuit venait ; la marquise proposa un tour à pied sous les ombrages, pendant que la voiture suivrait. Richard prit par politesse le bras de madame de Vandœuvre.

— Heureuse maintenant, lui disait-elle, je voudrais voir tout le monde heureux autour de moi.

La marquise parla longuement de son affection pour le Genevois ; son cœur en était plein, et Richard, qui aimait, jugeait que l'amour avait changé le caractère de la femme politique. Maintenant, confiant, expansif, Richard répondait aux confidences de madame de Vandœuvre par les siennes propres. Il ouvrait son cœur et en étalait tous les trésors, comme un collectionneur qui décroche ses tableaux pour les montrer à un connaisseur.

Richard parlait de Soubise à une amie et se trouvait heureux. Qui peut bien entendre la confidence d'un amour, sinon une femme aimée ? Le cœur de la marquise était plein, elle l'avait avoué : Richard ne risquait pas de le faire tressaillir en lui confiant les propres tendresses dont le sien débordait.

Quand la marquise, après être arrivée à son hôtel, donna l'ordre à son cocher de conduire Richard à la Conciergerie en compagnie de Soubise, qui devait ensuite terminer la soirée chez elle, Richard jura une amitié profonde à madame de Vandœuvre, pour la confiance qu'elle lui avait témoignée.

— Maintenant je commence à être jalouse, dit Soubise, étonnée d'entendre de la bouche de son amant l'éloge de la femme qu'il avait peinte sous des couleurs si amères quelques heures auparavant.

Cette réaction produisit un effet salutaire sur les idées de Richard, qui se remit au travail le cœur satisfait, ressentant de cette nouvelle amitié une douce émotion.

Le lendemain, à la pointe du jour, Richard reçut un petit billet parfumé, dont l'enveloppe, l'écriture, le cachet, annonçaient un pli de bonne compagnie. Madame de Vandœuvre, sous le coup de la soirée de la veille, ne s'était pas mise au lit avant d'envoyer au prisonnier le trop plein d'affection que cette soirée avait fait déborder en elle : en quelques mots délicats, affectueux, s'effaçaient les anciennes poursuites de la femme politique.

La marquise se disait honorée d'avoir conquis une

amitié si haut placée que celle de l'écrivain, amitié que rien ne pouvait désormais briser. Quelques phrases sur la fragilité de l'amour terminaient le billet.

Richard fut complétement heureux entre l'amitié aimante de Soubise et l'amitié amicale de madame de Vandœuvre. La marquise préférait une affection solide à une liaison passagère, assez longue pour faire naître des chagrins, des haines que rien ne saurait éteindre. S'il lui restait quelque charbon mal éteint de son ancienne passion, elle en avait fait courageusement le sacrifice, comme dans un incendie on coupe le feu en abattant une maison voisine de la flamme.

Soubise arriva, qui ne tarit pas en éloges sur le compte de la généreuse marquise, dont elle s'était séparée la veille dans les meilleurs termes.

— Voici pour vous attacher à moi, avait dit madame de Vandœuvre, en lui passant au bras un bracelet élégant en fer sculpté.

Rien de plus délicat que ce cadeau, œuvre d'art dû à l'un des meilleurs ornemanistes de Paris : les matières précieuses en étaient exclues ; mais ce morceau de fer, curieusement ouvragé, dont la matière première était sans valeur, avait dû coûter plus qu'un bracelet en diamants par le fini du travail et le talent de l'artiste.

Pour mettre Soubise à l'aise, madame de Vandœuvre s'était engagée à dîner sans façon chez elle ; aussi madame de Pontlevoy, dont la table était d'ordinaire médiocrement servie, courait-elle Paris pour offrir à la marquise un repas digne d'elle. Elle n'avait fait qu'entrer à la Conciergerie, étant fort pressée, afin de ne pas laisser Richard dans l'inquiétude, et celui-ci pressa lui-même Soubise de ne rien négliger pour recevoir sa nouvelle amie.

— Nous serons bien heureux dans ce château l'automne, dit Soubise.

— Vous avez accepté ?

— Ne faut-il pas que notre Richard oublie sa prison en prenant des bains de verdure ? a dit la marquise. J'ai consenti pour vous encore plus que pour moi.

Richard resta seul dans sa cellule, dont il ne voyait plus les murs sombres. Le mot de Soubise le transportait dans des massifs d'arbres, à travers lesquels se glissait sournoisement un rayon de soleil ; ses pas disparaissaient dans des tapis de verdure qui se faisaient tendres pour porter les deux amants : le silence était troublé seulement par des chants d'oiseaux invisibles, qui s'éloignaient afin de ne pas froisser l'oreille par leurs accents. Tout était ombre et silence dans ce mirage que les yeux de Richard entrevoyaient. Sous ces verdures tranquilles, l'amour puisait de nouvelles délicatesses : la bouche avait peur de parler, l'oreille d'écouter. Les battements du cœur étaient plus distincts ; les âmes conversaient ensemble et se reposaient de la brutalité des agitations de la ville. La nature longtemps asservie, reprenant ses droits, faisait entendre un langage mystérieux qui semblait s'échapper des herbes, des fleurs, de l'air, de la lumière : la moindre brise était un incident dramatique ; le jeu des rayons dans le feuillage faisait oublier les meilleurs tableaux. Aucune symphonie ne pouvait rendre un battement d'aile, un cri de cigale, une note de bouvreuil.

Ce rêve délicieux était dû à madame de Vandœuvre. Peut-être cette personne hautaine, ambitieuse et sans cœur, avait-elle été douée par la civilisation de ces vices que l'écrivain haïssait. Richard résolut de se corriger dès lors de ses premières impressions, et de chercher dans l'homme ce qu'il pouvait devenir loin du séjour des villes ; n'était-ce pas comme une épaisse croûte de glace à casser, sous laquelle coulait une eau pure et claire ?

— Qui sait, se demanda Richard, si la marquise, victime d'un premier amour, n'a pas cherché, dans les excitations fiévreuses de nouveaux attachements, un oubli à ses dévorantes pensées ?

Autant jadis les réflexions de Richard étaient hostiles à la marquise, autant aujourd'hui elles s'imprégnaient de nuances favorablement amicales.

Soubise ne contribua pas peu à entretenir le prisonnier dans ces heureuses dispositions ; elle était devenue l'inséparable de madame de Vandœuvre, qui la traitait en enfant gâtée. La voiture de la marquise appartenait pour ainsi dire à Soubise, qui en disposait presque chaque jour pour venir à la Conciergerie. Elle dînait le plus souvent à l'hôtel de madame de Vandœuvre, et y restait en compagnie le soir.

Richard, un jour, ayant laissé percer une pointe de jalousie, elle se récria vivement :

— Si vous saviez ce que j'ai fait pour vous ! lui dit-elle.

Soubise n'en dit pas plus, semblant émue et désireuse de se laisser surprendre son secret. Richard la pria tellement que son trouble augmenta ; pressée, elle se pencha à l'oreille du prisonnier et lui parla à voix basse.

— Des vers ! s'écria Richard étonné.

— Je les ai composés depuis huit jours, et je n'osais vous les dire.

Richard paraissait embarrassé.

— Tout le monde m'en a fait des compliments chez Louise.

— Louise ? dit Richard.

— La marquise... et vous ne m'en dites rien, ingrat !

Ainsi que beaucoup d'hommes dont la vie pénible consiste à enchaîner des idées, Richard avait une admiration médiocre pour les femmes littéraires. La poésie est une couronne qui laboure le front des poëtes. Si des pierres étincelantes la garnissent au dehors, des pointes de fer sont au dedans, qui font souffrir sans relâche le malheureux que la foule acclame. Une fois posée sur la tête de l'imprudent qui s'est laissé prendre à son clinquant, cette couronne ne le quittera qu'au tombeau : les pierres brillantes pourront s'en détacher une à une, l'or se noircira, mais le cercle fatal restera toujours sur la tête du poëte, plus martyr que les illuminés qui se fustigent avec des lanières de fer. Devant cette couronne disparaissent les intérêts de l'humanité, les devoirs de la famille, l'amour pur. Il faut chanter, ne pas craindre des souffrances enfantées par des sensations trop délicates, inconnues au reste des hommes ! Le poëte ne s'appartient plus, il est à sa couronne. Combien regrettent une existence tranquille les femmes qui se sont laissé entraîner vers la gloire de la publicité ? Quand elles aiment, ce sont des étrangetés de passions que leur communique la poésie à laquelle elles sont asservies ; elles contractent à ce métier de penser des aspirations bizarres, que rien ne peut satisfaire : oubliant leur caractère de femme, toujours elles restent inassouvies.

Telles furent les impressions douloureuses de Richard, qui frémit à l'idée que la poésie s'était emparée de Soubise.

— Vous ne me dites rien ? reprit-elle.

— Vos vers sont très-beaux, dit Richard, qui n'eut pas le courage de communiquer à sa maîtresse les réflexions qui se pressaient en lui.

— On dirait que vous êtes mécontent, Richard, dit Soubise, étonnée d'entendre un compliment banal après les vives admirations qu'avaient soulevées ses vers dans les salons de madame de Vandœuvre. Louise m'a fait les lui redire trois fois ; c'est elle qui a vaincu mes scrupules en m'engageant à vous les réciter. Ces vers ne prouvent-ils pas que je pense à vous nuit et jour, car je les ai composés la nuit ?

— Ils sont agréables, Soubise ; mais je ne voudrais pas vous voir passer les nuits à vous livrer à des compositions fatigantes.

Le ton dont ces paroles étaient dites fit comprendre à Soubise que Richard ne partageait pas l'enthousiasme du salon de madame de Vandœuvre : les vers étaient médiocres ; une raison pour obtenir les louanges exagérées de la bonne compagnie, qui de temps en temps se donne la joie de jeter un poëte au milieu de l'arène, pour le dévorer, derrière les éventails, de remarques moqueuses.

Une certaine froideur était résultée de cette confidence. Soubise ne revint pas le lendemain, et Richard passa une nuit tellement agitée qu'il résolut d'obtenir son pardon. A cet effet, il écrivit une lettre dans laquelle se faisaient jour les inquiétudes qui le tenaient : il se reprochait de n'avoir pas témoigné sa reconnaissance pour les quelques vers qui lui étaient dédiés, il les trouvait admirables et comprenait que Soubise cherchât à hausser son intelligence.

Dans le principe, Richard avait souri de cette poésie ; maintenant il y croyait, et Soubise lui paraissait une femme véritablement remarquable. Madame de Pontlevoy revint en triomphatrice, un sourire contraint sur les lèvres, et le faible Richard sentit une chaîne nouvelle s'accrocher à son cou. Cependant cette froideur s'éteignit peu à peu, et Soubise avoua à Richard que, jalouse de sa réputation, elle espérait, dans l'avenir, des succès poétiques destinés à la rendre l'égale du pamphlétaire.

Richard était loin de partager de telles illusions ;

mais la marquise de Vandœuvre lui fit tant de compliments de l'intelligence de Soubise, qu'il crut avoir jusque-là méconnu son amie. Ses lettres, qui furent arrangées plus tard sous forme de roman par madame de Pontlevoy, en font foi. On y voit un homme qui s'accuse d'avoir aimé une *femme*, oubliant la poésie latente qui est en elle. Il s'en veut de n'avoir pas découvert ce filon intellectuel que l'amour lui cachait : lettres des plus curieuses, si Soubise n'avait eu la fâcheuse idée d'en atténuer l'accent de réalité en leur donnant une couleur romanesque.

Dès que Soubise vit son avenir littéraire bien constaté, elle rendit des visites moins fréquentes au prisonnier, qui s'en plaignait doucement; mais les raisons ne manquaient pas : le travail, les visites aux journalistes, la fréquentation du monde littéraire, les études, la lecture, la nécessité de se tenir au courant des nouveautés dramatiques. Richard souffrait de ces raisons. Il voyait Soubise sur une pente fatale, et ne trouvait rien pour l'arrêter ; d'ailleurs, madame de Pontlevoy avait invoqué un motif impérieux pour se livrer à la littérature. Ses dettes augmentaient de jour en jour, ses frais de toilette ; le rang qu'elle occupait chez la marquise la forçait à des dépenses formidables : l'idée d'écrire lui vint naturellement, et elle avait été d'autant plus encouragée dans cette voie, que l'avocat qui fit condamner Richard à la prison lui procura un livre d'éducation, payé un prix raisonnable.

Un libraire, dont la spécialité était d'éditer des livres pour la jeunesse, eut un procès pour une question de propriété littéraire, procès important, gagné par le même avocat, qui mit en relation madame de Pontlevoy avec l'éditeur. En un mois, Soubise avait gagné six cents francs à écrire un livre superficiel sur l'éducation. La plume ne pèse guère aux mains des femmes! S'il en est quelques-unes qui, fatiguées de leurs propres souvenirs, ont fait déborder la passion dans des pages brûlantes, empreintes d'un sentiment réel, combien malheureusement ressemblent à une machine à vapeur de chemin de fer, dont les roues, portant des plumes, traceraient des caractères sur la voie !

Richard fut heureux que Soubise écrivît pour les librairies d'éducation ; il croyait que sa maîtresse avait développé en elle le sentiment de l'enfance. Aussi, sous le coup de cette bonne nouvelle, dédia-t-il à madame de Pontlevoy sa brochure, dont il venait de recevoir les dernières épreuves. Dans cette dédicace, dont chaque ligne trahit la passion, se lisait un encouragement pour Soubise dans la voie pénible de la publicité.

Cependant le prisonnier tentait de violents efforts. Grâce à un travail de nuit et de jour, il écrivit deux nouvelles brochures avant que la première fût publiée, et il les envoya au libraire Bazouche, en lui faisant une demande d'avances.

Bazouche vint en grommelant. Le commerce allait encore plus doucement que par le passé : il n'était pas en fonds ; il avait prêté mille francs à celui-ci, deux mille francs à celui-là. Les auteurs s'entendaient pour le ruiner ; ils ne vivaient que d'avances, le remboursaient rarement, et mille autres raisons qui démontrèrent à Richard que sa demande était à peu près rejetée.

Après de longs pourparlers, Bazouche souscrivit à l'écrivain pour cinq mille francs de billets à des échéances dérisoires. Richard, ignorant en matières de banque, serra affectueusement la main du libraire, se croyant à la tête d'une somme réelle de cinq mille francs ; mais son illusion tomba lorsqu'il s'agit de négocier des billets, dont la dernière échéance était à un an : nul banquier ne voulut se charger d'escompter un papier de libraire « si lourd ».

Appelé de nouveau, Bazouche rejeta la faute sur les écrivains, qui par leurs dettes discréditent la librairie; mais comme il était *bon* sur la place, il indiqua à Richard un commissionnaire du quai des Augustins, qui accepterait son papier à un taux raisonnable. Les cinq mille francs produisirent trois mille francs chez l'honnête négociant, compère du rusé Bazouche. Le célèbre libraire de la Galerie de bois spéculait sur le besoin d'argent des écrivains, en les payant autant que possible en billets, lesquels billets étaient acceptés par un de ses anciens commis, devenu commissionnaire en librairie, et ils se partageaient les bénéfices usuraires.

Qu'importait à Richard, il avait trois mille francs ! Il les envoya aussitôt à Soubise, qu'il savait dans la gêne. Peut-être cette somme pouvait-elle l'arrêter dans ses idées littéraires ! Peut-être reviendrait-elle à l'aimable simplicité de sentiments de l'origine de leur liaison.

Richard attendait avec anxiété sa maîtresse, le lendemain de cet envoi; elle ne vint pas, et envoya ce mot :

« Ami, merci de ce nouveau sacrifice; je pars quelques jours en voyage pour faire des études. Ne soyez pas inquiet! Je vous donnerai bientôt de mes nouvelles. »

La chute d'une poutre sur la tête n'eût pas produit un effet plus douloureux que les quelques mots du billet. Richard resta quelques minutes sans autres sentiments que celui d'un coup brutal qui l'atteignait subitement.

— Elle est partie! s'écriait-il en voyant alors pour la première fois les murs de sa prison dans toute leur horreur.

Pourquoi partie? Dans quelle direction? Soubise ne le disait pas; elle ne voulait donc recevoir aucune lettre du prisonnier. Elle mettait en avant des études.

— Des études! s'écriait avec amertume le malheureux. Quelles études?

Il souffrait d'autant plus qu'il avait pensé qu'échappant à ses soucis d'argent, madame de Pontlevoy renoncerait à ses aspirations littéraires et viendrait le lendemain, joyeuse. Et à sa place une dizaine de mots froids, un simple avis, tel qu'une personne pressée en écrit à un indifférent.

En ce moment, la jaune jalousie entra en rampant

dans la prison et se glissa dans le cœur du prisonnier. Richard essaya de lutter contre elle ; mais la jalousie est un polype qu'on peut couper en dix morceaux, et dont chaque fragment contient toujours une dangereuse vitalité.

Partout où Richard tournait ses regards, des voix lui criaient le nom de Soubise, qu'il eût voulu oublier. Il semblait que le mot *partie !* était inscrit en lettres ardentes sur les murs de la prison. En liberté, le journaliste eût couru la ville pour avoir des nouvelles de Soubise; il eût rafraîchi son front brûlant à l'air de la campagne, il eût tué son corps de fatigues, de courses ; mais en prison !

— Que lui ai-je donc fait? s'écriait-il en mesurant avec terreur l'immensité de son affection.

Plus Richard aimait, plus il se sentait atteint ! Sa vie, son sang, son corps, son âme, il avait tout donné à Soubise ; il n'existait que pour elle, et elle avait fui laissant à la Conciergerie un pauvre être abandonné, désormais sans volonté, sans pensée. Alors le prisonnier s'apercevait des barreaux de fer de sa fenêtre qu'il secouait et qui restaient immobiles dans le mur.

De temps en temps, Richard rallumait sa lampe pour relire ce fatal billet qu'il épelait, n'y croyant pas, et la réalité de caractères bien connus lui faisait souffler convulsivement la faible flamme qui éclairait la trahison de Soubise ; ou bien il ouvrait son portefeuille et tirait les dernières lettres de sa maîtresse, afin d'en confronter la forme et le fond : la forme en était la même, des caractères maigres qu'il avait baisés plus d'une fois, mais le fond !.

A quatre jours de là, Richard avait reçu un billet spirituel et amical. Huit jours auparavant un mot amoureux. Un mois en arrière une lettre passionnée. La transition n'était que trop palpable : l'amour avait cédé la place à l'indifférence, d'où la sécheresse du dernier billet. C'en était fait. Soubise n'aimait plus! La manie de la publicité l'avait métamorphosée une autre femme : elle aimait la gloire, elle n'aimait plus son amant!

Cette nuit creusa des sillons sous les yeux de Richard, qui comptait les heures une à une et les trouvait plus longues que des siècles. La lune l'irritait par sa froide tranquillité : dans son calme inaltérable, elle semblait prendre en pitié les misérables passions de l'humanité. Richard oubliait qu'autrefois, dans les bois, tenant la main de Soubise dans la sienne, il avait trouvé douce la lumière de cette même lune, qui sait disparaître avec complaisance derrière un nuage pour voiler les transports de l'amour.

Le prisonnier attendait le jour avec impatience, espérant qu'il adoucirait la rage de ses tourments. Au moins, il atteindrait plus facilement l'heure de midi, qui est l'époque de permission de sortie.

Vers les dix heures du matin, le libraire Bazouche apparut :

— Grand succès, mon cher Richard, s'écria-t-il, grand succès ! Nous avons mis votre brochure en vente avant-hier, pardonnez-moi de ne vous l'avoir pas envoyée plus tôt, mais mon magasin a été mis comme au pillage; c'est à grand'peine que j'ai pu en sauver deux exemplaires que voici.

— Que m'importe cette brochure! disait Richard.

— Vous êtes le premier auteur indifférent à la réussite de son livre; mais j'y prends le plus grand intérêt, soyez-en certain; c'est un fameux succès de librairie, pour lequel je ne regrette pas mon argent.

— L'argent! s'écria le prisonnier d'un ton d'amertume.

— Vous faites fi de l'argent, de la réputation! Je ne vous reconnais plus; que vous faut-il, singulier homme?

— La liberté, dit Richard.

— La liberté! Vous n'avezplus que vingt jours de prison; vous sortez à peu près à votre fantaisie; plaignez-vous!

— Je donnerais la moitié de ma vie pour être dehors à l'heure qu'il est, entendez-vous? A midi, je sortirai d'ici; eh bien, si je pouvais passer la porte de la Conciergerie à ce moment même, oui, je donnerais la moitié de ma vie.

— Mon cher Richard, la prison vous irrite; avouez cependant que vous y avez été bien heureux.

— Heureux! s'écria l'écrivain d'une voix qui laissait supposer qu'il avait été enfermé dix ans sous les plombs de Venise..

— Vous avez beaucoup travaillé, dit Bazouche.

— Malheureusement.

— Non, non, très-heureusement ; si j'étais le maître, je ferais coffrer quelques-uns de mes auteurs, dont je ne peux pas tirer une ligne de copie.

Richard n'entendait pas un mot de ce bavardage de libraire, dont le son l'irritait malgré tout.

— Vous avez eu une singulière idée, dit Bazouche sans faire attention aux inquiétudes du prisonnier, en écrivant cette dédicace.

— La dédicace ! s'écria Richard, qui saisit convulsivement sa brochure et coupa du plat de la main le nom de la première feuille.

— Que faites-vous là ? dit le libraire en voyant traiter avec si peu de respect son papier imprimé.

Richard, le front en sueur, l'œil enfoncé, lisait les premières pages. Ses poings se serraient de rage.

— Ah ! cette dédicace ! reprenait Richard, qui avait jeté de colère la brochure dans un coin de la cellule.

— Oui, continua Bazouche, on a trouvé original de dédier une brochure politique à une femme ; moi-même...

— Eh bien ! quoi, que vous importe ? s'écria Richard en poussant hors de sa chambre le libraire, qui ne comprenait pas l'irritation subite de l'écrivain.

Cette dédicace, écrite avec amour, rappelait trop cruellement le départ de Soubise. Ainsi, à l'heure où tout Paris s'entretenait de la publique marque d'affection que lui donnait un prisonnier, c'était de la sorte que Soubise récompensait Richard de lignes passionnées, dont chaque mot trahissait le secret.

Aux souffrances de la passion s'ajoutaient celles de l'amour-propre blessé. Jusque-là, la liaison de Soubise et de Richard n'était connue que d'un petit groupe; maintenant elle était affichée, répandue à un nombre immense par la publicité. Bazouche l'avait dit : une telle innovation en matière politique semblait l'aveu voulu d'une passion.

L'heure avançait. Maintenant Richard craignait de sortir dans Paris, où le plus simple fait prend souvent la proportion d'un événement. Combien rencontrerait-il de gens de connaissance qui lui parleraient de sa dédicace à madame de Pontlevoy? Autant il avait été heureux d'associer le nom de sa maîtresse au succès de la brochure, autant, en ce moment, il eût désiré anéantir la brochure elle-même, pour faire disparaître ce nom de Soubise qui le faisait souffrir comme un moxa. Cependant il se prépara à sortir. Il se cacherait au fond d'un fiacre, courrait chez madame de Vandœuvre et ne manquerait pas d'avoir des nouvelles de celle qui s'était enfuie si précipitamment, sans crainte d'ouvrir un abîme dans le cœur du prisonnier.

Comme Richard allait sortir, le guichetier entra :

— Monsieur, dit-il, j'ai des ordres du secrétariat à vous communiquer.

— Qu'est-ce encore? s'écria Richard, dites, je suis pressé.

— La permission que vous aviez obtenue de sortir une fois par semaine vous est retirée.

— Retirée !

— Oui, monsieur.

— Pourquoi ?

— La décision qui m'a été signifiée ne donne aucun motif.

— C'en est trop, dit Richard, je vais écrire immédiatement au préfet.

Dans le premier moment de sa colère, il se laissa aller à un tel emportement d'indignation qu'il semblait qu'on eût porté atteinte à un de ses droits.

— Envoyez ceci au secrétariat, dit-il au guichetier, et dépêchez-vous, j'attends la réponse.

Richard, oubliant sa condamnation, écrivait à un chef d'administration comme s'il eût été en liberté ; il regardait le guichetier comme un commissionnaire, et s'imaginait avoir une réponse immédiate.

Le guichetier revint sans réponse ; le préfet était absent, ainsi que son secrétaire. Le chef de bureau, après avoir pris connaissance de la lettre, dit qu'il en référerait à l'autorité supérieure.

— Il faut que je sorte, pourtant ! s'écria Richard qui bondissait dans sa cellule comme un lion en cage.

Lassé d'attendre, il écrivit un mot à la marquise de Vandœuvre, la suppliant, au nom de l'amitié, de lui répondre immédiatement. Deux heures mortelles se passèrent ainsi, à la suite desquelles le commisionnaire revint sans réponse. Madame de Vandœuvre était absente.

Il fallait attendre une partie de l'après-midi ; le

préfet pouvait être appelé au ministère, madame de Vandœuvre ne rentrait chez elle que pour dîner : les deux réponses pouvaient tarder jusqu'au soir. Richard avait maudit la nuit, il maudissait le jour ; le soleil brillant l'irritait peut-être encore plus que la froide lune.

Dans le préau donnant au-dessus des fenêtres de Richard, il pouvait voir les prisonniers chanter, se chauffer dans les angles des murs, caressés par les rayons de ce soleil qui accompagnait Soubise... — Dans quelle partie de la France? Que faisait-elle à cette heure? Avait-elle quelque repentir d'avoir abandonné l'homme qu'elle devait tant aimer? Qui sait si, en appliquant fortement sa pensée sur ces rayons de soleil, ils n'iraient pas transmettre à Soubise les agitations d'un cœur souffrant!

L'amour s'empare de toutes les idées folles et s'attache à les rendre possibles. Richard chargea les rayons de soleil de son message, comme il l'eût confié à un fil électrique, et il attendit longtemps une réponse qui ne vint pas, car le temps s'était obscurci tout à coup, et il semblait qu'impatients de porter ce message, les rayons brillants s'étaient enfuis de la cour de la prison.

Malgré tout, le calme ne revenait pas dans cette âme meurtrie. Richard sortit de sa cellule et se dirigea vers le parloir ; de là, il espérait recevoir plus tôt les lettres qu'il attendait, en même temps qu'il échapperait aux tortures de la solitude. Le parloir de la Conciergerie est sombre, froid et élevé ; les voûtes en arceaux surbaissés donnent à ce lieu une physionomie de cachot de l'Inquisition. Dans cette ancienne prison, on se sent plus prisonnier qu'ailleurs; partout volètent de tristes souvenirs de guerres civiles : chaque porte rappelle un nom illustre qui en est sorti sans espérance.

Quoique le parloir fût plein d'une foule cherchant à communiquer aux prévenus quelques parcelles de la liberté du dehors, Richard n'en fut pas moins douloureusement ému en voyant la grille qui séparait les uns des autres. D'ordinaire, c'était d'un pied léger qu'il traversait le parloir pour sortir de la Conciergerie. Il allait retrouver Soubise! Aujourd'hui, confondu avec la foule de prévenus et de condamnés à qui il était défendu de franchir la fatale grille, il se trouvait seul, parmi tous, sans un visiteur, sans un ami!

Ceux qui ont visité un hôpital le dimanche auront remarqué l'amertume inscrite sur les traits des malades solitaires : ces jours privilégiés, l'hôpital semble en fête; les femmes vont visiter leurs maris, les enfants leurs pères, les maîtresses leurs amants. Chacun apporte, comme au premier jour de l'année, un modeste cadeau. Le malade, à la vue de ces souvenirs, se sent rappeler à la vie; il entend des voix amies, dont l'affection lui va jusqu'au cœur. Tandis qu'à côté sont étendus sur un lit de douleurs un malheureux, un vieillard sans famille, un orphelin qui n'espèrent nul cadeau, nulle consolation de dehors. Ceux-là, sans être jaloux, souffrent de cette fête d'hôpital ; les embrassements leur rappellent qu'ils n'en attendent plus depuis longtemps : s'ils guérissent, ils reviennent à la vie plus lentement et cachent leur front brûlant dans l'oreiller pour échapper à la vue des tendresses qui éclatent de toutes parts. Richard se comparait à ces malheureux abandonnés ; plus malheureux encore, car il avait goûté longtemps aux fruits de la liberté et de l'amour, et tout à coup une main ennemie avait coupé brutalement les deux arbres qui l'ombrageaient de leur ombre rafraîchissante. . .

Dans un coin du parloir se tenait un forçat, la terreur des voleurs de la Conciergerie, sur lesquels il exerçait une sorte de domination. Cet homme, redoutable par sa brutalité, avait donné des coups de couteau à sa maîtresse, dans un accès de jalousie. La première personne qui le fit demander au parloir fut cette même femme, qui pleurait de voir son amant enfermé. Richard ne pouvait entendre ce qu'elle disait : à la physionomie de la femme, à son regard, à l'attendrissement empreint sur sa figure, il était facile de voir qu'elle semblait demander grâce au forçat de lui avoir donné sujet de la frapper.

— Ainsi veulent être aimées les femmes ! pensa Richard. Si je n'avais pas obéi aux moindres désirs de Soubise, si je ne lui avais pas sacrifié ma vie, mon avenir, à cette heure elle serait ici.

Plus il réfléchissait et plus il découvrait à son amour des développements immenses. Cette visite au parloir lui fit encore plus de mal que la solitude, et il retourna dans sa cellule, espérant que peut-être une lettre était venue pendant son absence ; mais la soirée se passa sans nouvelles, et la nuit du prisonnier fut encore plus cruelle que la précédente.

Richard eut un instant de sommeil lourd, troublé par un cauchemar tel qu'il se releva en sueur, effrayé, ne sachant s'il était victime de la réalité ou d'un rêve. Les murs de la prison se rapprochaient insensiblement; le plafond s'abaissait. Richard se trouvait pris entre quatre pierres comme dans un tombeau dont il ne pouvait plus sortir. Il respirait à peine : la voix lui manquait, et il lui restait juste assez d'intelligence pour avoir une idée nette de cette horrible vision; cependant ses yeux acquéraient une puissance singulière qui lui permettait de voir au delà de son tombeau.

Tout était plaisirs et fêtes au dehors : Soubise, en robe de bal, au milieu d'un cercle d'adorateurs, souriait, échangeait de doux regards avec chacun des hommes qui l'entouraient. Par une faculté singulière, il lui était donné de voir dans la terre, bien au-dessous d'elle, le malheureux entre quatre murs ; elle semblait ne pas le reconnaître, et, dans un coin du salon, la marquise de Vandœuvre souriait perfidement.

— Je me suis vengée, disait-elle.

Une telle alliance de la réalité et de l'impossible jeta Richard dans une terreur profonde. Il ne songeait qu'à la réalité. Cette prison, qui se changeait petit à petit en un tombeau où il était oublié, ne pouvait-elle pas devenir perpétuelle? Recouvrerait-il cette liberté que la politique de la Restauration pouvait rendre illusoire? N'existait-il pas d'exemples de gens disparus tout à coup sans laisser de traces?

Le cerveau du prisonnier bouillonnait; d'étranges idées se pressaient en tas, sans suite. Richard eut peur de perdre la raison. Il avait bien perdu Soubise, en qui il croyait aveuglément! A cette heure, il ne répondait plus de sa raison, qui semblait se heurter contre toutes les parois de son crâne, comme si elle eût cherché une fissure pour s'enfuir.

En ouvrant la fenêtre, Richard put reprendre ses esprits; la confiance revint avec le calme. Le lendemain, il recevrait certainement une lettre de madame de Vandœuvre, sans doute une explication du préfet de police, peut-être un mot de Soubise. Un malentendu dans les bureaux avait privé le prisonnier de sa sortie; Soubise se justifierait de son départ par une lettre aimante. Ce cauchemar, cette vision du mal, ces illusions étaient dus évidemment à la fatigue produite par des excès de travail.

Richard, rougissant de s'être laissé aller à de telles exagérations fiévreuses, chercha à se représenter l'humanité sous un jour plus favorable. Il essaya de lire et prit au hasard le premier livre qui lui tomba sous la main, la Vie de Diderot. Il n'en lut pas plus de dix lignes : le volume lui tomba des mains et des sanglots s'échappèrent de sa poitrine. Diderot, lui aussi emprisonné, avait été trompé par sa maîtresse : Jean-Jacques, trompé par sa maîtresse, Voltaire, trompé par sa maîtresse. Ainsi, le génie ne mettait pas en garde contre les trahisons de la femme. Nul ne pouvait y échapper. Poëtes, philosophes, moralistes étaient tous d'accord : une femme inférieure toujours trahit l'homme supérieur. La supériorité des hommes ne fait qu'augmenter leurs souffrances. Tous avaient passé par ces landes mornes et désolées qu'on appelle une passion brisée ; chez tous, le cœur s'était raccorni convulsivement comme un parchemin sur le feu, tous avaient pleuré en secret des larmes brûlantes ; aussi Richard se laissait-il aller à des flots de larmes qui rafraîchissaient momentanément ses vives blessures.

Cependant l'heure avançait. Richard prêtait une oreille attentive aux moindres bruits de la prison, espérant distinguer les pas du geôlier. A dix heures, qui est le moment habituel de la distribution des lettres, le geôlier entra. Richard se précipita vers lui : c'était le déjeuner que l'homme apportait. Comme il était généreusement payé par le prisonnier, qu'il connaissait ses inquiétudes, il n'eût pas manqué de porter sur sa physionomie l'annonce d'une bonne nouvelle. Richard ne dit pas une parole, et le guichetier eut un instinct de délicatesse en ne parlant pas de ce qu'il savait remplir la pensée de l'écrivain. Ayant déposé le déjeuner, sur la table, il s'en retournait sans mot dire.

— Rien des bureaux? s'écria Richard.

— Rien, monsieur.

— Il n'est pas possible que ma lettre soit parvenue au préfet... Je vais lui écrire.

Et Richard, maîtrisé par la douleur, qui, la veille, avait fait explosion dans sa lettre, supplia le préfet de police de lui accorder une audience. Il s'adressait à l'homme et non pas à l'administrateur ; les rapports qu'il avait eus avec lui, au début de sa détention, autorisaient Richard à solliciter une audience presque immédiate, des affaires de la nature la plus grave réclamant sa présence dans Paris.

Le préfet vint l'après-midi. Le prisonnier ne put retenir une exclamation de joie ; il lui offrit une chaise, mais l'administrateur, d'un geste de refus :

— Monsieur, j'ai peu de temps à vous donner ; ma présence est réclamée au ministère.

Richard s'était persuadé que le préfet de police s'excuserait des obstacles mis à sa sortie ; aussi attendait-il avec impatience que celui-ci s'expliquât. Le préfet regardait son prisonnier comme pour l'inviter à parler. Ce fut au tour de l'écrivain d'être embarrassé.

— Monsieur le préfet, j'ai eu l'honneur de vous écrire hier, pour réclamer...

— Un permis de sortie ; malheureusement ce permis est suspendu.

— Suspendu ! s'écria Richard.

— Complétement.

Les lèvres du prisonnier faisaient écho et répétaient : Complétement.

— Monsieur le préfet, oserais-je vous en demander le motif?

— Écoutez-moi attentivement, monsieur : vous

avez perdu cette faveur par votre faute... La justice vous condamne à la prison pour une brochure répréhensible; je rencontre un galant homme dans une mauvaise situation, je me mets entièrement à son service pour adoucir les ennuis de la captivité, lui accordant le privilége de recevoir à la Conciergerie autant de personnes qu'il lui plaît. Il vous est permis de sortir une fois par quinzaine; j'élargis encore cette faveur, mes bureaux ont ordre de vous délivrer une passe quand vous la demandez. Comment suis-je récompensé de ces faveurs? Par une brochure nouvelle, datée de la Conciergerie, qui attaque le gouvernement avec acharnement, et met en péril nos institutions. Le ministre de la justice me fait venir, me reproche ma tolérance, me taxe de faiblesse... Enfin, monsieur, pour vous avoir rendu service, j'ai été menacé d'une destitution. Voilà pourquoi monseigneur le ministre a décidé que vous ne sortiriez maintenant que sur un ordre signé de lui-même. Faites une demande, si vous le jugez convenable, quoique je craigne qu'elle reste sans effet.

— Mais il faut que je sorte absolument, s'écriait Richard.

— Hélas! je n'y puis rien.

— Aujourd'hui même.

— Vous solliciteriez aujourd'hui l'autorisation auprès du ministre qu'elle arriverait trop tard.

— Maudite brochure! s'écria Richard.

— Ne pouviez-vous attendre d'être rendu à la liberté pour nous attaquer?

— Ah ! je voudrais anéantir cette brochure !

Le préfet fit quelques pas dans la cellule, comme pour prendre congé du prisonnier.

— Ainsi, monsieur le préfet, je suis condamné à rester enfermé dans ce lieu épouvantable ?

— Vous n'avez pas à vous plaindre, monsieur : l'autorité supérieure pouvait y mettre plus de rigueur. Dans une autre prison, après le scandale produit par votre dernier pamphlet, le directeur vous eût fait enlever immédiatement plume, encre et papier. Rien, sauf vos permissions de sortie, n'a été changé aux égards que je vous ai témoignés lors de votre entrée.

— Si je pouvais sortir ! Ah ! monsieur le préfet, vous ne vous doutez pas de mes souffrances!

Richard alla vers un petit miroir et se regarda.

— Suis-je le même homme qu'il y a cinq mois ! Depuis deux jours je souffre tellement !... Je ne m'étais pas regardé, mais je viens de voir dans cette glace les ravages...

— Vous plaît-il, monsieur, que je fasse appeler un médecin?

— Un médecin ! dit ironiquement le prisonnier; c'est la liberté qu'il me faut, un seul jour.

— Mais il ne vous reste plus qu'une quinzaine.

— Dix-huit jours ! Dans dix-huit jours je serais mort s'il fallait rester emprisonné... Vous ne me comprenez donc pas, monsieur le préfet ?

— Il vous était si facile de ne pas publier de brochure. Quinze jours de retard dans la publication de ce pamphlet ne mettaient pas en péril le parti libéral.

— Ah! les libéraux! s'écria Richard d'un ton de dédain... Ne pourrais-je faire savoir au ministre de l'intérieur combien mes intérêts peuvent souffrir au dehors?...

— Le ministre ne connaît et ne doit pas connaître d'intérêts particuliers : il veille aux intérêts publics ; mais je vous répète qu'il est mal disposé en votre faveur. Vous ne jouiriez pas au ministère des priviléges que je vous ai peut-être trop facilement accordés. Une demande adressée au ministre de l'intérieur, en suivant la filière ordinaire des bureaux, ne recevrait pas de réponse avant un mois.

— Un mois ! s'écria Richard.

Le préfet alla vers la porte.

— De grâce, monsieur, s'écria Richard, écoutez-moi; je suis perdu si je ne sors pas... Ayez pitié de moi ; ne m'avez-vous pas dit que vous alliez au ministère?

— Oui, monsieur.

— Un seul mot de vous suffirait pour émouvoir le ministre, pour le mieux disposer en ma faveur.

— Que me demandez-vous là, monsieur!

— Eh bien, monsieur le préfet, écoutez ce que je vais vous dire, j'emploierai tous les moyens pour sortir d'ici, il le faut... Il faut que je sorte à tout prix !

Là-dessus le préfet de police laissa Richard dans un profond accablement. La nuit qui suivit fut d'autant plus cruelle que maintenant l'implacable réalité se montrait dans toute son âpre nudité. Madame de

Vandœuvre n'avait pas répondu à la lettre de Richard, parce qu'elle se vengeait ; son image, entrevue dans le songe de la veille, n'était que trop ressemblante. Par sa faute, le prisonnier avait perdu sa liberté, et en même temps que la liberté s'était enfuie Soubise. Alors les remords vinrent se joindre aux chagrins ; Richard payait par des souffrances inouïes les jouissances d'un amour illégitime. La morale de tous les peuples s'accordait sur le même point ; toute passion illégitime recevra son châtiment sur la terre, quand même elle échapperait à la justice des hommes. Richard n'était-il pas coupable d'avoir le premier engagé Soubise à déserter ses devoirs conjugaux? Elle l'avait aimé pour sa célébrité ; elle fut conduite par là à vouloir la célébrité pour elle-même. Si elle avait trahi son mari pour Richard, pourquoi ne trahirait-elle pas Richard pour un autre?

Ces raisons froides, cette morale subite ne pouvaient apaiser les souffrances du prisonnier dont le seul rêve était : la voir encore une fois, lui parler, lui montrer les trésors d'amour oubliés dans sa fuite !

Les amants malheureux n'ont pas de trêve qu'ils ne sachent le pourquoi de la trahison ; ils veulent voir leur malheur dans toute son étendue, se donner la cruelle joie de le palper : incrédules tant que la conviction leur manque, la conviction les rend quelquefois plus crédules et plus amoureux.

Richard pensait à faire agir des amis pour avoir des nouvelles de Soubise ; il rougissait d'avouer cette trahison à ceux que maintenant il voyait rarement. L'été avait chassé de Paris tous ces heureux, brisés par les plaisirs fiévreux de la capitale, qui ne rêvent que de se retremper dans des campagnes tranquilles.

Après le premier enthousiasme en faveur du pamphlétaire, les visites étaient devenues plus rares : la vie parisienne exige tant d'égoïsme et de luttes personnelles quotidiennes qu'un homme malade, emprisonné ou exilé, est mort à demi ; s'il reparaît, une poignée de main banale est le plus souvent le seul signe qu'il a le droit d'attendre.

Ces trois mois de prison vieillirent Richard de vingt ans ; il en sortit laissant dans sa cellule des illusions qu'il avait apportées jeunes, encore fraîches, et qu'il retrouva dans un coin fanées et flétries.

Le lendemain, dans l'après-midi, revint le préfet de police. Il était parti d'un tel air de morgue que Richard ne comptait plus le revoir. Aussi cette visite imprévue fit-elle bondir son cœur ; peut-être le ministre s'était-il relâché de sa sévérité pour un écrivain, dont le seul crime était d'avoir exprimé trop vivement des pensées d'avenir. Le préfet de police dit à Richard qu'il avait trouvé le ministre plus mal disposé que jamais : le pamphlet se répandait par toute la France à des nombres immenses.

Le prisonnier interrompit cette conversation en maudissant de nouveau ce fatal écrit, et le préfet s'y trompa.

— Avez-vous réellement regret, monsieur, d'avoir publié cette brochure ?

— Elle est la cause de tous mes maux.

— Le parti libéral doit vous en savoir le plus grand gré.

— Que m'importe?

— Seriez-vous déjà désillusionné, monsieur Richard?

— Désillusionné est un mot insuffisant pour peindre les landes arides de mes pensées.

— Cependant vous avez espéré porter un coup terrible au gouvernement?

— Que me fait le gouvernement!

— Hier déjà, mon cher monsieur Richard, j'ai cru remarquer ce scepticisme qui, en effet, vous a changé, beaucoup changé.

— N'est-il pas vrai, monsieur? s'écria Richard; oui, je suis changé, je ne suis plus le même homme. Cette prison comptera dans ma vie; j'y suis bien malheureux et j'aspire à la liberté. Peut-être un jour regretterai-je ces heures de solitude!... Pourtant, si je pouvais sortir!

— Nous passons dans vos journaux pour des geôliers farouches; vous savez qu'il n'en est rien.

— Je n'ai qu'à me louer de vous, monsieur le préfet, et je reconnais moi-même que j'ai mérité la mesure de sévérité qui m'a atteint dans ma liberté.

— Eh bien, la plupart des actes du gouvernement sont attaqués par les feuilles libérales avec autant de justice. Il suffit qu'une mesure soit prise par le gouvernement pour qu'elle soit proclamée mauvaise. Si je rends un arrêté utile à la sûreté des citoyens, je suis certain que, le lendemain, cette mesure sera conspuée dans vos feuilles par des journalistes qui mentent à leurs propres opinions, uniquement parce que moi, préfet de police, j'appartiens au gouvernement. Il en est ainsi de tous les fonctionnaires haut placés, des ministres eux-mêmes : qu'ils se consument en veilles, qu'ils se sacrifient aux intérêts du pays, jamais une feuille libérale ne sera assez impartiale pour reconnaître leurs efforts, leurs travaux.

— Il est vrai, s'écriait Richard.

— Je sais qu'il est d'honnêtes gens qui, après avoir passé par le journalisme, se retirent la rougeur au front, et viennent à nous en se repentant du mal qu'ils ont pu commettre. Vous avez un grand talent, monsieur Richard, mais vous l'employez à faux. Qu'est-ce qu'un journaliste? Une machine au service de laquelle l'intelligence s'use vite. Nous en parlions hier avec monseigneur le ministre, qui déplorait de voir un esprit comme le vôtre perdu dans le journalisme.

Alors le préfet fit un tableau sombre de l'avenir de Richard en l'avertissant que le ministre voulait ordonner de nouvelles poursuites contre la brochure.

— Votre dernier pamphlet est plus violent que le précédent; je crains que vous ne soyez condamné; le tribunal sera moins indulgent. Un an ajouté à ces six mois vous fera connaître alors la réclusion dans toute sa rigueur, car il me sera impossible de garder à la Conciergerie un condamné à un an, et j'en serai véritablement désespéré, dit le préfet d'un ton qui marquait son intérêt pour Richard.

Une discussion cordiale s'établit entre le fonctionnaire et l'écrivain, discussion politique dans laquelle le préfet combattait sans résistance les arguments de Richard en faveur du libéralisme. Richard n'appartenait plus à la politique, mais à l'amour. Un révolutionnaire n'est fermement révolutionnaire que dégagé des autres passions. Aimer une femme et la République, c'est les aimer mal toutes les deux. Richard avait perdu sa fermeté et son caractère au service de Soubise. Aussi la modération subite de ses principes fit que le préfet jugeant, à quelques mots échappés, de la véritable situation d'esprit du prisonnier, lui promit une liberté complète, à la condition que Richard prendrait l'engagement de ne plus traiter de matières politiques.

En habile diplomate, le préfet ayant surpris un éclair de doute dans les yeux de Richard, lui fit entrevoir les champs de la haute littérature, de la philosophie, qui ouvriraient de nouveaux horizons à son esprit. Au lieu d'écrire des pamphlets, qui n'avaient d'autre valeur que l'actualité, Richard se recueillerait et lancerait dans le public un ouvrage sérieux que pourraient applaudir tous les partis.

Le préfet avait touché une corde sensible.

S'étant aperçu qu'elle résonnait, il sortit laissant le prisonnier sous ce coup; mais peu à peu la conscience rentra dans Richard et lui montra quel piége le préfet de police lui tendait. Pour être libre, il fallait renoncer aux pamphlets! Richard était fier de souffrir pour ses croyances : sa conscience se redressait de toute sa hauteur et lui entr'ouvrait un coin du monument où étaient gravés en caractères ineffaçables les noms des hommes de courage qui se sont sacrifiés pour l'avenir de l'humanité.

— Plutôt rester toujours enfermé ! s'écria l'écrivain dans son exaltation.

Mais le lendemain, quand il se retrouva seul dans sa cellule, sans lettres, sans visites, l'accablement le reprit, plus sourd et plus tenace que jamais. Le flot de larmes qui l'avait soulagé était tari ; il ne restait plus qu'un chagrin sec, aride comme un ruisseau desséché.

Le dernier espoir s'évanouissait à mesure que les jours s'écoulaient. Soubise n'écrivait pas ! Qui sait s'il ne lui était pas arrivé d'accident ! Car la femme la plus perfide ne pouvait abandonner de la sorte un homme qu'elle avait tant aimé. Richard eût préféré un abandon positif à cette incertitude qui le minait.

En moins de huit jours, des courants bilieux avaient changé sa physionomie à tel point qu'on l'eût pris pour un convalescent sortant d'une longue maladie ; la fièvre dévorait Richard. Ses forces s'épuisaient, rongées par un feu intérieur ; le prisonnier pressentait que le jour viendrait où il ne pourrait plus sortir de sa cellule. La nuit, il voyait sans cesse la maladie voltiger autour de lui, semblant chercher l'endroit faible de son corps pour s'y loger.

Si la mort fût venue, Richard l'eût accueillie

avec joie. Il la désirait, il l'appelait; ses tortures étaient trop vives pour ne pas lui faire désirer le repos. Que lui importait la vie aujourd'hui! Son intelligence se démantelait pièce à pièce comme une place forte, endommagée par l'artillerie, qui ne pense qu'à se rendre.

Quand Richard crut son intelligence perdue à jamais, il fit demander le préfet de police et lui dit qu'il offrait sa parole de ne plus écrire contre le gouvernement.

Il n'avait plus que cinq jours à attendre pour sa délivrance!

Le préfet reçut l'engagement de l'écrivain de ne plus traiter de matières politiques. Sacrifice inutile de Richard! Le ministère avait essayé d'incriminer la dernière brochure du pamphlétaire; mais le procureur général, consulté, répondit qu'il craignait un acquittement. Des événements politiques étaient survenus qui annonçaient une grave opposition dans le pays.

Richard sortit de prison.

Son premier soin fut de courir chez M. de Pontlevoy, à qui il avait écrit sans obtenir de réponse. Là, il apprit que les lettres envoyées à Soubise et à son mari étaient adressées à Bade, poste restante. De même pour la marquise de Vandœuvre : elle accompagnait Soubise.

Richard partit aussitôt pour Bade : enfin il allait voir Soubise, la rencontrer, lui parler. Elle lui semblait maintenant moins coupable, accompagnée de son mari et de la marquise.

Richard, en arrivant à Bade, où ne respirent que le plaisir, le jeu, la danse, la toilette, sentit ses craintes se dissiper. Les maisons aux murs peints, la verdure peignée des montagnes, contrastaient tellement avec l'intérieur de la Conciergerie, que Richard sentit une nouvelle existence poindre en lui.

A peine descendu de wagon, il courut au Casino. Des valses enivrantes se faisaient entendre, pendant que la population des baigneurs et des joueurs se promenait sous les ombrages.

Tout à coup Richard frissonna. Il venait de voir Soubise au bras de l'avocat qui l'avait fait condamner; elle s'appuyait sur lui : l'avocat lui répondait par des mots jetés dans l'oreille, dont on peut deviner le sens à la manière dont ils sont dits.

Richard devint pâle, s'appuya contre un tilleul et crut qu'il allait tomber; malgré cet état de faiblesse, il remarqua que Soubise pressait le bras de l'avocat, comme pour l'engager à regarder devant lui.

Tous trois s'étaient reconnus; mais Soubise fit un brusque détour en emmenant son cavalier, et Richard resta seul dans le parc!

Le même soir il repartit pour Paris, où depuis on l'a vu toujours maladif, ne souriant jamais, parlant rarement à ses meilleurs amis. On le crut longtemps abattu par le séjour de la prison. Divers amis essayèrent de le distraire en le rendant aux plaisirs. Richard était perdu pour toujours!

Son intelligence revint, qui se trahissait par d'âcres paroles contre le gouvernement; il en jugeait sainement la situation chancelante. Quelquefois on l'engageait à écrire ses conversations, qui, si elles avaient été publiées, eussent porté le dernier coup au règne de Charles X. Richard fuyait quand on lui parlait d'écrire, ne lisait aucuns journaux, et semblait craindre surtout de se retrouver avec ses anciens confrères.

Les intelligences s'usent aussi vite à Paris qu'elles y naissent. Le Genevois, protégé par la marquise de Vandœuvre, remplaça Richard, et la presse libérale, qui ne témoigna aucun regret de la perte d'un homme de talent, s'enthousiasma pour un être froid, sans passion, soldat bien discipliné, du reste.

Le nom de Richard Loyauté serait aujourd'hui tout à fait oublié s'il n'était gravé, au milieu de noms obscurs, sur la colonne de la place de la Bastille.

Richard fut tué par un Suisse, à l'attaque du Louvre, le 28 juillet 1830.

Paris, Vichy, 1857.

TABLE

PARIS. — IMP. SIMON RAÇON ET COMP., RUE D'ERFURTH, 1.

www.ingramcontent.com/pod-product-compliance
Ingram Content Group UK Ltd.
Pitfield, Milton Keynes, MK11 3LW, UK
UKHW020543180726
13838UKWH00001B/15